송영길의 선전포고

송영길의 선전포고

검찰 범죄 카르텔 전체주의 세력에 투쟁을 선포하다!

송영길 · 박정우 지음

시월

머리말

정권이 아니라 나라를 빼앗겼다

윤석열 대통령 고발장을 들고 검찰청사에 서면서

지난 2023년 7월 25일, 나는 윤석열 대통령에 대한 고발장을 접수했다. 대통령을 고발한다는 것은 일반적인 일도, 쉬운 일도 아니다. 더구나 검찰총장 출신의 대통령이 검찰을 사조직처럼 동원하고, 정치 보복을 일삼는 검찰의 수사 대상으로 내가 공격받고 있는 입장이어서 더욱 그랬다.

대통령을 지지하든 지지하지 않든, 나라의 발전과 국민의 안전을 위해 가능하면 대통령을 도와주고자 하는 것이 우리 국민의 기본적인 심성일 것이다. 나 또한 마찬가지였다. 그러나 윤석열 대통령은 도를 넘었다. 대통령의 사명과 직무를 망각하고, 국가와 국민의 기대를 배신하는 행위를 반복하고, 온갖 범법 행위를 버젓이 자행하는 이런 상황을 더 이상 좌시할 수만은 없었다.

윤석열 정권은 대선 기간에 내걸었던 공정과 상식의 공약들과는 철저하게 반대되는 행태를 보이고 있다. 1980년대 광주 시민을 학살하고 쿠데타로 정권을 잡은 전두환이 집권 후 내세운 슬로건은 정의 사회 구현이었다. 당시 우리는 이를 두고 '전이사회(전두환과 이순자)

구현'이라고 부르곤 했다. 윤석열 정권이 부르짖는 공정과 상식이 전두환 정권의 정의사회 구현과 다르지 않다. 그런 만큼 지금이 독재 시대가 아니고, 봉건왕조 시대가 아니라면, 비록 대통령직에 있는 동안은 불소추 특권이 있다고 할지라도 헌법적 원칙에 입각해 대통령의 범법 행위 역시 엄정하게 수사해야 할 것이다.

누구는 윤석열 대통령에 대한 고발장 접수를 '퍼포먼스'에 불과하다고 폄훼하지만, 나는 누구라도 해야만 하는 일이라고 생각한다. 여기에 그토록 위대한 대한민국이 더 이상 무너져서는 안 된다는 절박한 심정이 있다. 대한민국은 2차 세계대전 이후 식민지 상태에서 해방된 국가 중 30-50 클럽에 가입한 유일한 나라다.* 전쟁으로 폐허가 된 국토와 산림을 수십 년에 걸쳐 복구했고, 지금도 그걸 잘 유지하고 있는 나라다. 5·18광주민주화운동과 6월항쟁, 촛불혁명으로 민주주의의 모범을 보여준 나라다. 그런 대한민국이 윤석열 정부가 들어서면서 빠르게 망가지고 있다. 나는 지금 이 나라가 징밀로 중요한 기로에 서 있다고 생각한다. 삼권이 무너지고, 민생이 파탄 나고, 귀하디귀한 생명이 속절없이 쓰러졌다. 이 정부가 사고 위험에 대한 사전 신고와 경고를 무시한 채 어떠한 대책도 세우지 않으면서, 막을 수 있었던 사고는 기어이 일어났고 지킬 수 있었던 생명을 끝끝내 지키지 못했는데, 책임지는 이는 아무도 없다. 아니, 책임은커녕 피해자

---

* 1인당 국민소득 3만 달러 이상, 인구 5000만 명 이상의 국가를 뜻하는 말로 우리나라는 2018년 문재인 정부 때 세계 7번째로 가입했다.

와 국민의 가슴을 후벼 파는 2차 가해의 망언이 횡행할 뿐이다.

바이든 대통령과 기시다 총리 앞에서는 한없이 공손하고, 웃고, 노래하던 우리의 대통령은 국민과 공무원들에게는 쌍심지를 켜고 화를 낸다. 핵 오염수 방류를 적극적으로 찬성하고, 러시아와 중국을 군사적 적대국으로 몰아가고, 남북 관계를 최악으로 치닫게 하면서 한반도의 군사적 긴장을 더욱 고조시키고 있다.

국민의 분노와 실망은 임계점을 넘어 세상천지에 들끓고 있는데, 국가의 안보와 국민의 안전을 책임지는 대통령은 대체 어디에 있는가. 고관대작들은 책임을 회피하고 애꿎은 하급직 공무원들만 다그치는 유체이탈 정권을 우리는 언제까지 견뎌야 하는가.

이 정부는 무능하고, 무모하고, 무도하고, 무책임하다. 불안하고, 불의하고, 불공정하다. 이런 와중에도 대통령실은 손바닥으로 하늘을 가리는 변명을 늘어놓고, 국민의힘 의원들은 여전히 윤석열 대통령과 김건희 여사에 대한 용비어천가만 불러대고 있다. 바른말을 하는 이는 없고, 간신들만 넘쳐난다. 중국 고대 진나라 때 국정 전반을 장악한 환관 조고라는 이가 있었다. 어느날 그가 황제와 대신들 앞에서 사슴을 가리키며 말이라고 하자 황제가 황당해했다. 조고는 대신들에게 사슴인지 말인지 물어서 사슴이라고 대답한 자들을 차례대로 죽여버렸다. 그러자 살아 있는 대신들은 모두 사슴을 보고 말이라고 외쳤다. 이런 '지록위마'의 시대가 지금 재현되고 있다. 그렇게 바이든은 '날리면'이 되었고, 조고가 사슴이라 말하는 대신을 죽였듯, 윤석열 정부는 바이든이라고 보도한 언론사를 압수수색하고 재갈을 물린다.

문재인 대통령과 더불어민주당이 만들어낸 유산

대체 이 나라는 어쩌다 이렇게까지 되었을까? 어쩌다 우리는 국가와 국민을 위해 무엇을 하려고 하는 대통령이 아니라, 유시민 작가의 말마따나 침팬지 두목처럼 오로지 왕초가 되고자 하는 권력욕만 가득한 대통령을 뽑게 된 것일까? 헌법과 법률을 유린하는 검찰 범죄 카르텔 정권은 그야말로 역대 최악이다. 독재와 무능을 넘어 아예 국가의 주권을 일본에 팔아먹는 매국 정권이 들어선 것이다. 살다 살다 이런 정권은 처음 보았다는 국민적 탄식이 흘러나온다.

그 책임의 팔 할은 문재인 정부와 더불어민주당 의원들에게 있을 것이다. 검찰총장 청문회 당시 윤석열 후보의 거짓말이 〈뉴스타파〉 보도를 통해 드러났음에도 더불어민주당 의원들은 이를 무시하고 방어했을 뿐 아니라 청문회를 통과시켰다. 금태섭 의원이 유일하게 반대 의사 표시를 했지만 당원들과 동료 의원들로부터 공격을 받았다. 그때 입에 게거품을 물면서 윤석열 후보를 반대하고, 그를 일컬어 헌정사에 가장 정치적인 검사이자, 장모 최은순 사기 행각의 뒷배라고 공격했던 김진태·장제원 의원은 보란 듯이 '윤핵관'으로 변모했다. 그들이 윤석열 만세를 외치는 꼴도 우습지만, 그전에 우리는 우리 스스로에 대한 통렬한 반성이 필요하다. 나 역시 마찬가지다. 개인적으로는 당시 조국 민정수석에게 검찰총장 임명 반대 의견을 전했지만, 공개적으로 문제를 제기하지 못했다. 적폐 청산을 내세우며 윤석열 검찰총장을 외치는 지지자들의 함성과 당내 분위기에 끝까지 맞서 싸우지 못했다. 윤석열은 아니라는 내 판단에 확신을 갖지 못했다. 나 또한 그 책임을 통감한다. 최근 최강욱 의원의 〈오마이뉴스〉 인터뷰를 보면 당시 청와대 민정수석실에서 중대 흠결 후보로 부적격 의견을 올렸다고 하는데 윤석열은 어떤 경위로 검찰총장이 되었을까? 훗날 문재인 대통령과 윤석열 대통령의 회고록을 기다려보아야 그 경위를 자세히 알게 될 것 같다. 어찌 되었건 윤석열 대통령은 문재인 대통령과 더불어민주당이 만들어낸 유산이다.

지금의 상황을 보면서 나는 성경의 출애굽기를 떠올린다. 이집트의 노예로 살던 히브리인들이 모세라는 지도자를 만나 애굽(지금의 이집트)을 대탈출한다. 많은 백성은 홍해가 갈라지고 만나가 떨어지는 기적을 경험하고도 모세를 원망했다. 그 후 모세는 가나안 땅을 정탐하라고 12지파 대표를 보냈다. 이 대표들 중 여호수아와 갈렙은 젖과 꿀이 흐르는 땅에 대한 희망을 보았지만, 나머지는 거인 아낙의 자손들의 덩치에 놀라 부정적인 거짓 보고를 했다. 결국 가나안 땅을 밟을 수 있었던 것은 여호수아와 갈렙을 비롯해 애굽의 노예 근성을 이어받지 않은 차세대들이었다.

어쩌면 우리는 지금 연단의 시간을 지나고 있는지도 모른다. 지난 문재인 정부는 촛불 시민의 기대에 부응하지 못했다. 물론 지금의 윤석열 정부와는 비교할 수 없는 국민의 사랑과 지지를 받았던 정부였다. 그러나 기대에 못 미친 것이 너무나 많았다. 정치는 결과로 말한다. 아무리 잘한 일이 많아도 정권을 창출하지 못하면 실패한 정권이 되는 것이다. 난도질당하게 되어 있다. 몇 대 후에 다시 객관적으로 평가를 받게 될 것이다. 전두환 정권은 자신이 상처를 받으면서도 노태우 정권 탄생을 뒷받침하였다. 6·29선언 당시에도 노태우를 배려하고 노태우가 스포트라이트를 받게 해주었다. 문재인 정부에서는 이재명 후보가 스포트라이트를 받도록 배려해준 흔적을 느끼기 어려웠다. 그 겨울 수백만 국민들이 촛불 시위에 참여하여 만든 정권이 이렇게 허무하게 무너져내렸으니, 국민들이 다시 촛불을 들고 윤석열 정권을 탄핵하려는 동력이 만들어지기가 만만치 않다. 그렇게 해서 만들어준 문재인 정권의 무능이 다시 재현된다면 어떻게 할 것인가? 나 똑같은 놈들이라는 성지석 허무주의에 빠질 수도 있나. 그러나 윤석열 정권이 우리나라 역대 정권 중 가장 최악의 부패와 무능을 보여준 데 이어 국가 주권마저 일본에 팔아넘기고 있으니 구한말 의병들의 투쟁이 일어났듯이 대중은 일어날 수밖에 없는 상황이다. 그런 만큼 새로운 대안과 희망을 만들어 세워야 한다.

우리는 이 연단의 시간을 또 다른 기회로 삼아야 한다. 이 시기를 어떻게 준비하느냐에 따라 이 나라의 미래는 크게 달라질 수 있으리라 믿는다. 나 또한 지난 과오를 반성하되 동시에 나의 역할과 책임을 다하고자 한다. 그것은 검찰 독재 정권과의 투쟁의 전선에 서는 일이며, 더 나은 미래를 위해 공부하고 고민하는 일이다. 우리나라 최고의 인재들을 찾아내고 연결하여 새로운 대한민국의 미래를 구상하고 준비하는 일이다. 그 과정에서 껍데기는 모아 태우고, 알곡들만 남겨서 새로운 미래의 씨앗을 틔워야 한다. 광야에서, 거리에서, 대중 속에서 새로운 미래의 씨앗을 찾아보려고 한다. 이 책이 새로운 미래를 원하는 사람들이 꿈을 공유하고 소통하는 계기가 되기를 기대한다.

송영길이 쓰다

　　송영길은 지금까지 6권의 책을 썼다. 모두 자신이 직접 집필했다. 송영길이라는 이름을 걸고 세상으로 나가는 책인 만큼, 자신의 생각과 언어를 오롯이 담아야 한다고 늘 생각했다. 그래서 많은 정치인이 자신의 책을 출판할 때 으레 하던 것처럼 인터뷰나 구술로 풀지 않았다.

　　지금까지와는 달리 이 책은 60대인 송영길과 30대인 나 박정우가 함께 만들었다. 송영길은 이 책을 통해 사람을 모으고, 그렇게 모은 이들을 연결하고 싶다고 말했다. 그것이 개인 송영길의 소망이자 책임인 동시에 이 나라의 미래를 만들이기는 일이라고 송영길은 믿는다. 그러기 위해서는 60대의 언어가 아니라, 좀 더 젊은 언어가 필요하다고 판단했다.

　　그래서 이 책은 각 파트가 시작되는 첫 부분(0장)만 송영길이 쓰고 나머지는 박정우가 썼다. 다만 필요에 따라 중간중간 송영길이 세상에 내보냈던 글을 추가하기도 했다.

　　송영길의 말과 삶과 철학을 30대의 시각으로 재해석하여 세상에 내보내자는 계획을 독자들이 어떻게 받아들일지 알 수 없고, 나의 언어가 젊은지도 확신할 수 없지만 책이 세상에 나온 만큼 이제 우리의 몫은 아닐 것이다.

이 책을 위해 나와 송영길은 6월부터 9월까지 매주 두 번 만났다. 짧으면 4시간, 길면 8시간을 이야기했다. 나는 그동안 꽤 많은 사람을 인터뷰했고 그것을 바탕으로 기사를 쓰거나 책을 만들기도 했지만, 송영길처럼 많이 만나고 길게 만난 사람은 없었다. 주로 나는 물었고, 송영길은 답했다. 나는 때로 의도적으로 거칠게 물었고 공격적으로 물었지만, 송영길은 돌려 말하지 않았다.

그렇게 나눈 대화 중 무엇을 싣고 무엇을 싣지 않을지에 대한 모든 판단을 송영길은 나에게 일임했다. 나는 그의 언어를 정리하고, 해체하고, 확인하고, 톤과 균형을 맞추어 재조립했다. 박정우라는 프리즘을 거치는 과정에서 송영길의 말은 의도하지 않은 굴절이 생기기도 했겠지만, 송영길은 관여하지 않았다.

목차

PART 1

선전포고

잔적한 이는 왕이라도 몰아내야 한다는 맹자의 말을 생각하다

통합과 상생이 없는 윤석열 정부

지난 대통령 선거 결과는 너무도 아쉬웠지만 이재명 후보도, 당 대표였던 나도 깨끗하게 승복하고 축하해주었다. 패배의 아픔은 쓰렸지만, 지금 가장 중요한 것은 통합과 상생을 통해 더 나은 대한민국으로 나가는 일이라고 믿었다. 하지만 그런 믿음과 기대가 무색하게 윤석열 대통령은 자신에게 0.73% 차이로 패배한 이재명 당시 더불어민주당 후보를 기소했다. 우리나라 헌정사에서 대선에서 이긴 사람이 진 후보를 수사 기소한 것은 처음 있는 일이다.

대한민국을 둘러싼 수많은 난제와 국정의 어려움이 산적한데도 윤석열 대통령은 지금까지 단 한 차례도 이재명 대표를 만나지 않았다. 168석의 야당 당 대표를 말이다. 여기에는 좀 더 나은 대한민국을 만들어야 한다는 어떠한 의지도 보이지 않고, 국민을 섬기겠다는 자세도 드러나지 않는다. 그저 정쟁에만 몰두한 채 어떻게든 야당을 압박하고 없애려는 욕망만이 존재한다.

단언컨대 이것은 정치가 아니다. 지금 대한민국의 수많은 지표가 그것을 방증한다. 출산율은 0.78%까지 떨어져 인구절벽이라는 말이 나오고, 2022년의 무역 적자는 472억 달러에 달했다. 이태원 참사로, 수해로 무고한 국민이 죽어나가고, 코로나19는 다시 기승을 부리며 일일 확진자가 4만 5,000명에 이르렀다. 여야가 힘을 모으고, 온 국민이 똘똘 뭉쳐 이 위기를 함께 이겨내도 모자랄 판국에 윤석열 대통령은 전·현 당 대표를 죽이는 데만 혈안이 되어 있다. 내 고등학교 시절 은사이자 나의 정치적 멘토 중에 다산 연구의 대가 박석무 선생이 계신다. 그분이 가르쳐준 '민유방본民唯邦本 본고방녕本固邦寧'(백성은 나라의 근본이니 근본이 튼튼해야 나라가 번영한다)이라는 《서경》 말씀은 나의 오랜 정치철학이다. 윤석열 대통령에게 정치의 근본은 과연 국민인지 아니면 검찰인지 나는 알 수 없다.

나는 그동안 당을 떠나 국가와 국민을 위해 함께할 수 있는 사안이라면 최대한 힘을 합쳐야 한다는 신념으로 정치를 해왔다. 일례로 내가 인천시장으로 재임할 당시 인천에 세계녹색기후기금(GCF) 사무국을 유치하기 위해 사활을 걸었던 적이 있었다. 그때 나는 이명박 대통령의 4대강 사업에 대해서는 비판적이었으나 소속 정당이 다르다고 해서 잘하고 있는 정책이나 법안까지 발목 잡아서는 안 된다고 생각했다. 대한민국에 분명한 이익이 되는 일인 만큼 최대한 협조하고 때로는 긴밀하게 협력해 나가는 것이 정치인의 올바른 자세라고 믿었다. 나의 이런 뜻을 청와대에 전달했고, 이 부분에서는 이명박 대통령도 생각이 같았다. 이명박 대통령은 G20 정상회의와 연이어 10년 만에 개최된 최대 환경 국제회의인 리우+20 회의를 통해 적극적으로 GCF 유치 활동을 펼쳤다. 우리는 청와대의 김상협 녹색성장환경비서관과도 여러 사안을 조율했고, 외교통상부의 협조를 요청하기도 했다. 우리가 국제기구 유치 경험이 별로 없는 상황이었기 때문에 국제외교 경험이 많은 외교통상부와 확실히 결합해야만 매끄러운 외교적 수완을 발휘할 수 있으리라 생각했기 때문이다. 실제로 외교통상부의 손성환 대사는 GCF 유치 투표를 앞두고 우리에게 유리한 쪽으로 룰을 정하는 데 결정적으로 기여했다. 그 덕분에 인천은 아프리카의 나미비아나 막강한 후보였던 독일의 본을 제치고 GCF 유치에 성공할 수 있었다. 이렇게 비록 서로 지향점이 다를지라도, 명백하게 국가와 국민에게 이익이 된다면 하나로 힘을 모을 수 있어야 한다. 그것이 협치이고, 상생이고, 통합이다. 내가 좋아하는 맹자 말씀 중에 "하늘의 때는 땅의 이득만 못하고, 땅의 이득은 사람의 화합만 못하다"라는 구절이 있다. 결국 좋은 정치란 화합에서 나온다. 하나 지금 윤석열 정권에게 정쟁 말고 무엇이 있는가. 국민의 한 사람으로서 비통한 일이다.

송영길의 선전포고

윤석열 대통령의 네가지 범죄

윤석열 대통령은, 전쟁이 일어나서 나라가 망해야 정신을 차린다는 되어먹지 못한 소리나 내뱉는 요승이 아니라 맹자의 말을 들어야 하고, 국민의 말을 들어야 한다. 맹자께서는 일찍이 "인仁을 해치는 자를 적賊이라고 하고 의義를 해치는 자를 잔殘이라 하며 '잔적'한 이는 왕이 아니라 필부일 뿐이니 폭군은 왕일지라도 몰아내야 한다"라고 하셨다. 윤석열 대통령은 고작 임기 1년 6개월 남짓 보낸 시점에서 자신이 얼마나 잔적하고 간악한 자인지 넘치도록 증명했다.

무엇보다 나는 윤석열 정권에서 국정 수행의 4단, 인·의·예·지가 무너지고 있다는 데에 큰 분노를 느낀다. 이 정권은 어려운 사람을 가엾게 느끼고 아픔에 공감하는 측은지심惻隱之心이 없다. 잘못한 것을 부끄러워하는 수오지심羞惡之心이 없다. 타인을 배려하고 양보할 줄 아는 사양지심辭讓之心이 없으며, 옳고 그름을 구별할 줄 아는 시비지심是非之心이 사라졌다.

잘못을 반성할 줄 모르고, 부끄러운 행위를 부끄러워할 줄 모르며, 국민에게 고개 숙이지 않는 대통령을 언제까지 두고 볼 수는 없을 것이다. 그러니 우리에게 남은 것은 이 잔적한 대통령과 싸우는 일이다. 나는 이제 그 역할의 가장 앞에 서려고 한다. 윤석열 정권이 검찰이라는 칼을 마구잡이로 휘두르고 있다면, 나는 법이라는 무기와 국민이라는 방패로 그에 대응하고자 한다. 그 첫 번째 일환이 바로 윤석열 대통령에 대한 고발장 접수였다. 이 고발장에서 나는 윤석열 '피의자'에게 총 네 가지 죄를 물었다.

첫 번째로 자신의 당선을 위해 허위 사실을 유포한 죄이다.

공직선거법 250조 1항 : 당선되거나 되게 할 목적으로 연설·
방송·신문·통신·잡지·벽보·선전문서 기타의 방법으로
후보자에게 유리하도록 후보자, 후보자의 배우자 또는 직계
존비속이나 형제자매의 출생지·가족 관계·신분·직업·경
력·재산·행위·소속 단체, 특정인 또는 특정 단체로부터의
지지 여부 등에 관하여 허위의 사실을 공표하거나 공표하게 한
자와 허위의 사실을 게재한 선전문서를 배포할 목적으로 소지
한 자는 5년 이하의 징역 또는 3천만 원 이하의 벌금에 처한다.

250조 1항은 자신에 대한 허위 사실 유포에 관한 조항이고 250조 2항
은 타인을 당선되지 못하게 할 정도로 허위 사실을 유포한 경우에 관한
조항으로, 이때는 유죄로 인정 시 500만 원 이상의 벌금형에 처하도록
하여 사실상 당선 무효가 되도록 엄격한 처벌 규정을 두었다. 통상 선거가
끝나면 당선자가 상대방에 대한 고소를 취하하는 경우가 일반적이다. 특
히 당선자를 공격하는 허위 사실이 아닌 자신에 관한 허위 사실 유포일 경
우는 더욱 그러하다. 국회의원 선거도 이럴진대 대통령 선거는 말할 필요
도 없다. 대통령 선거에서 당선된 자가 선거법 위반으로 기소된 경우는 한
번도 없었다. 마찬가지로 낙선한 후보가 기소된 경우도 없었다.

그런데 이번에 헌정사상 초유의 일이 발생하였다. 0.73%의 근소한 차이로 낙선한 이재명 후보가 선거법 위반으로 기소된 것이다. 이재명 후보는 '김문기 성남 도시개발공사 개발1처장을 몰랐다'라는 발언에 대해서 허위 사실 유포로 기소를 당했다. 반면 윤석열 후보와 관련해 시민단체 '사법정의바로세우기 시민행동'(사세행)이 고발한 6건의 허위 사실 유포 관련 피의사실은 검찰이 다 각하 처분했다. 사세행은 '대장동 개발의 몸통은 설계자이자 인허가권자인 이재명 후보'이다, '이재명 후보는 김만배 일당과 한 패거리'이다라고 윤석열 후보가 주장한 내용이 허위 사실 유포에 해당한다고 고발했다. 그러나 검찰은 윤 대통령의 발언이 '평가 내지 의견 표현에 불과'하다고 각하한 것이다. '김만배 전 기자와 개인적 친분이 없다', '전화 한 통 한 적 없다' 등의 발언에 대해서도 '개인적 관계나 친분의 유무는 둘 사이의 친밀도에 대한 스스로의 평가 내지 의견 표현에 불과하다'고 각하했다.

이것은 검사 마음대로인 기소편의주의의 폐해이자, 공정과 상식을 주창하는 윤석열 정권의 적반하장, 양두구육의 실체를 보여준 사건이다. 허위 사실 유포는 당사자나 정당이 고발해야만 불기소처분을 했을 때 재정신청을 할 수 있다. 이렇게 시민단체가 고발하면 검찰이 마음대로 불기소처분해도 법원에 재정신청을 할 수 없다. 그래서 중대 사안은 반드시 당에서 고발해야 한다. 만약 내가 더불어민주당의 당 대표로 있었다면 대선 이후 윤석열 당선자를 고발했을 것이다. 그때 나는 대선 패배에 대한 책임을 지고 바로 다음 날 사표를 냈고, 이후 윤호중·박지현 비대위 체제로 돌입했는데 당에서는 아무런 조치를 취하지 않았다. 우리 후보는 고발당하고 기소됐는데, 명백하게 허위 사실을 유포한 상대 후보에게 아무것도 하지 못하는 이토록 무력한 당이 어디에 있나. 지금은 탈당했지만 전 당 대표로서, 대한민국의 국민으로서 죄지은 자를 고발했으니, 법의 원칙에 맞게 철저히 수사하고 엄중히 따져야 할 것이다.

윤석열 대통령은 검찰총장 사퇴 이후 터진 장모 최은순 씨 논란에 대해 "내 장모가 사기를 당한 적은 있어도 누구한테 10원 한 장 피해준 적이 없다"며 "내 장모는 비즈니스를 하던 사람일 뿐"이라고 말했다고 한다. 관훈 토론, 대선 후보 토론 등에서 "내 장모는 50억의 사기 피해를 당했다"고 주장했다. 하지만 최은순은 2023년 7월 21일 2심 재판에서 징역 1년을 선고받아 법정 구속되었다. 10원 한 장 피해준 적 없고, 사기 피해자였다는 것이 허위 사실로 입증된 셈이다.

윤석열 대통령이 검찰총장 시절, 손준성 대검수사정보정책관 등이 장모 최은순 대응 문건을 만들고, 대검 대변인 권순정으로 하여금 언론에 홍보하게 한 바 있다. 윤석열 후보는 장모 최은순의 범죄 사실을 정확히 알면서도 법 기술과 검찰총장이라는 직위로 검찰 조직을 마치 가족 로펌인 양 사적으로 악용한 것이다. 따라서 윤 대통령의 허위 사실 유포는 고의적이고 죄질이 매우 좋지 않은 경우에 해당한다. 검찰은 윤석열 후보가 허위 사실을 유포했다는 주장을 각하하면서 "허위 사실 공표에서 말하는 '사실'이란 후보자에 대한 정확한 판단을 그르치게 할 수 있을 정도로 구체성을 가진 것이고 이는 구체적인 사실관계에 대한 진술로 증거에 의해 증명이 가능한 것을 의미한다"고 적시한 바 있다. 이 주장에 정확히 일치하는 것이 윤석열 후보의 장모 최은순에 대한 거짓말이다. 항소심 법원의 판결로 윤석열 후보의 허위 사실이 다시 한번 입증되었다.

두 번째로 김건희 여사와 관련한 허위 사실 유포죄이다. 윤석열 후보는 2010년 김건희 씨가 도이치모터스 주가조작 사건으로 구속된 이모 씨에게 자산 위탁 관리를 4개월 맡겼는데, 손실이 나서 돈을 빼고 절연했다고 밝혔다. 하지만 도이치모터스 권오수 사장의 재판 과정이나 판결문, 수사 과정에서 김건희 씨가 직접 매수·매도를 주문한 내용이 만천하에 공개되면서 정작 드러난 사실은 주장과 달랐음이 밝혀졌다.

세 번째로 대통령이란 지위를 이용한 당내 경선 개입죄이다.

헌법 제8조 제2항 : 정당은 그 목적·조직과 활동이 민주적이어야 하며 국민의 정치적 의사 형성에 참여하는 데 필요한 조직을 가져야 한다.

공직선거법 제57조의6 ② 공무원은 그 지위를 이용하여 당내 경선에서 경선 운동을 할 수 없다.

대통령은 이 나라의 공무원으로서 당내 경선에 개입할 수 없다. 국민의힘 전당대회 당시 윤석열 대통령이 보인 행태는 명백한 공직선거법 위반일 뿐 아니라 정당의 활동이 민주적이어야 한다는 헌법 제8조 2항을 위반했다. 대통령실은 존재감도 인지도도 없는 김기현 후보를 당선시키기 위해 그야말로 총력을 다했다. 쟁쟁했던 국민의힘 당 대표 후보들을 꿇어앉히기 위한 노력을 보고 있노라면 마치 한 편의 부조리극을 보고 있는 것만 같았다. 후보를 중심으로 각각의 사례들을 간단하게 정리하면 다음과 같다.

이준석 당 대표

성 접대 관련 의혹을 가지고 증거인멸, 품위 유지 위반 등의 사유를 들며 당원권 6개월 정지로 징계 처분하였다. 이준석 대표는 이를 당내 쿠데타로 규정하고 반발했다.

유승민 의원

윤석열 대통령이 사석에서 국민 여론조사를 30% 반영하는 당 대표 선출 방식을 100% 당원 선거 방식으로 바꿨으면 좋겠다고 말했다는 사실이 〈세계일보〉를 통해 보도되었고, 얼마 지나지 않아 정진석 비대위원장은 대통령의 '입맛에 맞게' 당헌 당규를 개정했다. 그렇게 대통령실은 국민의힘 당 대표 후보들 중 국민 여론조사 1위인 유승민 의원을 몰아냈다.

송영길의 선전포고

나경원 의원

이후 국민의힘 당 대표 후보들 중 여론조사 1위는 저출산고령사회위원회 부원장인 나경원 의원이었다. 나경원 의원은 저출산 문제를 해결하기 위해 자녀 수에 따라 대출금을 탕감 또는 면제하자는 헝가리식 정책을 구상해 발표했다. 나는 지금도 이 안이 충분히 살펴볼 여지가 있다고 생각한다. 국민의힘에서 검토하고 있다던 30세 이전에 자녀를 3명 이상 낳을 경우 병역을 면제해주겠다는 구상과는 비교할 수 없을 정도이다. 하지만 대통령실에서는 나경원 의원의 정책이 대통령 뜻과 다르다며 화를 냈고, 나경원 의원은 국가 정책에 혼선을 초래했다는 이유로 사과하며 사임의 뜻을 표했다. 윤석열 대통령은 사임을 허락하지 않더니 해임시켜버렸다. 사실상 대통령실이 나경원 후보는 당 대표가 될 수 없음을 당원들에게 강력하게 보여준 것이다. 노골적인 당무 개입이었다.

안철수 의원

윤안연대라는 표현을 두고 감히 윤석열 후보와 동급으로 생각하는 거냐며 엄중한 경고를 날렸다. 이후에도 대통령실은 안철수 후보에 대한 노골적인 비판을 거듭하면서 급기야 그 유명한 "아무 말도 하지 않으면, 아무 일도 일어나지 않는다"는 명언을 남겼다. 지금 생각해보면 이것은 비단 안철수 후보에게만 하는 말이 아니었다. 모든 국민과 모든 언론과 모든 정치인에게 해당하는 말이었다.

김기현 의원

이후 윤석열 대통령의 멘토라 불리는 신평 변호사가 김기현 후보 캠프의 후원회장을 맡으면서 김기현 후보는 52.93%라는 과반수 득표로 당 대표에 당선됐다. 정당 민주주의를 파괴한 행위이자 있을 수 없는 비민주적 작태였다. 마치 대통령실이 앞장서 권력의 칼을 마구잡이로 휘두르면서 강력한 적을 하나하나 무찔러주는 것만 같았다. 이 일을 두고 이언주 의원은 "그냥 임명할 것이지 뭐 하러 수많은 사람들 시간과 돈 낭비하며 선거하나"라고 말하면서 국민의힘을 가르켜 "보수주의도, 자유주의도 아닌 어느 한 개인의 사당이 되어버린 당의 실상"이라고 직격탄을 날리기도 했다. 얼마 전 방송통신위원회 위원장으로 임명된 이동관 후보가 우리나라 언론을 향해 공산당 기관지 운운했는데 정말로 공산당과 다를 바 없는 것이 우리나라 언론인지, 대통령실인지 묻고 싶다.

이상의 과정에서 윤석열 대통령은 공무원의 정치적 중립 의무를 위반했을 뿐 아니라 정당법상 해당하는 위법을 저질렀다. 당시 대통령실은 스스로 생각해도 민망했던지 윤석열 대통령도 당원이고, 당비를 300만 원이나 낸다며 궁색하게 변명했다. 검사 출신이면서 이렇게 법을 몰라서 되겠나. 당에 관심을 가지고 말고가 문제가 아니라 '공무원으로서 그 지위를 이용'해 당내 경선을 쥐락펴락한 것이 위법 행위임을 주지해야 한다.

대통령의 당내 경선 개입 문제의 하이라이트는 지난 2023년 8월에 터진 강승규 대통령실 시민사회수석의 당무 개입이었다. 당시 당 대표 후보로 출마했던 강신업 변호사의 지인에게 강신업의 출마를 자제시켜달라고 요청한 것이었다. 통화 녹음파일에 의하면 "이번에는 당 대표건 최고위원이건 V(대통령)가 그림을 그려서 총선을 내년에 V 얼굴로 치러야 하잖아요", "무슨 문제가 있냐 하면 여사님하고 쭉 잘나가고 있잖아. 그게 또 그러면 여사님이 다시 소환돼가지고 구설수가 나지"라고 말했다. 과거 국민의힘 전신인 한나라당이 중립 의무를 위반했다는 이유로 노무현 대통령을 탄핵소추했던 일이 떠오른다. 그렇다면 윤석열 대통령은 더 명백하고 더 노골적으로 중립 의무를 위반했으니, 국민의힘은 당당하고 떳떳하게 예전처럼 윤석열 대통령을 탄핵소추해야 마땅하다. 이번에는 국민들도 반대하지 않을 것이고, 나 또한 힘껏 도울 것이다.

마지막으로 특수활동비(특활비) 문제다.

> 형법 제355조 (횡령, 배임) ① 타인의 재물을 보관하는 자가 그 재물을 횡령하거나 그 반환을 거부한 때에는 5년 이하의 징역 또는 1천 500만 원 이하의 벌금에 처한다.
> 제356조 (업무상의 횡령과 배임) 업무상의 임무에 위배하여 제355조의 죄를 범한 자는 10년 이하의 징역 또는 3천만 원 이하의 벌금에 처한다.

윤석열 대통령, 한동훈 장관은 문재인 정권 시절 국정원 특활비 사건을 두고 관련자들을 모조리 구속했던 전력이 있다. 그런 논리를 자신들에게 적용하면 특활비 사건 또한 완전히 불법이다. 김수남·문무일·윤석열 검찰총장 시절 사용한 검찰 특활비는 총 292억 원이었고, 이중 절반에 가까운 136억 원이 검찰총장 임의대로 배분된 액수라고 분석된 바 있다. 이중 74억 원은 아예 증빙서류가 없다. 임은정 검사는 인터뷰에서 이 특활비는 총장이 '특별히 예뻐하는 검사에게 더 잘 활동하라고 비밀리에 주는 돈'이라고 정의했다. 자기가 관심 있는 사건을 더 잘 수사하라고 돈을 건네준 셈이니 횡령은 물론 업무상 배임, 뇌물죄의 성격도 있다. 윤석열 대통령은 국민의 세금을 특활비로 사용하면서 사조직을 만들어 검찰총장 때 장모 사건 대응 문건을 만들었다. 검찰을 사유화한 것이다.

이상의 네 가지 사건으로 고발장을 접수했는데 이 고발장의 내용은 분명 역사에 남을 것이라고 생각한다. 나는 대통령실에서 이야기했던 "아무 말도 하지 않으면, 아무 일도 일어나지 않는다"라는 명언을 깊게 새긴다. 다만 '아무 말도 하지 않으면 아무 일도 일어나지 않으니, 우리는 더 많이 말하고 더 적극적으로 말해야 한다.' 이 비민주적인 정권이 아무 일도 없이 유지되는 것을 막기 위해, 국민의 세금이 특활비란 이름으로 마구 쓰이지 않기 위해 우리는 외쳐야 하고, 따져 물어야 하고, 싸워야 하고, 저항해야 한다. 자명한 사실은 우리의 말과 외침과 물음이 얼마나 모이느냐에 따라 이 고발의 수사 여부 또한 결정될 것이라는 점이다.

1

송영길은 여전히 광주에 있다

1980년 5월의 광주 이야기를 먼저 해볼까 한다. 송영길에게 광주는 벗어날 수 없는 삶의 굴레이자, 지금의 자신을 만든 결정적인 계기였으며, 어떤 중요한 순간마다의 기준이기도 했다.

송영길은 전남 고흥에서 태어나 초등학교 6학년 때 광주로 전학을 왔다. 이후 진학한 대동고등학교에서 박석무 선생을 만났다. 좀 더 나은 세상을 만들고, 좀 더 나은 사람으로서 살기 위한 많은 것들을 선생으로부터 배웠다. 새마을운동에 '잘살아보자'라는 말이 있는데, '올바르게 살자'라는 말은 없다는 선생의 말씀을 송영길은 자주 생각했다. 어쩌면 정치란 무엇인가에 관해 처음으로 고민했던 시간일 것이다.

그런 선생의 가르침 덕분에 고등학교 때부터 박현채 선생의 《민족경제론》이나 백기완 선생의 《자주고름 입에 물고 옥색치마 휘날리며》,《해방 전후사의 인식》같은 책을 읽었다. 교보문고 신용호 회장의 말처럼 책은 사람을 만들고 사람은 책을 만든다. 그때 읽은 책들이 여전히 남아 지금의 송영길을 만들었다.

일찍부터 시국에 대해 비판적인 시각이 형성되어 있던 터라 친구들끼리도 자주 모여 토론을 하곤 했는데, 당시 학생들의 주요 이슈는 보충수업비였다. 우연찮은 계기로 수업료와 별도로 걷는 보충수업비가 선생님들이 아닌, 재단으로 들어간다는 사실을 알게 된 것이다. 뜨겁고 의기 넘치는 시절이었다. 학생들은 이 사실을 묵과해선 안 된다고 입을 모았고, 송영길의 주도 아래 시정을 요구하는 집단 시위를 조직했다. 결국 다음 날, 200명이 넘는 학생들이 운동장에 집결해 성명서를 발표하기에 이르면서 학교에선 비상이 걸렸다. 나중에는 광주 서부경찰서에서 형사들이 몰려오기까지 했다. 그때는 79년에 일어난 부마항쟁이 광주로 번질까봐 정보경찰들이 촉각을 곤두세우던 시기였다. 송영길은 결국 서부경찰서로 잡혀가 조사를 받았는데, 어린 마음에 혹시 구속되지 않을까 걱정스러웠다.

그런데 다음 날 아침에 갑자기 분위기가 바뀌더니 다 집으로 돌아가라는 것이 아닌가. 처음엔 영문을 몰라 그저 다행이라고만 생각했다. 알고 보니 공교롭게도 이날이 1979년 10월 26일, 이른바 10 · 26 사태로 인해 사건이 유야무야 일단락되면서 모두 방면된 것이었다.

그때까지만 해도 송영길은 대통령이라고 하면 박정희만 있는 줄 알았다. 태어난 이후 18년 동안 한 사람의 대통령만 보고 자랐으니 어찌 보면 당연한 일이었다. 권력이란 절제하지 않으면 칼날이 자신을 친다. 비단 박정희 대통령에게만 해당하는 말은 아닐 것이다. 박정희 대통령은 최측근인 중앙정보부장에게 살해되었으니 총으로 잡은 권력이 총으로 망한 셈이다. 한편으로 자신을 비롯해 주위의 많은 사람들은 이제 드디어 유신독재 체제가 막을 내리겠다는 희망에 부풀어 있었다. 이후 광주를 기다리고 있는 것이 무엇인지, 얼마나 무섭고 아프고 잔인한 일이 벌어질지 그 누구도 알지 못했다.

시간이 흘러 고등학교 3학년이던 1980년은 그야말로 아비규환이었다. 평범한 시민들이 계엄군 공수부대의 철심이 박힌 몽둥이에 머리가 터지고 총검에 찔려 죽고 다쳤다. 내딛는 발걸음마다 피비린내가 진동했다. 5월의 광주였다. 슬프고 처연했다. 무심하게도 햇빛은 찬란했고 금남로에 지던 꽃잎처럼 수많은 청춘들이 지고 있었다.

무등산 자락에 충장사가 있다. 충장사는 임진왜란 때 의병장이었던 무등산 호랑이 김덕령 장군의 사당이다. 광주 충장로라는 이름은 김덕령 장군의 시호인 충장공에서 유래했고, 또 임진왜란과 정묘·병자호란 때 활약했던 나주 출신 금남군 정충신 장군의 군호를 따서 금남로라는 이름이 만들어졌다. 그래서 충장로와 금남로는 왜적에 맞서 나라를 지킨 백성들의 정의로운 힘을 상징한다. 그런 곳에서 군부 쿠데타로 권력을 잡은 이의 승인 아래 군인과 경찰이 제 나라의 시민들을 무참히 살육하고 있었다. 무언가 하지 않으면 견딜 수 없는 날이었다. 대동고등학교는 또다시 송영길의 주도 아래 광주의 고등학교 중에서는 최초로 5·17 계엄군 폭력 진압을 규탄하는 고등학생 시위를 벌였다. 전교생들이 운동장에 모였고, 학교 주위를 전투경찰이 포위했다.

그러던 중에 이후 상황이 어떻게 될지 알 수 없으니 시위 주동자는 피신하라는 선생님과 친구들의 권유에 따라, 송영길은 여수로 내려갔다. 이후 다시 광주로 들어가려고 했지만, 그때는 이미 광주 봉쇄령이 떨어진 탓에 항쟁이 일단락되기 전까지 다시 돌아갈 수 없었다.

이후 보고 들은 과정은 그저 참혹했다. 21일 송영길의 고등학교 친구인 전영진이 계엄군 총탄에 쓰러졌고, 마지막까지 도청 주변을 지킨 이덕준과 김향득, 김효석 등은 계엄군에 끌려가 모진 고초를 당했다. 김용필은 당시 고문의 충격으로 정신적 고통이 심각했다.

이때의 일은 오랫동안 송영길의 정신을 지배했다. 증오와 괴로움으로 점철된 나날이었다. 전두환을 죽일 수 있으면 파우스트처럼 기꺼이 악마와도 손을 잡겠다고 생각했다. 경찰과 군인 그리고 국가는 국민의 생명과 안전을 지킬 수도 있지만, 동시에 자신과 친구와 가족을 총으로 쏘고 칼로 찌르고 협박할 수도 있음을 알았다. 국가권력이 잘못 쓰이면 어떤 일이 일어나는지, 송영길은 이때 똑똑히 보았다.

5·18광주민주화운동 당시 시민들이 가장 먼저 불태운 곳은 광주 MBC였고, 그다음이 세무서였다. 시민군을 좌익분자로, 간첩의 배후 조정에 의해 움직이는 폭도로 매도한 신군부 세력의 시각을 홍보하는 언론과, 국민의 세금으로 국민을 지키기는커녕 오히려 시민을

죽이는 이 '세금 도둑'을 시민군은 가만히 둘 수 없었을 것이다.

사람들의 죽음 앞에서 송영길은 종종 부끄러웠다. 그것은 산 자의 부끄러움이었고, 친구와 동지와 시민들과 끝까지 함께하지 못했다는 부끄러움이었다. 송영길은 지금도 매년 5월이면 망월동을 찾는다. 사람들의 무덤 앞에서 생각한다. 그때로 시간을 돌린다면 자신은 도망치지 않고 도청을 사수할 수 있었을까? "시민 여러분, 도청으로 나와주세요"라는 애처로운 소리를 외면하지 않았을까? 죽더라도 끝까지 함께하겠다고 말할 수 있었을까? 계엄령이 발동하고 탱크가 서 있는 그곳에서 계엄군의 총구 제일 앞에 설 자신이 있는가?

5·18광주민주화운동이 지나고 살아남은 이들은 전영진의 무덤 앞에서 울면서 〈부다페스트에서의 소녀의 죽음〉을 낭송했다.

다뉴브강에 살얼음이 지는 동구의 첫겨울
가로수 잎이 하나 둘 떨어져 딩구는 황혼 무렵
느닷없이 날아온 수발의 쏘련제 탄환은
땅바닥에
쥐새끼보다도 초라한 모양으로 너를 쓰러뜨렸다.
순간,
바쉬진 네 두부는 소스라쳐 삼십보 상공으로 튀었다.
두부를 잃은 목통에서는 피가
네 낯익은 거리의 포도를 적시며 흘렀다.

―너는 열세 살이라고 그랬다.

네 죽음에서는 한 송이 꽃도

흰 깃의 한 마리 비둘기도 날지 않았다.

네 죽음을 보듬고 부다페스트의 밤은 목놓아 울 수도 없었다.

죽어서 한결 가비여운 네 영혼은

감시의 일만의 눈초리도 미칠 수 없는

다뉴브강 푸른 물결 위에 와서

오히려 죽지 못한 사람들을 위하여 소리 높이 울었다.

(후략)

송영길은 나이가 들어서 1980년 5월 27일 새벽 4시 계엄군이 도청을 진압할 때 마지막까지 도청을 사수하다 산화한 윤상원 열사가 광주북성중학교 선배임을 알게 되었다. 송영길은 북성중 27회이다. 윤상원 열사는 15회, 1950년생이다. 이낙연 전 국무총리도 북성중 16회, 1952년생이다. 송영길의 13년, 11년 선배들이다. 두 선배의 길은 너무나 달랐다. 이낙연 선배는 유신독재 치하였던 서울 법대생 시절 학생운동에 참여한 기록도 없고, 5·18광주민주화운동 당시에도 〈동아일보〉 기자로 무난한 삶을 살았다. 윤상원 열사는 살레시오고를 나와 전남대에 들어간 후에 학생운동을 주도했고, 졸업 후 주택은행에 입사했다. 그러나 유신독재와 맞서 싸우기 위해 은행을 그만두고 광주로 내려와 공단 노동자를 위한 '들불야학'을 주도하였다.

5·18광주민주화운동 때는 투쟁의 중심에 서서 항쟁을 이끌었다. 결국 도청에서 계엄군 M-16 총탄에 복부를 맞고 사망했다.

　　서울고등부장판사를 역임한 송영길의 둘째 형 송영천의 광주제일고 친구인 김종률은 1979년 MBC 대학가요제에서 〈영랑과 시인〉이라는 노래로 은상을 받았다. 가수 김민기로부턴 노래의 영혼을 전수받았다. 김종률이 곡을 쓰고, 백기완 선생이 감옥에서 고문에 시달릴 때 읊조리면서 만든 시인 〈묏비나리〉에 작가 황석영 선생이 편집하여 가사를 붙인 곡이 윤상원 열사를 추모하여 만들어진 〈임을 위한 행진곡〉이다. 프랑스혁명 당시 마르세유에서 파리까지 진격한 시민 혁명군의 노래이자 지금은 프랑스의 국가가 된 〈라 마르세유〉에 비견할 만한 노래이다. 그래서 송영길에게 〈임을 위한 행진곡〉은 단순한 노래가 아니고, 광주는 그저 학창 시절의 추억 어린 곳이 아니었다. 학생운동을 하고, 노동운동을 하면서 혹은 정치의 어떤 길목 위에서 송영길은 종종 광주를 생각했디. 늘 죽은 이들에게 빚진 자의 심정으로 살아왔다.

　　2023년 8월, 송영길은 다시 광주에 왔다. 다시 전영진의 무덤 앞에 있다. 1980년 5월 18일의 광주를 생각한다. 여기에 자신의 시작이 있고, 현재가 있다. 윤석열 정권, 검찰 독재 정권과의 길고 힘겨운 싸움을 광주에서 시작하려고 한다. 그 시절 군사독재로부터 찾은 민주주의가 검찰 독재로 파괴되었다. 그때는 계엄군의 총구 앞에 서지 못했으나, 이제는 검찰과 권력의 칼 제일 앞에 서 있다. 송영길은 이제

피하지 않을 것이고, 물러서지 않을 것이며, 그리하여 끝내 이길 것이다. 송영길은 수많은 광주의 기자들 앞에서 다음과 같이 말했다.

다시 광주를 찾습니다

묵묵히 모든 것을 품어 안으면서 굴곡의 근현대사를 지켜온 무등산에 왔습니다.

군사독재 위기에 민주주의 불꽃을 올렸던 금남로와 충장로를 찾습니다.

계엄군의 탱크에 맞서 꺼지지 않는 불꽃으로 산화했던 윤상원 열사 등의 〈님을 위한 행진곡〉의 산실, 구 전남도청을 다시 찾았습니다.

욕되게 살아남은 삶의 사명을 자각하고 다짐하게 하는 5월 영령들이 깃들어 있는 망월동을 찾았습니다.

칠흑 같은 군사독재하에서 민주주의 불꽃을 용암처럼 간직하여 마침내 6월항쟁의 씨앗이 된 빛고을을 다시 찾습니다.

앞이 잘 보이질 않습니다.

예상은 했지만 검찰 독재 정권 1년 3개월, 대한민국이 무너져내리고 있는 느낌입니다.

부동산 투기, 사문서 위조, 주가조작 범죄 카르텔 가족과 국가 예산 100억이 넘는 돈을 횡령하여 영수증도 제대로 없이 나누어 먹는 윤석열 검찰 카르텔의 상상 이상의 거짓말과 반헌법적 위법 행위가 일상화되고 있습니다.

'공정과 정의, 상식'이라는 슬로건의 윤석열 정부하에서 최소한의 상식이 무너지고 있습니다.

검사의 나라가 되었습니다.

지난 촛불혁명으로 탄생한 문재인 더불어민주당 정부가 촛불 시민과 국민의 기대에 제대로 부응하지 못했습니다. 반성합니다.

윤석열 정권의 등장을 국민들께서 우리들의 안이함과 부족함을 반성하고 회개하며 새로운 민주정권의 씨앗을 다시 만들라는 준엄한 명령으로 받아들입니다.

전 세계 198개국 중 최저의 출산율, 아이들의 울음소리가 끊어져 가고 대한민국의 소멸 위기가 다가오고 있습니다. 그나미 소중하게 태어난 아이들이 죽어가고 있습니다.

지난 10 · 29 이태원 참사에서 159명이 정부의 무능한 대처로 억울하게 사망했습니다. 모든 책임을 하급직에 전가하고 고관대작들은 아무도 책임지지 않았습니다.

이번 수해 피해로 40명이 넘는 사망자가 발생했지만 책임지는 사람이 없습니다.

어렵게 얻은 우리들의 아들 채수근 해병의 죽음에 대해 해병대 지휘부는 책임을 지지 않습니다. 채수근 상병의 억울한 죽음의 책임을 밝혀낸 박정훈 해병대 수사단장을 해임하고 항명죄 수괴로 수사하고 있습니다. 도둑이 매를 든 적반하장 격입니다.

과연 윤석열 대통령이 군 통수권자의 자격이 있는가 싶습니다. 물살이 거센 수해 복구 현장에 기초적인 구호 장비도 없이 병사들을 투입한 사단장의 업무상과실을 지적한 박정훈 대령을 처벌한다면 윤석열 정권 몰락이 시작될 것입니다. 대통령 책임제 민주공화국이 아니라 대통령 무책임제 혹리酷吏 정권이 되고 있습니다.

부동시라는 석연치 않은 이유로 병역의무를 회피한 자가 28년 대한민국 해병대원으로 성실히 국가 안보의 초석이 되어온 박 대령을 처벌한다면 바로 탄핵 사유가 될 것입니다.

최초의 보이스카우트 출신 대통령이라 자랑하며 윤석열 대통령 자신이 명예대회장이 된 잼버리에서 전 세계 158개국 4만 3,000명의 어린 학생들을 데려다가 형편없는 시설과 운영으로 대한민국을 한순간에 후진국으로 전락시켰습니다. 할 줄 아는 거라곤 사고 후 전 정부에 대한 책임 전가와 압수수색밖에 없습니다.

무능한 외교 정책으로 일본이 재무장하고, 일본의 경제성장이 한국을 앞지르고 있습니다. 일본의 항의로 독도 수역에 해군 훈련이 취소되었습니다. 독도를 우리 땅이라고 말도 못하는 분위기가 생기고 있습니다. 일본 핵 오염수 해상 방류를 대한민국 정부가 국가 예산을 들여 안전하다고 홍보·광고까지 하고 있습니다. 을사늑약 이전과 같이 일본에 나라를 갖다 바치자고 선동하는 일진회 같은 우익단체들이 설치는 상황이 되었습니다. 더듬이가 없는 외눈박이 외교 정책으로 남북 관계 악화에 러시아, 중국을 군사적 적대국으로 만들어가는 위험한 상황이 전개되고 있습니다. 한·미·일 동맹 강화한다면서 미국의 자국 산업 중심 정책으로 우리나라의 핵심 전략 산업인 바이오, 배터리, 반도체, 이른바 BBC 산업이 위기에 처해 있습니다. 어리석은 대통령은 미국에 가서 〈아메리칸 파이〉라는 노래를 부르면서 우리나라의 알토란 같은 자동차, 반도체 산업을 아메리칸 파이로 갖다 바치고 있습니다.

박정희 군사정권은 민주주의는 파괴했어도 산업화, 자주국방을 이루었고, 노태우 정권은 88올림픽 성공, 북방 외교 등에서만큼은 유능한 면이라도 있었습니다. 검찰 독재는 민주주의 파괴, 부패에 이어 경제, 외교, 국방을 위기에 빠뜨리는 최악의 무능한 정권입니다. 할 줄 아는 게 보이지 않습니다. 음주운전자에게 대한민국호를 맡겨놓은 꼴입니다. 불안불안합니다. 음주운전 차량의 폭주를 막을 곳은 국회와 더불어민주당입니다.

더불어민주당의 분발을 촉구합니다!

'방관은 최대의 수치, 비굴은 최대의 죄악'이라고 유신독재를 향해 일갈했던 김대중 정신을 다시 살려야 합니다. 검찰 독재가 여러분의 가슴을 찌르면 도망가지 말고 다가가 독재의 심장을 찔러야 한다는 노무현 정신을 생각합니다.

저부터 선봉에 서겠습니다!
1980년 5월 27일 새벽 4시 도청을 생각합니다. 윤상원 열사의 죽음을 각오한 가쁜 숨소리가 느껴집니다. 2021년 5월 당 대표로 망월동을 참배했던 때가 기억이 납니다. 계엄령이 선포되어 국회 앞에 탱크가 서 있는 상황을 상상했습니다. 홀로 탱크 앞 총구에 설 각오로 걸어갔습니다.

휴전협정 70주년이 되는 광복절을 앞두고 광주에서 5·18 정신을 되새깁니다. 다시는 도망가지 않을 것입니다. 죽으면 죽으리라는 각오로 선봉에 서겠습니다. 더불어민주당, 쫄지 마십시오. 행동하는 양심, 깨어 있는 시민의 조직적 힘, 민주주의 최후의 보루를 믿고 숨어 있지 말고 출정하십시오. 헌법과 법률을 위반한 검사들부터 탄핵소추하십시오. 검찰 독재의 투쟁의 선봉에 서겠습니다. 〈님을 위한 행진곡〉 가사처럼 산 자들 일어서서 함께 싸웁시다.

_ 2023년 8월 14일, 광주 기자회견 전문

송영길의 선전포고

2

죽으면 죽으리라

20대 대선에 관한 몇 가지 소회

2022년 3월 9일 더불어민주당의 이재명 후보는 대선에서 0.73% 의 벽을 넘지 못하고 결국 패배했다. 대선 패배의 이유는 여러 가지가 있겠지만 그중에는 문재인 정부의 탓도 있음을 부인하지는 못할 것이다. 당시 더불어민주당 내부에서도 문재인 정권에 실망한 반대파들의 '묻지 마 정권 교체'의 열망을 여실히 느끼고 있었다. 이런 상황에서 송영길은 문재인 정부를 연장하는 쪽으로 대선에 임해서는 안 된다고 판단했다. 이를테면 노무현 대통령이 정권을 잡을 수 있었던 결정적 이유가 김대중 정부와의 분명한 차별화에 있었다고 본다. 그것은 적대적 차별화가 아니라 김대중 정부의 장점을 잇지만 동시에 김대중 정부와는 다른 새로운 정부를 만들고 새로운 시대를 열어가겠다는 일종의 계승적 차별화였다. 여기엔 김대중 정부의 적극적인 협조와 지지가 주요한 역할을 했다.

문재인 정부는 달랐다. 청와대에 대한 약간의 비판도 감수할 생각이 없었고, 정권을 창출하는 것보다 현 정부의 지지율에 더 신경 쓰는 모양새였다. 일례로 더불어민주당 당 대표 시절 송영길은 코로나19로 인한 전 국민 재난지원금을 관철시키기 위해 각고의 노력을 다했고, 이준석 국민의힘 대표와도 합의를 마쳤다. 송영길이나 이준석이나 여야를 넘어 국민을 위한 것이 무엇인지를 가장 앞에 놓고 고민했기 때문에 가능한 일이었다. 여기에 제동을 건 것은 아이러니하게도 홍남기 경제부총리였다. 홍남기 부총리가 마지막까지 뜻을 굽히지 않으면서 결국 5차 재난지원금은 '소득 하위 88%'에게 25만 원씩 지급하는 것으로 결정할 수밖에 없었다. 이 하위 88% 선별 과정에서 시간과 공무원들의 애꿎은 행정력이 낭비되었을 뿐만 아니라, 신청한 지 수개월이 지나도록 재난지원금을 받지 못하는 사례가 속출했고, 같은 피해를 입었음에도 누구는 지급받고 누구는 지급받지 못하는 등의 부작용이 발생했다. 당시 홍남기 부총리는 재정건전성을 이유로 전 국민 재난지원금 지급을 반대했지만, 윤석열 정부 출범 직후 우리나라에는 110조 이상의 초과 세수가 있었음이 드러났다. 다시 말해 전 국민 재난지원금을 몇 차례나 지급할 수 있는 충분한 예산이 있었던 것이다.

당시 송영길은 홍남기 부총리를 해임하고, 김용범 기획재정부 차관이나 구윤철 국무조정실장 둘 중 하나를 기획재정부 장관으로 교체해달라고 청와대에 거듭 요청했다. 김용범 차관 또한 전 국민 재난지원금을 찬성하는 입장인 만큼 이렇게만 되면 충분히 뜻을 관철시킬 수 있을 것이었다. 그러나 홍남기 부총리에 대한 문재인 대통령의 신임은 확고했다.

홍남기 부총리는 사표를 써서 호주머니에 넣고 다닌다면서 자리에 연연치 않겠다고 호기를 부렸고, 조·중·동은 환호했다. 그런 기재부가 윤석열 정권이 등장하자마자 지방선거를 앞두고 59조 원의 사상 최대의 추가경정예산을 단행했다. 코로나19로 피해를 본 자영업자, 소상공인에게 1명당 최소 600만 원씩 손실보상을 하겠다는 윤석열 대통령의 공약을 이행하기 위함이었다. 홍남기 부총리나 기재부는 단 한마디의 반대나 이의 제기조차 없었다. 황당한 기만 행위이다. 이런 홍남기 기재부에 속아 국가 재정을 운영해온 셈이다. 문재인 정부는 물론 더불어민주당 또한 깊이 반성해야 할 대목이다.

홍남기 부총리는 왜 그때 지원금이 부족하다고 판단했는지 지금까지도 밝히지 않았다. 어떠한 반성도 해명도 그에게는 없었다. 김부겸 국무총리도 노영민 비서실장도 모두 홍남기 부총리에 끌려다녔다. 송영길이 영업시간 제한, 인원수 제한 등을 과감하게 풀어줄 것을 그렇게 요청해도 김부겸 총리는 벌벌 떨면서 찔끔찔끔 풀어주었다. 송영길은 이 문제만 해결했어도 대선의 결과는 달랐을 것이라고 본다.

물론 대선 패배의 책임을 문재인 정부에게만 돌릴 수는 없다. 모든 선거가 그렇지만 대통령 선거는 후보의 책임이 90% 이상이다. 결국 이재명 후보가 가장 큰 책임을 져야 한다. 물론 그다음은 당 대표인 송영길의 몫일 것이다.

대통령 선거 당시 송영길은 대선의 승패는 결국 이재명 후보가 만들고자 하는 대한민국이 문재인의 대한민국과 어떤 차이가 있는지를 얼마나 선명하게 제시하는가에 달려 있다고 보았다. 그래서 송영길은 선거 기간 내내 '이재명 후보의 당선도 정권 교체다', '이재명 후보는 문재인 정부에서 총리나 장관을 한 적이 없다', '부동산 정책 실패의 책임에서 상대적으로 자유롭다'는 점을 강조했다. '이재명 후보는 문재인 정부에서 오히려 탄압을 받았다'고 말한 것도 같은 이유에서였다. 당 대표로 나간 관훈 토론회에서는 소위 '대깨문'(대가리가 깨져도 문재인)이라 불리는 문재인 적극 지지층들에게 지난 2007년 대선에서 정동영 밀다고 이명박 찍은 대가가 노무현 대통령에 대한 정치 보복으로 이어진 것처럼, 이재명 밀다고 윤석열을 찍으면 문재인 대통령을 지키기 어렵다고 말하기도 했다. 청와대 측이나 친문 측의 반발이 거셌다. 이 때문에 이재명 후보는 문재인 정부와의 적극적인 차별화를 시도하지 못했고, 송영길도 강하게 이재명 후보를 설득하지 못했다.

문재인 정부의 장점은 계승하되, 소득 주도 성장 및 부동산 정책에 대한 자기반성과 변화, 탈원전 정책 속도 조절 등 과감한 전환이 필요했는데, 이 부분이 제대로 이루어지지 않았던 것이다.

스스로 대선 운동 기간 중에 총선 불출마를 선언한 것도 비슷한 맥락이었다. 86세대의 불출마 선언을 통해, 팽배했던 정권 교체 패러다임을 정치 교체 패러다임으로 바꾸기 위한 배수진이었다. 총선 불출마를 선언한 이유가 또 하나 더 있었다. 여야의 대통령 후보로 선출된 윤석열, 이재명 모두 국회의원 경력이 없다. 국민의힘에서는 '0선'인 이준석이 당 대표까지 되었다. 송영길은 이것이 기존 정치에 대한 불신임의 표시라고 생각했다. 여야를 불문하고 4선, 5선의 다선 의원들을 부끄럽게 만드는 일이었다. 의원 경력을 어떤 경험이나 연륜이 아니라 기득권에 갇힌 낡은 정치의 상징으로 보는 국민의 엄중한 평가라고 송영길은 받아들였다.

다만 총선 불출마 선언의 파급력을 높이기 위해선 더불어민주당 86세대 의원들 전체의 합의와 연대가 필요했다. 후속 작업을 해보려 많은 노력을 기울였지만 우상호 의원을 비롯한 몇 명을 제외하고는 잘되지 않았다. 송영길은 자신이 부족했다고 평하지만, 국회의원이라는 자리가 주는 안락함과 명예를 내려놓기는 쉽지 않았으리라. 이재명 정부가 들어서는 것이 자신이 가진 무언가를 포기하면서까지 이뤄내야 할 가치는 아니었으리라.

이런 문제들이 쌓이고 쌓여 더불어민주당은 21대 대선에서 패배했다. 문재인 정권을 교체해야 한다는 국민들의 거대한 열망을 끝내 돌릴 수 없었다. 문재인 정부가 조금만 더 도와줬더라면, 좀 더 분명한 차별화 전략을 취했더라면, 더불어민주당 다선 의원들이 모두 불출마할 각오로 싸웠더라면······ 머릿속에 수많은 '만약'을 그려보지만 이미 벌어진 일을 그 누구도 어찌할 수 없었다. 국민의 심판은 엄정하고 분명했다. 이제 남은 것은 책임의 시간이었다.

프랑스를 가다

대선 패배 이후 송영길은 전국 사찰을 돌면서 묵언수행을 했다. 마치 악몽을 꾸는 것만 같았다. 한반도에 암운이 드리우고 있었다. 피할 수 있는 것은 없었고, 어느덧 지방선거가 다가오고 있었다. 인천이나 경기도에는 더불어민주당 후보자들이 있었는데, 서울시장 후보에는 아무도 선뜻 나서지 않았다. 많은 당원들이 송영길에게 서울시장 출마를 요구했다. 소액 후원금이 수천만 원까지 모이기도 했다. 이재명 후보를 지지한 사람들은 송영길 서울시장 출마와 이재명 계양구 출마라는 일석이조를 생각하였을 것이다. 송영길은 자신이 불쏘시개가 되어야겠다고 생각했다.

결정을 내리긴 했지만 그럼에도 인천을 떠나는 것은 결코 쉽지 않았다. 1985년에 인천으로 와서 36년을 지냈다. 아내 남영신을 만나 결혼을 하고 딸을 낳고 아들을 낳으며 청춘을 보냈다. 이곳에서 노동자로 살았고, 노동운동을 했고, 서른에 변호사가 되어 인권노동 변호사로 활동했다. 자신을 5선 국회의원과 인천시장으로 만들어준 계양구였다. 송영길의 정치적 고향과 다름없었다.

여기에 송영길·남영신 부부의 청춘과 피와 땀, 눈물이 배어 있었다. 딸과 아들도 유학 한 번 가지 않고 모두 계양구에서 초·중·고등학교를 나왔다. 돈이 없기도 했지만, 자신의 자식을 외국으로 보내면 계양구 학생들의 교육 문제를 자기 자식의 문제처럼 고민할 수 없다는 원칙이 송영길에게 있었다.

인천을 떠나는 날, 송영길은 울었다. 하지만 정치란 그런 것이었다. 이익을 떠나, 가능성을 떠나, 해야 하는 일이라면 피해서는 안 된다고 송영길은 생각했다. 더불어민주당과 이재명 후보가 살길은 그가 국회로 들어와 당 대표가 되는 것이 유일했고, 그렇다면 계양구가 가장 가능성이 크다고 판단했다. 당시 당 지도부에서 김은혜 의원이 도지사에 출마하느라고 비워둔 분당 지역구에 이재명 후보를 전략공천했다면 어떻게 되었을까? 이재명 후보가 거부하면 비겁한 사람이 될 것이고 출마하였다면 당시 분당 분위기로 보았을 때 안철수 후보를 이기기 어려웠을 것이다. 처음에 송영길은 이재명 후보가 계양구에 출마하는 것에 선뜻 동의하지 못하고 고민했다. 그러나 차분하게 계양구 여론을 수렴해보고 주변 의견을 들어보니 이재명 출마가 불가피하다고 결론 내렸다. 대선 역사상 더불어민주당 후보로서는 가장 많은 16,147,738표를 얻은 이재명을 제도권 밖에 둘 수는 없는 일이었다. 국민의힘 대선 후보로 출마한 윤석열 후보는 대통령에 당선되었고, 홍준표 후보는 대구시장, 유승민 후보는 경기도지사, 안철수 후보는 국회의원에 출마하고, 심상정 후보는 현역 국회의원인데 이재명 후보를 밖에 두는 것은 이재명을 지지한 많은 국민을 제도권 밖에 두는 것이라고 생각했다. 지금도 송영길이 '왜 이재명에게 자신의 지역구를 양보하였을까? 부모, 자식, 형제 간에도 지역구를 양보하지 않는다는데, 무슨 거래가 있지 않았을까? 무슨 약점이 있는 것은 아닐까?' 등 국민의힘 지지자나 중도적인 사람들 사이에서 수많은 이야기가 오고 간다고 한다. 모두 사실이 아니다. 송영길은 지금도 계양산과 계양구 주민을 생각하면 감사함과 죄송함에 눈물이 난다. 송영길의 원칙은 그때도 지금도 오로지 선당후사였다.

소위 낙하산 논란이 일어났을 때도, 송영길은 누구보다 적극적으로 발 벗고 나섰다. 인천의 인맥을 다 동원해서 이재명을 도왔다. 비록 자신은 예상대로 서울시장 선거에서 패배했지만, 이재명 후보의 당선으로 다시 더불어민주당의 미래를 준비할 수 있게 되었으니 후회는 없었다.

그렇다고 해서 대선 패배와 지방선거 패배의 아픔이 아무렇지 않은 것은 아니었다. 패배의 책임감은 시시때때로 송영길을 짓눌렀다. 정치 활동을 재개한다는 것이 막연했다. 서울시장에 낙선한 이후 6개월 동안 서울에 머물렀다. 비서도 차량도 없이 배낭을 짊어지고 서울 시내를 걷고 지하철을 타고 서울 주변 청계산, 인왕산, 북한산, 아차산, 용마산, 장산, 남산 등을 돌면서 시민들과 인사하고 대화를 나누었다.

결국 송영길은 선거법 공소시효인 6개월이 끝나는 12월 1일 파리행 비행기에 몸을 실었다. 무슨 혐의가 있어 도피한다는 오해를 사지 않기 위해서였다. 이 프랑스행은 일종의 책임이었고, 묵언수행이었지만 한편으로 좋은 기회이기도 했다. 서울시장 선거에서 패배하면서 서울 시민들께 냉정한 심판을 받았고, 윤석열 정부를 들어서게만들었다는 책임도 있는 만큼 지금 당장 이 정부에 날 선 비판을 가하는 것보다, 어느 정도 실정이 드러난 이후에 할 수 있는 일이 있다면 그때 자신의 역할을 다하는 것이 맞는다고 생각했다. 게다가 프랑스와는 예전부터 이런저런 인연이 있었는데, 시라크 대통령 시절 레지옹 도뇌르 슈발리에 훈장을 받았고, 마크롱 대통령 시절엔 국회 외교통일위원장으로서 한·프랑스 관계 발전에 기여한 바가 있다고 평가받으면서 슈발리에 훈장보다 한 단계 위급인 오피시에 훈장을 받기도 했다. 송영길은 프랑스 정부로부터 두 번에 걸친 레지옹 도뇌르('영광의 군단'이라는 뜻의 프랑스 국가최고훈장)를 받은 유일한 정치인이다. 이것을 계기로 파리경영대학(ESCP)의 방문연구교수로 가서 연구실을 제공받고, 급여도 받기로 한 만큼 거절할 이유가 없었다. 한국을 떠나는 날 송영길은 다음과 같이 썼다.

지금과 같은 인구절벽 상황이라면 대한민국은 소멸을 피할 길이 없을 것입니다. 프랑스 또한 우리와 처지가 비슷했지만 이를 극복하고 높은 출생률로 다시 활기를 되찾았습니다.

위기 상황에 다다른 기후변화에 대응하는 것은 한시도 게을리할 수 없는 문제인데, 프랑스는 기후변화 대응의 선도국입니다.

꿈의 에너지로 불리는 핵융합 발전 기술도 놓칠 수 없는 미래 비전입니다. 더구나 이 분야는 우리나라가 기술을 선도하고 있습니다. 우리도 참여하고 있는 국제핵융합실험로(ITER)가 프랑스에 건설 중입니다.

또한 프랑스는 원자력 강국이면서 대표적인 유럽의 농업 강국입니다. 프랑스와 이웃한 네덜란드 또한 선진 농업국입니다. 식량, 농업 분야에 대한 해결책을 찾는 데 참고로 삼을 수 있는 더없는 나라들입니다.

이상의 문제를 해결하고 비전을 열어가는 것이 여야, 진보와 보수 어느 한쪽의 일은 아니겠지만, 우리가 훨씬 나은 대안과 실력을 갖추고 미래를 준비해 들어가야 합니다. 프랑스에 머무는 동안 제가 중점적으로 연구하고 현장을 살필 분야이기도 합니다.

(중략)

짧지도 길지도 않을 7개월, 저의 프랑스행이 윤석열 정부 이후를 준비하는 우리 더불어민주당의 역량을 강화하는 데 도움이 되도록 한시도 게을리하지 않겠습니다.

저의 출국길에 필립 르포르 주한프랑스 대사께서 환송을 나와주셨습니다. 흔한 일이 아닌데 감사하고 의미로운 일입니다. 그동안 마크롱 대통령 등 프랑스 인사들과 쌓아온 우의를 바탕으로 알찬 결실을 내겠습니다.

_ 2022년 12월 1일, 한국을 떠나며

처음 7개월을 계획하고 갔는데, 중간에 대학 측에서 한 학기 연장을 제안했다. 하지만 송영길은 첫 학기도 결국 채우지 못했다.

파리에서의 나날

송영길의 선전포고

적을 이기려면 한쪽 어깨 정도는 내어줄 각오를 해야 한다

2023년 4월 20일, 송영길이 당 대표 시절 더불어민주당 제3사무부총장을 지낸 이정근의 녹취록이 JTBC에 보도되었다. 이른바 전당대회 돈 봉투 사건이 터진 것이다. 송영길은 길을 걷다 갑자기 교통사고를 당한 느낌이었다. 피의사실 공표를 통한 언론 재판이 한 개인의 삶을 어떻게 망가뜨리는지를 생생히 체험했다. 우울증에 걸릴 정도로 정신적인 압박이 심했다. 검찰은 물론 더불어민주당 의원들까지 당장 한국으로 돌아오라고 난리를 쳤고, 일각에서는 마치 송영길이 의원들에게 돈을 뿌려 당 대표에 당선된 것처럼 취급했다. 계보도 조직도 없었던 송영길을 자발적으로 지지해준 수많은 의원, 지지자들에게 너무나 미안했다.

송영길은 당시의 괴로운 심정을 자신의 언어로 표현할 수 없다고 말했다. 스스로 저지르지 않은 일로 인해 온갖 공격을 당하고, 마치 크나큰 죄를 지은 것처럼 지난 삶이 부정당해서가 아니라, 주위 사람들이 너무나 큰 고초를 당하고 공격받고 있다는 사실이 견디기 힘들었다. 의혹이 터진 직후부터 검찰은 마치 오랫동안 준비해왔던 듯 발 빠르게 움직였다. 서울중앙지방검찰청 반부패수사2부는 윤관석 의원실, 이성만 의원의 주거지와 지역구 사무실, 송영길 캠프의 대전, 세종, 전남 지역 본부장들의 주거지 등 20여 곳을 압수수색했다.

송영길은 60살이 된 오늘날까지 평생 집 한 채 없이 전세를 전전했다. 그에겐 공직으로 돈 벌지 않겠다는 철학이 있었다. 5선 의원 출신에 시장까지 역임했다는 사실을 믿을 수 없을 정도로 검소하게 살았다. 송영길은 그것이 부끄럽지 않았다. 오히려 자부심이었다. 송영길은 '그런 당당함으로 살아온 내가 나이 60이 되어 이런 꼴을 당하는구나' 싶어 파리 센강에 뛰어내리고 싶은 충동을 느꼈다고 고백한다. 한편으로 내가 죽어야만 이들을 지킬 수 있겠구나, 싶었다.

노회찬과 노무현을 떠올렸다. 한때 그들의 죽음을 슬퍼했던 자신이 이제 그들을 이해했다. 도저히 파리에 있을 수 없어 한 시간 정도 차를 타고 파리 근교의 시골로 내려갔다. 콜작이라고 불리는 노란 유채꽃이 마치 바다처럼 가득한 밭 한가운데 들어앉아 한참 동안 눈을 감고 가만히 묵상에 잠겼다.

그러던 중 문득, 옛날 생각이 났다.

노무현 대통령이 후보이던 시절, 당시 초선 의원이던 송영길은 그의 수행비서를 맡았다. 유세를 마치고 다른 유세장으로 옮길 때 20~30분 정도 이런저런 대화를 나누곤 했다. 하루는 노무현 후보가 김원기, 정대철 대표 같은 선배 의원들과 전화 통화하는 걸 들었다. 그분들 생각은 정몽준 후보를 끌어들여 공동 유세를 해야 한다는 것이었는데, 그때 정몽준 후보는 공동 유세를 거부하면서 장관 자리 다섯 개를 주겠다는 각서를 쓰면 유세를 도와주겠다는 입장이었다.

"노 후보, 그냥 각서 써주면 어때?"

그러자 노무현은 정색을 하면서 말했다.

"선배님, 각서를 쓰면 아무리 비밀로 하더라도 반드시 국민들에게 알려지게 되어 있습니다. 권력 나누어 먹기라는 비판도 피할 수 없습니다. 정몽준 후보가 나보다 키도 큰데 왜 자꾸 옆에 세우려고 하십니까? 혼자 할 수 있습니다. 아니, 대선에 지더라도 좋습니다. 저는 절대 그런 각서 못 씁니다."

전화를 끊고 노무현은 송영길에게 물었다.

"송 의원, 정치의 요체가 뭔 줄 압니까?"

잘 모르겠다고 대답하자 노무현이 말했다.

"배짱입니다."

그리고 이 말을 덧붙였다.

"적과 싸워서 이기려면 적어도 한쪽 어깨 정도는 내어줄 각오를 해야 합니다. 그래야 적의 심장을 찌를 수 있습니다. 내가 하나도 다치지 않으려고 하면 어떻게 적을 이길 수 있겠습니까."

송영길은 이 말을 듣고 이 사람은 '대통령 감'이구나, 결국 대통령이 되시겠구나, 생각했다고 한다. 송영길은 정치의 많은 것을 노무현에게 배웠다. 프랑스 근교의 유채꽃밭 한가운데서 그렇게 괴롭고 심란했던 그때, 이 일화가 생각난 것 또한 운명이었을까. 이윽고 하나의 문장이 머릿속에 떠올랐다. 마치 계시처럼 그에게 왔다.

'죽으면, 죽으리라.'

송영길은 아내 남영신에게 전화를 걸었다. 송영길의 결심을 가만히 듣던 남영신은 일제 강점기에 독립을 위해 싸우지 않은 사람이 해방 후에 무슨 할 말이 있을 것이며, 윤석열 정권하에서 싸우지 않고 파리에서 공부만 하다 오면 나중에 무슨 할 말이 있겠냐고 말했다. 그러고는 차라리 이 상황을 감사히 생각하라고 덧붙였다. 어쩌면 남영신은 송영길보다 더 큰 사람인지도 모른다. 송영길의 복잡한 마음이 거짓말처럼 편해졌다.

'그래, 잘못돼도 구속밖에 더 당할 것이며, 죽기밖에 더하겠나. 죽더라도 조국의 광야에서 싸우다 죽자.'

송영길은 오랫동안 천천히 고민하는 사람이다. 하지만 결정하면 번복하지 않는다. 주위의 조언을 들으면서 전략을 수정하고, 방법을 바꿀지언정 뒤돌아가지 않는다. 그래서 황소라는 별명은 송영길의 삶 그 자체이자 명예이기도 하다. 이제 송영길은 결심을 내렸다. 유대 민족을 구하기 위하여 죽음을 각오하고 아하수에로(크세르크세스) 페르시아 왕 앞에 선 유대인 출신 왕비 에스더가 떠올랐다.

'죽으면 죽으리라'는 그 각오로 인천국제공항행 티켓을 예매하고, 곧바로 파리에서 기자 간담회를 열었다. 전문은 이러했다.

이번 사태에 대한 모든 책임은 저에게 있습니다. 제가 모든 책임을 지고 대응해나가겠습니다. 먼저 2년 전 전당대회와 관련하여 돈 봉투 의혹 사건이 발생하게 된 것에 대해 국민 여러분과 당원 여러분께 진심으로 죄송합니다. 세력도, 계보도 없는 저 송영길 당선을 위해 자신의 돈, 시간, 정성을 쏟아 자발적으로 힘 모아주신 의원님들과 당원 동지 여러분께 매우 죄송하고 송구스럽다는 말씀을 드리겠습니다.

사상 최대 무역 적자와 갈수록 어려워지는 서민 경제와 우크라이나 전쟁이 한반도 전쟁으로 옮겨붙을지 모르는 중차대한 상황에서 서민 경제를 지키고 한반도의 평화를 지켜나가야 할 더불어민주당의 할 일이 태산입니다. 이러한 위기 상황에서 불미스러운 사태가 터지게 되어, 더욱더 전 당 대표로서 뼈아프고 통절한 책임감을 느끼고, 국민 여러분과 이재명 대표를 비롯한 당 지도부와 의원 여러분, 당원 동지들께 거듭 죄송하다는 말씀을 드립니다.

이번 사태는 2년 전 더불어민주당 전당대회 송영길 캠프에서 발생한 사안으로 전적으로 저에게 책임이 있다고 생각합니다. 법률적 사실 여부 논쟁은 별론으로 하고, 일단 모든 책임은 저에게 있습니다. 저를 도와준 사람들을 괴롭히는 수많은 억측과 논란에 대해서도 제가 모든 책임을 지고 당당하게 돌파해 나가겠습니다.

그렇다면 제가 어떤 방식으로 책임을 져야 할 것인가를 고민했습니다.

저는 지난 대선 때 이재명 후보 당선을 위해 정권 교체 프레임을 정치 교체 프레임으로 바꾸어보고자 총선 불출마 선언을 했습니다. 대선 기간 중 다리 인대가 끊어지고 망치 테러를 당하면서도 최선을 다해 뛰었습니다. 그러나 아쉬운 대선 패배의 책임을 지고 당 대표에서 미련 없이 사퇴했습니다. 지난 지방선거에 당의 총력 대응을 위해 국회의원에서도 사퇴했습니다. 저를 5번이나 국회의 원으로 뽑아주신 존경하고 사랑하는 인천, 계양구 주민들과 아쉬운 이별을 해야 했습니다.

당 대표, 국회의원, 지역구 위원장도 아닌데 제가 어떤 방식으로 정치적 책임을 질 수 있을까 고민했습니다.

제가 당 대표 시절, 국민권익위원회 부동산 실태 조사와 관련하여 논란이 된 12명 의원님에게 부동산 문제로 돌아선 국민 마음을 돌리기 위해 탈당을 권유한 바 있습니다. 사랑하고 존경하는 친구 우상호 의원을 비롯한 12명의 의원에게 가혹한 요구를 한 바 있습니다. 모두 무혐의 처분을 받고 의혹을 깨끗이 해결했습니다. 이 자리를 빌려서 마음의 상처를 받으면서도 당을 위해 부담을 감수하고 고군분투하여 이겨내신 12분의 의원님께 죄송하다는 말씀과 함께 존경과 감사를 드립니다.

같은 원칙은 저에게도 적용되어야 한다고 생각했습니다. 당에 누를 끼친 책임을 지겠습니다. 1997년 더불어민주당 인천시당 정책 실장으로 입당한 이후 26년 동안 한길로 함께해온 더불어민주당입니다. 국회의원에 출마하기 위한 수단으로 입당한 당이 아닙니다. 김대중 대통령 님의 한반도 평화 정책을 강력히 지지하여 힘을 보태기 위해 변호사 시절 인천시당 당직자로서 정치를 시작했습니다. 정치 시작 후 한 번도 당을 이탈한 적이 없습니다. 그러나 결단하겠습니다.

저는 모든 정치적 책임을 지고 오늘부로 더불어민주당을 탈당하고자 합니다. 당연히 더불어민주당 상임고문에서도 사퇴하겠습니다. 국회의원, 지역위원장도 아니고 당원도 아닌 국민의 한 사람으로서 당당하게 검찰의 수사에 응하겠습니다. 모든 문제를 해결하고 더불어민주당에 복귀할 수 있도록 하겠습니다.

더불어민주당은 단순한 정당이 아니라 대한민국의 민주주의와 민생, 평화를 지키는 보루였습니다. 더불어민주당은 저의 탈당을 계기로 모든 사태에 수동적으로 대응하지 말고 적극적이고 자신 있게 대응하여 국민의 희망으로 더욱 발전해가기를 기원합니다.

검찰 소환도 없지만 가능한 한 빨리 귀국하여 검찰 조사에 당당히 응하고 책임지고 사태를 해결하겠습니다.

저는 파리에 올해 1월부터 6월까지 6개월 동안 그랑제콜 ESCP

방문교수로 계약하고 파리에 오게 되었습니다. 지난해 12월 1일 도착해서 한 달간 준비 작업을 했습니다. 우리 국가의 미래 문제인 핵융합에너지, 원전 폐기물 처리 저장, 사용 후 핵연료 재처리, 기후 위기, 저출산 문제에 대한 해법을 찾고자 열심히 현장 인터뷰를 하고 밤을 새워 자료를 읽고 분석해왔습니다. 우크라이나 전쟁과 한국전쟁을 비교·연구하는 강연, 기고, 토론 등을 통해 평화적 해법을 찾기 위해 노력했습니다. 올해 말 파리에서 결정될 2030 부산 엑스포 유치를 위해서도 노력해왔습니다.

파리 그랑제콜인 파리경영대학 ESCP에서는 저에게 연구실과 급여를 제공하고 파트너 교수를 지정하여 저의 연구, 강연 활동을 열심히 도와주었습니다. 이 자리를 빌려서 ESCP 프랭크 브루누아 전 총장과 레옹 라울루사 총장, 저의 파트너 교수인 맥심 르페브르 교수에게 감사의 말씀을 드립니다. 엘리제궁 초청으로 마크롱 대통령 면담, 상원·하원 의원들 면담, 핵폐기장 뷔르 방문, 프랑스 양육·보육 시설 현장 점검, 프랑스 정부 외교부 책임자들과 난상 토론, 프랑스 학술원 초청 토론, 시앙스포 특강 등 수많은 프로그램을 성실히 이행했습니다. 다음 달에도 ESCP, 베를린 대학, 로마 대학 등을 순회 방문하고, 많은 정치인, 싱크탱크 관계자들과의 만남이 준비돼 있습니다. 최근에는 유럽과 중국 상해교통대학이 공동 투자해서 설립한 세계적인 MBA 대학인 CEIBS에 유럽

측 이사로 추천돼 선임 통보를 받았습니다.

ESCP와의 방문교수 계약 기간은 6월 말까지입니다. 저는 작년 12월 1일 출국할 때 7월 4일 귀국 항공권도 발급해놓았습니다. 이제 두 달이 남았습니다. 저의 26년 정치생활에서 처음 갖게 된 유럽에서의 연구, 강의 활동을 다 마치고 갈 생각이 강했습니다. 검찰이 소환도 하지 않는데 귀국해야 하는가 고민도 했습니다. 그러나 이 사건이 중요 쟁점이 되고 연일 언론에 보도되어 이 사태의 심각성을 깨닫고 더 제가 이곳에 머물러 있어서는 안 되겠다는 생각을 하게 됐습니다.

그래서 오늘 기자회견을 미리 잡아놓고 그동안에 레옹 ESCP 총장님을 만나 상황을 설명하고 이해를 구했습니다. 저를 믿고 문제를 잘 해결해서 조속히 파리로 다시 돌아와 일정을 마쳐달라는 고마운 말씀을 들었습니다. 조속한 시일 내에 저와 함께한 교수님들, 저를 격려한 정치인들과 면담, 전화 등으로 인사를 드리고 귀국 준비를 하겠습니다.

제가 귀국하면 검찰은 저와 함께했던 사람들을 괴롭히지 말고 바로 저를 소환해주실 것을 부탁드립니다. 검찰 조사에 적극적으로 응하도록 하겠습니다.

저는 이번 사건과 관련하여 자세한 법률적 사안은 귀국해 언론과

국민 여러분께 다시 말씀드릴 기회를 만들도록 하겠습니다. 다시 한번 국민 여러분과 당원 동지 여러분께 죄송하다는 말씀을 드립니다.

_ 2023년 4월 23일, 파리 기자회견 전문

이틀 뒤 송영길은 한국으로 돌아왔다. 송영길의 파리 기자회견은 반전을 불러왔다. 박지원 전 국정원장은 방송에서 '역시 송영길은 큰 정치인이다'라고 말했다. 자신이 모든 책임을 지고 주변을 보호하려는 자세에서 지도자의 풍모를 보였다는 평가였다. 특히 20~30대 어린 직원들에 대한 배려의 마음은 청년들의 가슴을 울렸다. 송영길이 공항에 도착한 날이 윤석열 대통령이 미국으로 출국한 날이다. 대통령 가는 길보다 훨씬 많은 기자들이 공항에 몰려들었다.

송영길이 귀국하였지만 검찰은 송영길을 소환하지 않고 수많은 주변 사람들만 압수수색하고 있다. 마치 증거를 조작하고 꿰맞추고 있는 것 같다. 수사에는 밀행성과 신속성 원칙이 있다. 3개월 안에 끝나지 않을 사건은 수사하지 말아야 한다. 그러지 않으면 사람들의 일상적인 사회생활과 가족생활을 파괴한다. 사업도 못 하고 경제적 궁핍으로 힘들다. 말려 죽이는 일이다.

3

검찰의 이상한 잣대

오! 나의 더불어민주당

송영길은 비록 법적으로는 떳떳하다 할지라도 어쨌든 자신의 캠프에서 이런 일이 벌어진 만큼 그에 대한 정치적 책임, 도의적 책임을 다하는 것이 미땅하디고 생각했디. 그렇디 히더라도 그토록 사랑했던 더불어민주당을 떠난 것은 못내 아팠다.

정치를 막 시작했던 새정치국민회의 시절부터 더불어민주당 시절까지, 당명은 바뀌었을지라도 송영길은 늘 한길을 걸어왔다. 여기가 자신의 시작이고 당연히 마지막도 그러할 거라고 확신하며 살아왔다. 김대중을 보면서 정치를 시작했고, 노무현을 보면서 정치를 배웠다. 이 두 대통령의 삶과 가치와 철학이 자신에게 있었다. 그래서 더불어민주당은 송영길에게 단순히 국회의원이 되기 위한 수단이 아니라 정치생명 그 자체였다.

　　파리 기자회견문에서도 밝혔지만 송영길은 당 대표 시절, 국민권익위원회 부동산 실태 조사와 관련하여 논란이 된 12명의 의원들에게 탈당을 권유한 바 있다. 그게 부동산 문제로 차가워진 국민의 마음을 돌리기 위한 피할 수 없는 결정이라고 판단했다. 당시 사랑하고 존경하는 친구인 우상호 의원이 강하게 반발했고, 끝끝내 탈당을 거부하면서 송영길과도 갈등을 빚은 적이 있다. 물론 우상호 의원은 어머니가 돌아가시면서 급하게 토지를 구입했고, 이후 행정 절차까지 다 마무리한 상태였으니 이걸 농지법 위반이라고 할 수는 없었다. 하지만 당 대표로서 누구는 이런 사정, 누구는 저런 사정을 헤아려서는 형평에 맞지 않는다고 생각했다. 게다가 서로 절친이기도 했으니 이런저런 말이 나오는 걸 더 경계했다. 당시에는 더불어민주당이 집권 여당이었으니 경찰이 공정하게 수사해줄 것으로 확신했다. 지금처럼 검찰이 무소불위의 권력을 휘두르는 상황이었다면 단연코 의원들을 보호했을 것이다.

　　다만 그때는 부동산으로 인한 민심 이반, 특히 서울 지역 민심이 흉흉한 만큼 극약처방을 해야 한다고 판단했다. 사실 탈당한 다음 명명백백하게 밝히고 나서 돌아오면 될 것 아닌가, 하고 쉽게 생각했던 면도 없잖아 있었다. 막상 자신이 이 당을 떠난다고 생각하니 기자회견문을 쓰면서 하염없이 울었다. 송영길은 그때 우상호의 마음이 이랬겠구나, 아프고 억울했겠구나, 싶었다.

당을 수단으로 보는 사람이 있고, 또 목적으로 보는 사람이 있다. 송영길이나 우상호 같은 이에게 더불어민주당은 언제나 후자였다. 그럼에도 더불어민주당의 탈당은 어찌해도 어찌할 수 없는 일이었고, 선택의 여지가 없는 사안이었다.

돈 봉투 사건에 관여한 적이 없는 만큼 법률적으로 죄가 없다 하더라도, 자기만 구속되지 않으려고 발버둥 쳐서는 안 된다고 생각했다. 동시에 더불어민주당을 내려놓으면서 부담이 덜어진 측면도 분명 있었다. 다시 말해 조금 더 자유롭게 싸울 수 있는 몸이 되었다는 것이다.

수사인가 사냥인가

검찰의 수사 인력은 한정되어 있다. 한정된 검찰 수사력을 우선 순위에 따라 배분해야 한다. 정권의 정치적 필요가 아니라 대한민국 법적 공동체를 해치는 가장 중한 범죄에 수사 인력이 우선 배정되어야 할 것이다. 주가조작, 부동산 투기, 권력형 부정부패 사범 등일 것이다. 이 정권은 계엄 문건을 준비했던 전 국군기무사령부(기무사) 조현천 사령관이 귀국했는데 바로 석방해주었다. 정치 댓글 혐의 등 군의 정치 개입 논란으로 하급심에서 유죄판결을 받고 재판 중인 김관진 전 국방부 장관을 중용한 윤석열 정부. 본인이 서울중앙지검장 시절 수사한 사건이다.

전당대회는 일반 국민을 상대로 한 공직 선출 선거가 아니다. 당

대표와 최고위원을 선출하는 당 대잔치이다. 공직선거법의 공소시효는 6개월이다. 찬반 논란이 있지만, 공직으로 선출된 사람이 국가를 위해 열심히 일하라고 법적 안정성에 근거한 것이다. 또 공직선거법에는 선거운동원 규정이 있어서 선거운동원에게 하루 10만 원 정도 비용을 제공할 수 있다.

정당법에는 그런 규정도 없고 공소시효도 없다.* 입법의 불비이다. 그러니 정당법과 관련한 수사는 그야말로 엿장수 마음대로다. 2008년 새누리당 당 대표 선거에서 돈 봉투 의혹으로 논란이 되었던 박희태 대표 사건도 공안부에서 담당하여 3명 불구속 기소로 종료되었다.

그에 반해 송영길에 대해선 수사를 몇 개월째 끌고 있다. 검찰의 이런 행태는 수사가 아니라 사냥이다. 검사는 공익의 대표자이다. 검사선서문을 읽어보면 '불의의 어둠을 걷어내는 용기, 힘없고 소외된 사람들을 돌보는 따뜻함, 오로지 진실만을 따라가는 공평함'을 강조한다. 지금 윤석열·한동훈 체제하에서 정권의 사병으로 전락한 특수부 검사들이 이 선서문을 읽으면 낯이 뜨거울 것 같다. 법에 명시되어 있지 않지만 대법원 판례로 '검사의 객관의무'라는 것이 있다. 검사는 피고인의 혐의를 입증할 증거뿐만 아니라 피고인에게 유리한 증거도 조사해 법정에 제출해야 한다. 검사는 형사소송에서 피고인의 상대편

---

* 23년 9월 양정숙 의원이 정당법도 공직선거법과 형평을 맞추기 위해 6개월의 공소시효를 두는 법안을 발의했다. 만약 이 법안이 통과된다면 이번처럼 2년이나 지난 전당 대회 관련 사건은 조사할 수 없게 된다.

송영길의 선전포고

에 선 일방 당사자인 동시에 공익의 대표자로서 실체적 진실을 가려야 할 의무가 있기 때문이다. 이것을 '객관의무'라고 하는데, 과연 우리나라 검찰이 이러한가. 검사들이 증거를 조작하고, 피고인에게 유리한 증거는 감추고 제출하지 않고, 피의자를 성추행하고, 고소장을 위조하는 등 수많은 비리 사건들이 발생하고 있다. 특히 경찰의 송치사건을 객관적으로 살펴볼 수 있는 형사부 검사와 달리 특수부 검사들은 애초부터 '검사의 객관의무'와 거리가 멀다. 오죽하면 사람들이 조서를 작성하는 것이 아니라 '꾸민다'고 하겠는가.

송영길은 당 대표도 사임하고 의원직도 버리고 다음 총선 불출마 선언까지 한 사람이다. 2년 전 전당대회 사건을 두고 이렇게 전국적으로 대역죄를 진 것처럼 정치적 공세를 하는 것은 수사가 아니라 정치를 하는 것이다. 이정근, 윤관석의 녹취록이 문제가 된다면 대장동 사건의 김만배, 정영학의 녹취록은 어떠한가? 김만배 녹취록에 의하면 윤식열 검사에게 돈을 준 징황, 그리고 '내 한마디면 윤식열은 죽는다'는 표현도 나온다. 그런데 제대로 수사가 안 된다. 태영호의 녹취록에 따르면 대통령실 이진복 정무수석의 노골적인 당무 개입, 공천 개입 내용이 나온다. 그런데도 아무런 수사가 안 되고 있다. 김건희 씨와 관련한 증권회사 직원 간의 녹취록도 여전히 수사가 안 되고 있다.

2022년 손준성 대검 수사정보기획단장과 정치인 김웅과 국민의힘 조성은 씨 간의 생생한 녹취록에 기초하여 고위공직자범죄수사처

(공수처)는 손준성 검사를 기소했다. 김웅은 당시 국회의원이 아니어서 사건은 일반 검찰에 이첩되었다. 이후 여당 국회의원이 된 김웅은 검찰에 의해 무혐의 처리되었다. 이희동 부장검사가 수사보고서를 허위 작성했다는 의혹이 크다. 포렌식에 참여한 수사관의 보고서를 허위로 작성하여, 이를 근거로 손준성 검사의 고소장이 김웅에게 전달되지 않고 제삼자가 개입했을 가능성이 있다는 이유를 들어 무혐의 처분하였다. 이런 논리라면 이정근, 윤관석 의원 간의 녹취록만으로 어떻게 돈이 조성되고 전달되었다고 확증할 수 있다는 말인가? 검사들은 무죄추정의 원칙을 검사들에게만 적용한다. 고 노회찬 의원이 말한 대로 만 명에게만 평등한 법이다. 대다수 5,000만 국민에게는 불평등한 법 적용이 일상화되고 있다.

검찰은 아무리 조사를 해도 송영길과 돈 봉투 연결성을 찾아낼 수 없게 되자, 송영길이 고문으로 참여하고 있는 '평화와 먹고사는 문제연구소'(먹사연)를 비롯한 관련자들을 전방위적으로 소환, 조사하고 있다. 송영길의 주변인 100여 명을 100여 번 이상 압수수색했을 것이다. 심지어 전당대회 때 후보 선거캠프 관계자들 격려차 밥을 사준 사람들까지 다 소환하여 조사하고 있다. 검찰은 특수활동비 수십억 원을 떡값처럼 나누어 먹고, 자기들끼리 고급 음식점에서 밥을 먹고 영수증도 제대로 제출하지 않고, 그나마 일부는 다 지워버리는 등 노골적인 증거인멸 행위를 하고 있으면서 말이다. 검로남불이 도를 넘고 있다.

송영길의 집을 압수수색한 검찰이 놀랐다는 웃지 못할 일화도 있다. 24평짜리 전세 아파트에 현금도 없고 쓸 만한 패물이나 금붙이도 없었으며, 옷장을 뒤져봐도 하나같이 허름한 옷들뿐이었기 때문이다. 사실 송영길 부부의 검소함은 인천에서는 꽤 많이 알려져 있다. 인천시장 시절에도 아내 남영신은 법인카드 논란은커녕, 시청에서 제공하는 비서들의 수행도 철저히 거부하고 혼자 운전하며 자기 돈으로 모든 활동을 해왔다. 송영길 월급의 25%를 매달 밥퍼목사 최일도의 다일공동체에 기부했고, 그 외에도 20여 개의 단체에 매달 꾸준히 기부해 돈이 남아 있는 경우가 없었다. 세월호 사건 때는 혼자서 4년 동안 40만 개의 노란 리본을 만들어 전국에 나누기도 했는데, 당시 남영신은 수녀의 마음으로 매일 새벽 기도를 하면서 리본을 만들었다고 한다. 송영길이 '공직이나 정치로 돈 벌지 말자'는 철학을 지켜올 수 있었던 것은 남영신의 이런 삶 덕분이었을 것이다.

관련한 에피소드가 하나 있다. 인천 지역구 사람들 중에는 송영길·남영신 부부를 좋아하고 존경하는 이들도 있었지만, 일각에서는 연극이라고 폄훼하는 사람들도 있었다. 남영신은 그러거나 말거나 신경 쓰지 않았다. 이후 10년이 지났다. 그사이 송영길은 시장이 되고, 당 대표가 되었다. 송영길의 역할은 바뀌었으나 이들 부부의 생활은 여전했다. 그 모습을 보고 예전에 이들 부부가 연극하는 거라며 비난했던 이가 "아무리 연극이라도 10년을 저렇게 살았으면 그건 인정해줘야 한다"고 말했다고 한다. 검찰의 압수수색으로 인해 이들 부부의 지난 세월이 '쇼'가 아니라 정직하고 청렴한 삶 그 자체였음이 드러난 셈이다.

4

검찰 독재 정권과의 싸움을 시작하다

　　검찰은 대장동 사건을 조사하며 이재명 대표 주위를 탈탈 털었던 것처럼, 정작 송영길은 소환하지도 못하면서 그 주위를 터는 데 여념이 없다. 송영길은 자신보다 주위 사람들을 괴롭히는 것에 대해 힘들어했다. 그래서 파리 기자회견에서부터 두 번에 걸친 자진 검찰청 출두 기자회견까지 일관되게 주위 사람들 괴롭히지 말고 자신을 소환 조사하라, 증거 있으면 자신을 구속하라고 주장했다. 하지만 검찰은 감감무소식이다. 송영길은 자신과 오랜 시간을 함께하며 같은 꿈을 꾸고, 좋은 세상을 만들기 위해 노력해온 자신의 사람들을 괴롭히는 것이 지금도 여전히 참기 힘들다.

　　송영길의 보좌관이었던 정태인(가명)은 이제 30대에 접어들었다. 결혼한 지 얼마 되지 않았고, 태어난 지 갓 6개월 된 딸아이를 키우고 있다. 검찰은 기어이 그 집에 쳐들어가 압수수색을 단행했다. 온 집 안을 쑥대밭으로 만들었다. 검사들은 정태인을 어르고 달래고 윽박지르기를 반복했다. 정태인은 너무 무서웠다고 한다. 눈물을 멈출 수 없었다고 한다. 그는 울면서 말했다.

"이야기할 것이 없습니다. 나는 대표님 같은 정치인을 못 봤습니다. 제발 죄 없는 사람을 더 이상 괴롭히지 마십시오."

나중에 정태인에게 이 이야기를 들었을 때 송영길은 심장이 깨질 것 같았다. 정태인은 송영길에게 말했다.

"저는 이제 더 이상 대한민국 검찰을 존경하지 않기로 했습니다."

송영길은 짐짓 아무렇지 않은 척 "그럼 예전에는 뭐 존경받을 만한 집단이었냐?" 말했지만 한편으로 씁쓸함을 감출 길이 없었다. 어린 나이에 정치권에 들어온 친구다. 분명 마음 한편에 우리나라 검찰이 법질서를 대표한다는 믿음이 있었을 것이다. 그들이 대단한 일을 힌다고 생각했을 것이고, 정의를 수호히는 집단이라고 믿었을 것이다. 검찰은 그런 청년의 존경과 신망을 잃었다. 진짜 범죄자에겐 굽신거리면서 반대편을 제거하는 데만 혈안이 된 정권의 개로 전락했다. 시간이 지나면 지날수록 그들은 더 많은 것을 잃게 될 것이다.

그때 송영길은 무슨 수를 써서라도 자신의 사람을 지켜야만 한다고 생각했다. 담당 변호사에게 말했다.

"반부패수사2부 김영철 부장검사*에게 전하십시오. 만약 내 주

---

* 현재는 최재훈 부장검사로 바뀌었다.

위 사람들에게 무슨 사고라도 생기면 나는 결단코 용서하지 않겠습니다. 내 남은 모든 생을 바쳐서라도 가만두지 않겠습니다."

송영길은 죽음을 각오했다. 이 죽음은 정치생명뿐 아니라, 말 그대로 생물학적 죽음까지 포함한다. 자신의 죽음으로 주위의 고통이 끝날 수 있다면 기꺼이 선택할 수 있다. 하지만 지금 그러지 않는 이유는 자신이 죽으면 이 싸움이 멈출지는 몰라도 결코 끝나지 않는다는 것을 알기 때문이다. 그러니 절대 스스로 죽지 않는다. 죽더라도 싸우다 죽겠다.

자신을 조사하고 소환하라고 두 번이나 먼저 검찰에 간 것도 그래서다. 검찰, 별거 없다, 무서울 것 없다, 그깟 권력 아무것도 아니라는 걸 보여주기 위해서였다. 지금 너무나 많은 사람이 '쫄아 있다.' 더불어민주당 의원도, 판사도, 국회의장도, 대법원장도 마찬가지다. 공무원도 쫄아 있고, 기업인도 쫄아 있고, 여당 의원조차 대통령에게 바른말 한마디 못할 정도로 벌벌 떨고 있다. 기업인들도 언제 타깃이 될지 몰라 움츠러들었다. 온 나라, 온 국민이 활기를 잃었다. 그렇다면 이제 모든 것을 내려놓고, 구속은 물론 죽음까지 각오한 송영길이 나서서 싸우겠다는 것이다.

지금 송영길은 오히려 검찰이 하루빨리 불러주기를 기다리고 있다. 지금까지 송영길은 수사에 응하겠다, 사태를 수습하겠다고만 했지 성실히 협조하겠다고 말한 적은 단 한 번도 없다. 물론 정당한 수사고, 검찰이 누군가의 억울함을 밝혀줄 정의로운 집단이라면 당연히 협조했을 것이다. 하지만 온갖 방법을 동원해서 주위 사람을 괴롭히고, 죽이려고 드는 이들에게 협조할 하등의 이유가 없다. 검찰이 자신을 부르는 그날, 송영길은 전 국민에게 검찰에 대한 투쟁을 선언함과 동시에 부당 수사, 위법 수사, 별건 수사, 조작 수사에 대한 전국민적 저항운동을 선포, 호소하려고 한다.

동시에 이것은 정당한 방어권을 가지고 싸우는 모습을 국민에게 분명히 보여줄 수 있는 기회라고 생각한다. 일찍이 저 한동훈 장관도 끝내 자신의 아이폰 비밀번호를 풀어주지 않으면서 국민의 방어권이라는 것이 얼마나 중요한지 온몸으로 보여준 바 있다. 그때 한동훈의 발언만큼은 구구절절 옳았다. "피의자의 방어권은 수백 년 동안 수많은 사람이 피 흘려 싸워 쟁취한 권리이다." 어쩌면 이것은 한동훈이 우리 국민에게 행한 거의 유일한 미덕이었는지도 모른다. 한동훈이 이야기한 이 방어권을 모든 국민에게 교육해야 한다. 이 외에도 방어권에는 불리한 진술을 하지 않을 권리, 묵비권, 변호인의 조력을 받을 권리, 임의제출 거부권, 참고인 출석 거부권, 수사 시 녹음과 녹화를 요구함으로써 불법적인 회유와 협박을 차단할 권리 등이 있다. 또 자신에게 불리한 증거를 인멸하더라도 증거인멸죄가 성립하지 않고, 압수수색을 할 때도 핸드폰에 저장된 파일 중 사건과 관련한 것만 추출할 수 있다. 혹여나 불법으로 추출한 증거가 있다면 분명히 규정해서 증거로 쓰지 못하도록 할 수 있다.

그래서 송영길은 검찰에서는 자신의 정당한 권리인 묵비권을 행사하고, 옳고 그름은 법정에서 가릴 것이다. 죄도 확정되지 않았는데 신변을 검찰이 좌지우지하는 것에 대해서도 분명히 저항할 것이다. 검찰이 반드시 불구속 수사의 원칙을 지키도록 할 것이다. 지금 검사들이 하는 행태를 보면 구속 수사와 피의사실 공표를 통해 판결이 나지도 않았는데 검사가 주도하여 유무죄를 판결하려는 꼴이다.

검찰은 범죄 피의자의 방어권과 국가 공권력이 어떻게 대등하냐고 주장한다. 송영길의 생각은 다르다. 검찰은 이미 충분한 특권과 권력을 가지고 있다. 검찰에게는 지금 미친 듯이 남용하고 있는 압수수색 영장 발부를 통한 증거 확보의 권한이 있다. 그러니 각자의 권리를 가지고 법원에서 판사 앞에서 붙어보자는 거다.

송영길이 죄가 있는지 없는지는 판사가 판결하겠지만 이 싸움의 옳고 그름을 판결하는 배심원은 대한민국 국민일 것이다. 영화 〈글래디에이터〉에 인상적인 장면이 나온다. 막시무스 역의 러셀 크로가 콜로세움으로 가기 전 오아시스에서 하룻밤을 잘 때 노예 상인이 말한다. "만약 네가 콜로세움에 있는 5만 명의 군중을 장악하면 너는 자유의 몸이 될 것이다." 지금 자신이 처한 상황도 마찬가지라고 생각한다. 만약 송영길이 대차게 싸워 국민의 지지를 얻으면 자신은 자유의 몸이 될 것이다.

한편으로 검찰 독재 정권과 싸우겠다는 이 결심에 대해 많은 걱정이 있는 것을 안다. '검찰을 자꾸 자극하지 마라, 인터뷰하지 마라, 겁도 없이 왜 자꾸 검찰을 공격하냐? 추가로 별건 털면 어떡하냐?' 등

등의 말들이다. 그들의 염려를 이해한다. 고맙지만 그 말은 송영길에게 닿지 않는다. 닭이 숨는다고 매가 잡아먹지 않는 것이 아니다. 닭이 병아리를 보호하고 지키기 위해선 목숨을 걸고 매와 싸워야 한다. 정태인이 검찰의 공포와 협박에도 굴하지 않고 진실을 지켰듯이, 송영길이 싸워야만 태인이 같은 이들을 지킬 수 있다. 자신이 숨으면, 검찰에 무릎 꿇으면 이 모든 사람, 이 모든 단체는 결코 지킬 수 없다.

무엇보다 마음이 아픈 것은 더불어민주당 내에서의 말이다. 당 안팎에서 송영길의 행보를 돌출 행동이라고 보기도 하고, 서복경 혁신위원회 위원은 "검찰하고 싸움은 법정에서 하시라"고 말하기도 했다. 그러거나 말거나 자신은 탈당한 사람이니 자신의 길을 간다. 송영길은 자기 같은 사람이 밖에서 싸워줘야 당도 개혁적으로 나아갈 수 있다고 믿는다.

지금 검찰이 온갖 언론 플레이를 일삼으며 피의사실 공표를 자행하고 있는데, 법정에서만 싸우는 건 이미 지고 들어가는 게임과 다름없다. 정치적으로도 싸우고, 법정에서도 싸우고, 법정 밖에서도 싸워야 한다. 스스로 검찰에 두 번이나 출석한 것도 전략적으로 보면 발언의 기회를 얻기 위해서다. 만약 그러지 않았다면 여전히 사람들은 송영길이 죄지어서 끌려왔다고 생각했을 것이다. 그들에게 무엇이 문제이고, 무엇이 부당한지 알릴 수 없었을 것이다. 검찰과 부딪치니까 알게 되는 것이다. 일부 보수주의자들은 송영길을 향해 죄지은 사람이 무슨 말이 그렇게 많냐며 감옥이나 가라고 말한다. 여기에도 송영길은 '쿨'하게 답한다. "감옥에 가고 싶어도 검찰에서 소환을 안 해주니 갈 수가 없습니다."

일찍이 우리는 세월호의 교훈에서 배웠다. 가만히 있으면 가마니로 본다. 가만히 있으면 다 죽는다. 얼마 전 〈한겨레〉에 실린 신진욱 교수의 칼럼에 이런 내용이 있었다. "한 가지 분명한 것은, 일찍이 테오도어 아도르노와 에리히 프롬이 통찰했듯이, 사회의 무기력과 순응주의는 권위주의 지배를 공고히 하고 영속시키는 사회적 토양이라는 사실이다." 이 문장에서 '권위주의'를 '검찰'로 치환해도 무방하다. 자중하라는 말, 가만히 있으라는 말, 법정에서나 싸우라는 말이야말로 무기력이고 순응이고 패배주의이며 투항주의일 뿐이다. 송영길은 그렇게 믿는다. 일어나서 싸워야 한다.

5

무능하고 죄 많은 정권

은폐와 축소 그리고 부패

윤석열 정권이 들어선 지 어느덧 2년 차에 접어들었다. 이제 고작 전체 임기 중 4분의 1이 지났지만, 이미 국민의 삶 자체가 위태하다. 남은 시간을 또 이렇게 보내야 한다고 생각하면 암담하기 이를 데 없다.

경제가 무너지고 정치는 어지러운데, 무엇보다 자꾸 선량하고 죄 없는 사람들이 죽는다. 오송 지하차도에서는 14명의 사람이 죽었다. 주요한 원인은 부실하게 설치되어 있던 임시 제방이었다. 참사 하루 전날, 청주시는 재난 대응 최고 등급인 '비상 3단계'를 발령했고, 119 상황실에는 '미호천교 임시 제방이 무너질 것 같다'는 신고가 들어올 만큼 강물이 불어났음에도 행정중심복합도시건설청장 이상래는 여의도에서 대통령실 관계자와 만찬을 즐겼다. 충청북도의 도지사 김영환은 오송 지하차도의 사고를 보고받았음에도 자신의 땅이 있는 괴산으로 향했다. 이태원의 거리에서 소중한 자식을 잃은 부모들이 오송 지하차도의 유족을 위로하는 모습은 얼마나 슬프고 잔인한가. 이 모든 사건의 책임자들 대부분은 여전히 굳건하게 자리를 지키고 있다.

여기에 더해 이 정부는 법치에 맞게 정당하게 수사하는 사람에게 죄를 뒤집어씌우는 파렴치한 짓까지 벌이고 있다. 지난 2023년 7월 19일, 해병대 사단장과 지휘관들은 병사들에게 사진이 잘 나오도록 옷 색깔을 통일해야 한다는 것 등은 강조하면서 구명조끼 같은 기본 보호장비는 챙기지 않은 채 장갑차도 들어가기 어려운 유속이 빠른 폭우 피해 현장에 병사들을 투입하는 바람에 20대의 청년 채수근 상병이 순직했다.

해병대 수사단장인 대령 박정훈은 채수근 상병의 어머니께 애지중지 키운 아들이 왜 죽었는지 철저히 진상을 밝혀주겠다 약속했다. 박정훈은 성실히 수사했다. 임성근 해병대 1사단장과 여단장을 포함해 8명에게 업무상 과실치사 혐의를 적용해야 한다고 결론 내리고, 2023년 7월 30일 국방부 장관의 결재를 받았다. 이제 남은 것은 다음 날로 예정된 언론 브리핑과 사건 수사보고서를 경찰에 이첩하는 과정이었다. 2022년 7월 1일부로 군사법원법이 개정되어 군내에서 벌어진 사망 사건이라 할지라도 민간 경찰로 넘겨야 하는 만큼 정상적인 절차였다. 그런데 7월 30일 오후 대통령실 안보실은 수사 기록을 요청했다. 박정훈은 아직 완전히 결론 난 사안이 아니므로 수사 기록을 넘기는 것은 부당하다고 생각했다. 결국 수사 기록 대신 다음 날로 예정된 언론 브리핑 자료를 넘겼다. 여기에는 당연히 사단장의 업무상 과실치사 혐의에 관한 내용이 포함되어 있었다. 다음 날인 7월 31일 언론 브리핑이 돌연 취소됐다. 이후 국방부 법무관리관인 유재은의 전화가 걸려왔다. 박정훈은 유재은과 총 5번 통화했다. 통화의 요지는 이러했다. '수사보고서에 있는 혐의자, 혐의 내용, 업무상 과실치사 죄명을 빼라. 과실도 직접적인 책임이 있는 사람으로 한정하라.'

사건이 벌어졌고, 수사가 이루어졌다. 그런데 거기서 혐의자와 혐의 내용과 죄명을 빼면 이러이러한 사망 사건이 일어났다는 내용만 남는다. 또한 현장에 있었던 직접적인 책임자로만 과실을 한정하면 이 문제에서 가장 큰 책임이 있는 자들은 모두 빠지게 된다. 게다가 이미 조사 결과를 유가족에게 전달한 상태였다. 박정훈이 이를 설명하자, 이번에는 국방부 차관 신범철이 해병대 사령관에게 문자를 보냈다고 한다. "혐의자, 혐의 내용, 죄명 빼고, '수사' 용어를 '조사'로 바꾸라고 해라. 왜 해병대는 말하면 듣지 않는 것?" 언론 보도에 따르면 이후 신범철 차관은 "장관 결재는 중간 결재"라고 질책했다고 한다. 그렇다면 최종 결재는 누가 하는 것일까? 장관 위에 누가 있을지를 생각해보면 자명한 문제다. 모 방송에 따르면 윤석열 대통령이 사단장에게도 업무상 과실치사 혐의를 적용한다고 하니 불같이 화를 냈다고 한다. 이런 것으로 사단장의 책임을 물으면 누가 사단장을 할 수 있느냐고. 국정감사와 특검을 통해 밝혀야 할 문제이다.

결국 국방부는 원칙대로 임무를 수행한 박정훈 수사단장을 해임하고 입건했고, 검찰은 늘 그러하듯 압수수색을 진행했다. 박정훈 수사단장은 법대로 수사했고, 절차대로 결재받았다. 순서대로 경찰에 사건을 이첩했다. 그런 수사단장이 처음엔 '집단항명 수괴' 혐의를 받았는데, 나중에 이 혐의는 '항명'으로 바뀌었다. 죄가 없는 사람에게 억지로 죄를 뒤집어 씌우려니 무슨 죄목을 적용해야 할지도 오락가락 하는 것이다.

박정훈 수사단장에 대해 구속영장을 청구했지만, 국방부 군사법원에서 기각되었다. 송영길은 판사 이름을 확인해서 유튜브 방송에서 밝혔다. 공군 중령 윤유중 군사법원 판사이다. 송영길은 방송 때마다 모든 판검사 및 고위 공직자들에 대해 잘한 사람은 잘한 대로, 임무를 배신한 자들은 배신한 대로 기억하고 그에 상응한 대가가 따르게 해야 한다는 점을 강조한다.

박정훈 수사단장은 28년 동안 해병대에 근무하면서 나라에 충성해온 우리 군의 상징이다. 아들도 육군사관학교 2년 차 생도라고 한다. 내일 죽더라도 떳떳하다는 자세로 살아가는 아들 앞에 자랑스러운 아버지이다. 앞으로 지리한 재판 과정에서 지칠 수도 있을 것이다. 변함없는 국민의 지지와 관심이 필요하다. 해병대 동기들, 해병전우회가 일어서야 한다. 부동시란 석연치 않은 이유로 군대를 기피했다는 의혹이 큰 윤석열 대통령은 자신의 지시에 따라 철저하게 수사하여 원칙대로 일을 처리한 박정훈 수사단장을 수사하고 핍박하는 순간 이미 군 통수권자로서 자격을 상실한 것과 다름이 없다. 송영길은 이번 사건을 보면 박근혜 정권 때가 떠오른다며 다음과 같이 썼다.

> 박근혜 탄핵 전야에 정윤회 국정농단을 조사하여 문건을 작성했다고 청와대 행정관 박관천 등을 핍박하고, 문건 유출 혐의로 수사를 받던 서울청 최경락 경위가 억울하게 스스로 목숨을 끊었던 사건이 떠오릅니다.

> 국정농단을 막기 위해 성실하게 임무를 수행한 경찰을 핍박하여 죽게 만든 문고리 권력이 결국 민심과 이반되어 박근혜 정권 몰락을 자초했던 것을 국민은 똑똑히 기억합니다. 해도 너무하는 것 아닌가요? 국민의힘은 윤비어천가만 부를 것이 아니라 바른 소리 한마디 해야 하는 것 아닌가요?

> 박영수 특검 소속 검사로서 박근혜 대통령과 측근들을 구속 수사하면서 스타로 떠오르고 조국 일가족을 도륙 내다시피 해 정권을 잡은 윤석열 대통령이 자신이 수사했던 박근혜 정권 몰락의 공식을 그대로 따라 하고 있습니다.

군인답게 원칙적으로 수사하고 조치를 한 참군인 수사단장 박정
훈 대령을 칭찬하고 포상하는 것이 아니라, 말도 안 되는 항명죄
로 처벌한다면 윤석열 정권 몰락으로 가는 지름길이 될 것입니다.
윤석열 1년 3개월 집권하며 초고속으로 나라를 망치고 있습니다.
기둥뿌리까지 뽑혀나갈 지경입니다. 국민의 인내심도 한계에 도
달하고 있습니다.

_ 2023년 8월 10일, 페이스북 글 일부

박정훈을 지켜야 한다. 진실을 밝혀야 한다. 또다시 정의로운 이
를 잃어선 안 된다. 송영길은 이것이 자신과 우리 모두의 의무라고 믿
는다.

윤석열 정부의 총체적 무능함

윤석열 정부의 무능함을 총체적으로 드러낸 일이 또 하나 있으
니, 지난 2023년 8월에 있었던 세계 잼버리 대회였다. 이 나라의 현재
가 어떤지, 대통령과 장관이라는 자들이 책임이라는 것을 얼마나 하
찮게 생각하는지를 전 세계에 보여주면서 또다시 대한민국을 부끄럽
게 만들었다. 체육대회를 운영할 능력도 안 된다는 비판과, 독일 외신
기자의 "한국은 평소에 굉장히 잘 조직돼 있는데 이번에는 왜 이렇게

준비가 안 돼 있느냐?"라는 질문은 많은 것을 시사한다.

보건 위협, 식사 부실, 더러운 화장실, 조직위 준비 미숙 등 총체적 문제가 너무나 많아서 일일이 열거하기 힘들 정도였고, 문제 이후 수습하는 방식도 그야말로 '윤석열스러웠다.' 그 와중에 김현숙 여성가족부 장관은 "한국 위기 대응 역량을 전 세계에 보여줬다"는 유체이탈 화법을 시전하며 전 세계를 '띠용' 하게 만들었고, 총책임자로서 수습에 뛰어든 75세의 한덕수 총리가 한 일은 무려 화장실 청소였다. 문제를 파악하고, 혼선을 정리하고, 업무를 배정하고, 작전을 짜야 할 사람이 화장실 청소하는 모습을 보며 국민은 기막혀했는데, 국민의힘은 대회 성공을 위한 노력이라며 홀로 감동했다. 이 감동은 누구에게도 닿지 않아 허망했고 그래서 한심했다. 대통령실은 아니나 다를까 관련 부서를 상대로 감찰에 들어가겠다고 발표했다. 이 정부의 국정 운영이라는 게 모두 이런 식이다.

사실 잼버리 대회라는 게 에초부터 이렇게 이슈가 될 만한 사안도 아니었다. 그냥 전 세계 각국에서 온 스카우트 아이들이 서로 단합해서 야영하고, 함께 잘 놀고, 잘 먹고, 잘 자게 해주고, 불미스러운 문제가 일어나지 않게 관리만 해주면 충분하다. 아마 대부분의 국민들은 잼버리 행사라는 게 있었는지도 몰랐을 것이다. 고작 이런 행사 하나 제대로 치르지 못해 온 나라를 떠들썩하게 하고, 시작부터 수습까지 온통 우왕좌왕하고 좌충우돌한다.

잼버리 대회 개영식에 직접 참석했던 전수미 변호사의 증언에 따르면, 대통령이 온다고 뙤약볕에 수많은 학생들의 가방 검색을 하고 3시간을 기다리게 했는데, 대통령은 그나마도 늦게 도착해 행사를 처음부터 다시 시작했다고 한다. 대통령이 자기소개 차례도 모르고 일어났다 풀썩 주저앉고 정작 자신의 차례에 제대로 일어나지도 못했다. 얼굴이 빨개서 술을 먹은 듯하다고 했다. 국제적 망신이다.

잼버리의 실패를 K팝 콘서트로 만회하겠다는 이 정부의 궁여지책 때문에 상암 월드컵경기장에서 축구 경기를 못하게 해 축구 팬들 분통 터지게 하더니, 애꿎은 K팝 스타들만 울며 겨자 먹기로 동원되었다. 문체부는 동원령을 자발적 참여로 둔갑시키며 자화자찬을 늘어놓았지만, 여론과 팬들의 반응은 싸늘하기만 했다. 〈디스패치〉의 취재에 의하면 모 기획사 관계자는 "국가 행사를 거절할 힘이 있나. 참석을 요청하면 맞출 수밖에 없다"고 말하기도 했다. 윤석열 정권이 문화라는 것을 어떻게 바라보는지, 이 권력이 어떤 식으로 작동하는지 극명하게 드러난다.

이런 윤석열 정부의 무능함에 대한 비판이 이어지자, 이번에도 어김없이 그 이름도 유명한 '전 정부'가 등장했다. 전 정부는 여전히 윤석열 정부의 프리패스이다. 지금 우리나라 국정 운영의 주체가 윤석열 정부인지 '전 정부'인지 구분이 가지 않을 정도다.

윤석열 정부의 전 정부 탓 모음
- 북한이 동·서해에 대규모 포사격을 실시하자 - 문재인 정부

의 정책 탓

- UN 인권이사회 연임에 실패하자 - 문재인 정부의 외교 탓
- 윤석열 대통령의 지지율이 하락하자 - 문재인 정부의 포퓰리
  즘 탓
- 이태원 참사가 벌어지자 - 문재인 정부 때 만들어진 4단계
  재난 안전 보고 지침 탓
- 화물연대가 파업하자 - 이유도 없이 그냥 문재인 정부 탓
- 경제 상황이 악화하자 - 문재인 정부 시절 정치가 경제의 발
  목을 잡은 탓
- 한전이 적자가 나고 전기요금이 인상되자 - 문재인 정부의
  탈원전 정책 탓
- 건강보험 재정이 악화하자 - 문재인 정부의 의료 남용과 건강
  보험 무임승차 방치 탓
- 미국 인플레이션감축법(IRA)이 통과되자 - 문재인 정부의
  친중반미 외교 노선 영향 탓
- 통화스와프 재개가 실패하자 - 문재인 정부의 한·미 관계 탓

이번 잼버리 행사에는 윤석열 정부가 전체 예산의 80% 이상을
사용했다. 그럼에도 꿋꿋이 문재인 정부의 준비 미흡을 탓하는 걸 보
고 있노라면 인간이 대체 어디까지 뻔뻔해질 수 있는지 놀라울 지경
이다. 특히 잼버리에 참가한 아이들에게 곰팡이 핀 삶은 달걀을 제공

한 것은 부끄러움을 넘어 가히 경악스러웠는데, 이를 두고 "달걀도 전 정부가 삶았냐?"는 질문에 현 정부는 뭐라고 답할 것인가. 이런 와중에도 대통령은 "잼버리 대회를 무난하게 마무리함으로써 국가 브랜드 이미지를 지켰다"는 또 한 번의 유체 이탈 화법을 통해 그 장관에 그 대통령임을 '무난하게' 입증했고, '무능한 대통령 이미지'를 지켰다.

누군가가 위험에 처한 사람을 구하면 박수받는다. 하지만 국가의 역할은 처음부터 이런 일이 발생하지 않게 정비하고 시스템을 갖추는 것이다. 이것이 더 중요하고 어려운 일이다. 하지만 이 정부는 정비하지 않고, 시스템을 갖추지 않는데, 위험에 처한 사람을 구하지도 못한다. 심지어 이런 사태가 일어나도 누구 하나 책임지지 않는다. 양평 고속도로 종점 변경 사태로 알 수 있듯 이 정권이 관심 있는 건 오로지 제 식구와 자신을 둘러싼 집단의 이익뿐이다.

지금 모든 사람을 공포에 떨게 하는 '캐비닛'은 검찰만 있는 게 아니다. 송영길의 캐비닛, 역사의 캐비닛, 국민의 캐비닛 안에 윤석열 대통령을 비롯한 관련한 자들의 모든 죄업이 차곡차곡 쌓이고 있다. "5년짜리 권력이 겁이 없다"던 윤석열 대통령의 말은 이제 자신을 향한다. 대가를 치를 시간이 머지않았다.

송영길의 선전포고

6

더불어민주당은 어떻게 싸워야 할 것인가

2022년 6월 1일 지방선거를 마친 후, 송영길은 한동안 배낭을 짊어지고 서울 시내를 돌아다니면서 많은 시민을 만났다. 관악산, 무악산, 장산, 청계산, 인왕산, 북한산, 용마산, 아차산 등을 돌아다니면서 서울시 구석구석을 음미했다. 프랑스에서 돌아와서도 마찬가지였다. 홀로 지하철 타고, 버스 타고, 걸어 다녔다. 무수한 사람들의 이야기를 들었고, 알지 못했던 세상을 만났다. 그러면서 스스로 그동안 국회라는 울타리 안에 갇혀 정작 보아야 할 것을 보지 못했고, 들어야 할 것을 듣지 못했으며, 너무 많은 것은 놓치고 있었다는 사실을 깨달았다.

《삼국지》에는 유비가 형주 땅의 유표에게 의지하던 시절, 술을 마시다가 변소에 다녀오면서 문득 허벅지 안쪽에 두둑이 살이 붙은 것을 느끼고 크게 울다가 자리에 돌아왔다는 이야기가 있다. 자신은 언제나 말안장을 떠나지 않아서 허벅지에 살이 붙은 일이 없었는데 이제 말을 타는 일이 없어 넓적다리 안쪽에 살이 찐 자신의 모습을 보고 한탄한 것이다. 이를 비육지탄脾肉之嘆이라고 한다. 이후 유비는 여러 우여곡절 끝에 형주의 주인이 되어 확고한 성장 기반을 마련했다.

그간 송영길은 늘 선당후사의 자세로 살아왔다. 여전히 어떻게 하면 더불어민주당이 승리할 수 있을지를 고민했다. 총선 불출마 선언도, 서울시장 출마도 그런 고민 끝에 내린 결정이었다. 하지만 이제는 비육지탄의 자세로 여의도와 국회라는 성 밖으로 나와 대중과 함께 호흡한다. 그 속에서 부족한 점을 반성하고, 새롭게 일어나야 한다. 다시 칼을 들고, 말을 타고, 검찰 독재 정권과의 투쟁 전선에 서야 한다. 이것은 송영길이 자신에게 하는 다짐이기도 하지만 동시에 더불어민주당 의원들에게 전하고픈 말이기도 하다.

송영길은 자신도 5선 의원 출신인 만큼 여의도 국회의원들의 고민이 무엇인지, 그들이 어떤 점을 고려해야 하는지에 대해 모르지 않는다. 하지만 갇혀 있지 않으려면 현장에서 국민을 만나야 한다. 국회의 틀 안에서만 돌면서, 조·중·동 신문만 보면서 살면 자기도 모르게 그 안온함에 젖어들기 마련이다. 과감하게 벗어나야 한다. 살아 있는 지지자들의 함성을 느껴야 하고, 국민의 요구를 들어야 한다. 존재가 의식을 규정하는 법이다. 더불어민주당 의원들은 과반이 넘는 의석을 가지고도 이 말도 안 되는 독재 정권에 맞서 왜 싸우지 못하냐는 성난 시민들의 불만이 쌓이고 있음을 알아야만 한다.

진영을 넘어야 한다

아닌 게 아니라 지금 윤석열 정부는 그야말로 역대급 무능함을 보이면서 스스로 자멸하고 있음에도 더불어민주당은 제대로 공격도, 싸움도, 투쟁도 하지 못할 뿐 아니라 심지어 헌법이 부여한 정당한 권리를 버리려고 안달하는 것 같다. 국민의힘과 더불어민주당을 보고 있노라면 마치 막하막하의 싸움을 벌이는 게 아닌가 싶을 정도다. 더불어민주당은 지금처럼 자리에 연연하고, 공천에 집착하고, 반명 친명 나뉘어 싸울 때가 아니다. 왜적에 맞서 백성들이 하나로 똘똘 뭉쳐 나라를 지켜냈던 것처럼 검찰 독재 정권과 싸워야 한다.

윤석열 정부가 반도체 수출 규제에 관한 세계무역기구(WTO) 제소를 취하하고, 강제징용 피해배상금을 국내 기업의 부담으로 돌리고, 후쿠시마 오염수 방류를 위해 오히려 자기들이 나서서 일일 브리핑하고, 국민의 세금을 써서 홍보하는 꼴을 보면 그들은 결코 대한민국과 대한민국 국민을 위하는 이들이라고 할 수 없다. 그저 조선총독부의 총독에 불과하다.

나라를 위하는 마음에 진보와 보수가 있을 리 없다. 모두 함께 모여 반윤 연대를 조직해야 한다. 박정희 대통령은 독재를 했지만, 포항제철(현 포스코)을 만들고, 경부고속도로를 만들고, 자주국방의 토대를 만들었다. 미군에도 "철수하려면 철수해라. 자주국방 하겠다"고 당당하게 말했고, 미국이 청와대를 도청했을 때도 분명히 나서 규탄했다. 그런 점에서 윤석열 대통령은 보수주의, 자유주의, 진보주의 등 무슨 주의라고 규정할 수도 없을 정도다. 굳이 따지자면 굴욕주의라고 해야 할까? 미국의 용산 대통령실 도청에 대해 했던 말은 "도청했겠습니까?" 그리고 "선의로 했을 것이다"였다. 국민에게 '선의의 도청'이라는 이전에는 듣지도 보지도 못한, 아니 존재하지도 않았던 새로운 개념을 알려주었다. 그래서 윤석열 대통령은 보수라고 할 수 없다. 민족 반역자일 뿐이다. 박정희 지지했던 사람들, 박근혜 지지했던 사람들도 이 사실을 직시해야 한다. 그러니 이것은 진보와 보수의 싸움이 아니라, 대한민국을 지키려는 세력과 대한민국을 팔아먹으려는 세력의 싸움이라고 봐야 한다. 그래서 송영길은 진영에 관계없이 누구든 이 싸움에 함께해야 한다고 주장하고, 실제로 그런 행보를 보여왔다. 송영길의 이런 모습을 두고 혹자는 촛불 시민을 분열에 빠뜨려 자중지란을 일으키는 행위라고 비판하기도 한다. 물론 그 걱정도 이해한다. 하지만 진영논리에서 벗어나는 것이 무엇보다 중요하다고 믿는다.

송영길은 늘 실체적 진실을 추구해왔다. 에리히 프롬이 강조했듯 어떤 의견을 사유화하거나 소유화해서는 안 된다고 생각한다. 부정확한 정보로 인해 자신의 지식이 틀릴 수 있음을 인정하고, 새로운 정보가 들어오면 기존의 의견을 수정하는 것이 지식인의 올바른 자세이자 민주 시민의 자질일 것이다. 새로운 정보에 문을 닫아버리면 개인도 국가도 결코 발전할 수 없다.

송영길이 변희재 미디어워치 대표의 이른바 '태블릿 PC 조작' 주장에 적극 동조한 것도 비슷한 맥락이다. 이를 두고 한동훈 장관은 "악질, 저질 허위 괴담"이라고 일축했고, 이원석 검찰총장은 "놀랍다, 유감스럽다"고 말했다. 진보 진영에서도 마찬가지였다. 급기야 송영길이 구속될까봐 다급해서 그러는 것 아니냐는 말까지 나오고 있는 실정이다.

송영길의 주장은 간명하다. 진영논리를 떠나 진실을 밝히자는 것이다. 설령 태블릿 PC가 조작되었다 하더라도 그게 박근혜 탄핵의 정당성을 해치는 게 아니다. 이 태블릿 PC는 박근혜 정부의 국정농단 통로 중 하나일 뿐 전부라고 할 수 없기 때문이다. 박근혜 정부 시절 국정농단이 있었다는 사실은 그 누구도 부정할 수 없다. 그 문제와는 별개로, 검찰이 증거를 조작해서 거짓말을 진실로 둔갑시켰다면 분명히 문제 삼아야 하고, 관련자들을 반드시 조사해야 한다. 그것이 장관이든 대통령이든 말이다.

그래서 송영길은 자신을 욕하는 이들에게 언제나 분명하고 정확하게 말한다. "변희재 대표의 책을 읽으십시오. 그리고 그 주장에 대해 사실관계를 가지고 무엇이 잘못됐는지 비판하고, 논리적으로 반박하십시오. 그렇다면 듣겠습니다." 하지만 송영길을 비난하는 그 누구도 사실과 논리를 근거로 반박하지 않았다.

따지고 보면 송영길은 갑자기 변한 것이 아니다. 이게 송영길이고, 송영길의 자세였다. 늘 그렇게 살아왔다. 정치적 유불리보다 진실이 우선이었고, 무엇보다 원칙이 중요했다. 누구는 송영길의 이런 태도가 정치인으로서는 맞지 않는다고 하지만, 송영길은 정치인이라면 마땅히 그래야 한다고 생각한다.

그래서 송영길은 보수 쪽에서도 자신과 같은 사람이 나와 응당해야 할 말을 하기를 바란다. 일례를 들어보자. 조국 전 법무부 장관을 수사할 당시 검찰이 부린 '기술'은 조국이 민정수석일 때 자신의 권력을 이용해 사모펀드에 투자했다는 것이었다. 이것을 빌미로 조국 장관을 기소하였으나 1심 법원에서 무죄판결이 나왔다. 송영길이 태블릿 PC 문제를 지적하듯 조갑제나 정규제 같은 보수 인사도 나서 조국 수사 잘못됐다, 사모펀드 10억 원의 실체를 찾지 못했다는 사실을 지적해야 한다고 본다. 진보 보수 상관없이 모두가 실체적 진실에 관심을 갖고, 귀를 기울이는 자세가 필요하다. 그게 더 나은 대한민국으로 나아가는 길이다. 더불어민주당도 마찬가지다. 정의가 진영논리에 발목 잡혀선 안 된다. 진영논리를 극복해야 한다. 이것은 진실을 밝힐 수도 있지만 동시에 중도 보수 세력을 끌어안을 수도 있다.

168석의 힘을 보여줘야 한다

많은 이들이 송영길에게 무엇으로 싸워야 하냐고 묻곤 한다. 저들에게는 엄청난 권력이 있는데, 우리에겐 아무것도 없지 않냐는 걱정에서 나오는 이야기다. 이런 말을 들을 때마다 송영길은 안타까운 마음을 숨길 수가 없다. 이런 질문은 그 자체로 더불어민주당이 과반이 넘는 의석을 보유하고 있음에도 제대로 활용하지 못하고 있다는 사실을 고스란히 방증한다. 이 정권과 싸울 수 있는 강력한 힘을 가지고도 지나치게 소극적이고, 저항이라곤 찾아볼 수가 없다.

국회의원들이 생각을 바꿔야 한다. 지금은 정상적인 민주공화국의 상황이 아니다. 헌정질서가 무너지고, 검찰 권력이 법을 무시하기 일쑤다. 시행령, 시행규칙을 통해 법을 이리 비틀고 저리 비튼다. 거의 모든 헌법기관에 검사 출신을 파견한다. 검사 동일체 원칙을 국가기관에 적용하고 있다.

이런 와중에 더불어민주당 전 원내대표의 "내로남불, 온정주의 반복하지 않겠다"는 말을 듣고 있노라면 말문이 막힐 지경이다. 지금은 이런 도덕군자 같은 한가한 소리를 하고 있을 때가 아니다. 더불어민주당에서 이런 말이 나오는 이유는 검찰이 정치 수사를 통해 만든 '더불어민주당은 부도덕한 정당'이라는 프레임에 빠져 허우적대기 때문이다. 그러다보니 '착한 정당으로 거듭나겠습니다' 패턴만 반복한다. 더불어민주당이 아무리 거듭나겠다고 해도 검찰이 캐비닛 열고, 주위를 탈탈 털면서 피의사실 공표하면 결코 거듭날 수 없다. 설령 자신이 떳떳하다 해도 진실을 밝히기까지 너무나 오래 걸리고 이미 낙인은 찍혀버린 후다. 검찰은 총선 전까지 사냥을 계속할 것이다. 나만

안 당하면 그만이라는 생각을 버려야 한다. 검찰의 이 부당한 프레임 자체를 깨야 한다. 당장 여론의 역풍이 분다 해도 국민을 믿고 부당한 검찰의 수사에 맞서 싸우려는 의지를 보이면 결국 그 역풍은 순풍으로 바뀔 것이다.

송영길은 지금까지 어떤 의원도 부당하게 공격당하는 자신을 감싸주지 않았지만, 그것은 괜찮다고 말한다. 다만 훨씬 부도덕하고 문제 있는 의원들에 대해 이야기하지 않는 것이 답답하다. 김남국 의원의 코인 거래에 대해선 목소리를 높이면서 김기현 대표 아들과 권영세 의원의 문제는 왜 공론화하지 않는 것인가. 국회 윤리자문위원회가 김남국 의원은 제명해놓고 국토교통위원으로서 몇천억 원대 공사를 수주한 박덕흠 의원을 제명하지 않는 것에 대해 왜 문제 삼지 않는 것인가. 당시 송영길은 박덕흠 의원과 관련하여 다음과 같이 쓰기도 했다.

국회는 박덕흠 의원부터 제명하십시오

지금 국회는 김남국 의원 제명 논의를 한창 진행하고 있습니다. 회기 중에 코인 거래를 했다는 사실은 비판받을 사안이지만, 국회의원으로서 피감기관에 어떤 영향력을 행사해 부정한 이익을 취했다는 사실은 전혀 드러난 게 없습니다. 심지어 검찰의 영장 청구도 두 차례 기각되었고 혐의사실 자체를 찾지 못해 김남국 의원에 대한 압수수색조차 진행이 되지 않았습니다. 그런데도 국회는 일사천리로 김남국 의원의 의원직 제명을 추진하고 있습니다.

그런데 피감기관에 영향력을 행사할 위치에 있었고 가족회사가 피감기관으로부터 3,000억 원의 공사를 수주한 사실이 드러난 박덕흠 의원은 제명 결정이 난 지 1년 반이 지났어도 국회 윤리특위가 전혀 논의를 진행하지 않고 있습니다. 형평성에 어긋나는 일입니다.

지난해 1월 5일, 국회 윤리심사자문위원회는 박덕흠, 윤미향, 이상직 의원의 제명을 결정했습니다. 당시 더불어민주당 대표였던 저는 대선을 앞두고 이들 세 명의 의원을 제명하겠다고 국민께 약속드렸지만, 국민의힘의 반대와 뭉개기로 결국 처리하지 못했습니다.

박덕흠 의원은 국토교통위 소속 의원이었고 가족회사가 피감기관으로부터 수천억 원의 수주계약을 맺은 명확한 사실이 있었고 이 과정에 영향력을 행사할 수 있는 위치에 있었음에도 윤석열 정권의 경찰이 수사 단계에서 무혐의 처리해버렸습니다.

당시 국회 윤리심사자문위는 박덕흠 의원의 경우 수사 중인 사안임에도 제명을 결정했습니다. 이유는 간단합니다. 국회의원 이해충돌의 엄격한 금지라는 원칙을 위반한다는 것입니다. 경찰이 무혐의 처리했어도 박덕흠 의원의 가족회사가 피감기관과 수주계약을 맺었다는 이해충돌 사실은 변하지 않습니다.

박덕흠 의원이 제명되지 않는다면 또 다른 의원들이 회사를 운영하며 피감기관과 수천억 원의 수주계약을 맺고 부정한 이익을 취해도 문제가 없다는 결론에 도달하게 됩니다. 후진국에서나 벌어질 나라 곳간 약탈에 면죄부를 주게 되는 것입니다.

개인적으로 코인을 거래한 사실이 드러난 것과, 자기 가족회사가 피감기관과 계약을 맺어 수천억 원의 나라 곳간을 약탈한 것은 완전히 다른 문제입니다.

국회 윤리특위는 김남국 의원 제명을 논의하기 전에 박덕흠 의원 제명부터 결정하십시오. 그것이 일의 순서입니다. 안 그래도 양평 고속도로 게이트로 국민의 분노가 들끓고 있는데, 박덕흠을 제명하지 않고 그냥 놔둔다면 국회가 국민을 무슨 면목으로 대할 수 있겠습니까?

다시 한번 강조하지만 국회는 박덕흠 의원부터 제명하십시오.

_ 2023년 7월 28일, 페이스북 글 전문

이 외에도 부패 사건에 연루된 국민의힘 의원들은 김현아, 황보승희, 하영제, 박순자, 태영호, 정찬민, 홍남표, 조명래 등 차고 넘치고, 검찰 특수활동비에 관한 문제도 심각한 지경이다. 그런데 더불어민주당은 어찌해서 영수증이 휘발되었다는 따위의 누구도 믿지 못할 한동훈 장관의 핑계를 그냥 두고만 보고 있나. 불같이 항의하고, 자리를 박차고 일어서야 한다. 카드 내역이라도 공개하게 해야 한다. 카드 사에 들어가서 출력하면 간단한 일 아닌가. 왜 이걸 못하고 있는 것인가. 국민의 피와 같은 혈세다. 이런 행위에 대해 칼을 빼 들고 싸워야 한다.

이런 문제에는 적극적으로 나서지 않으면서 더불어민주당은 오히려 불체포 특권을 포기하려 한다. 송영길은 이것은 전쟁에 나간 장수가 스스로 갑옷을 벗어 던지는 꼴이라고 생각한다. 야당이기를 포기하는 것과 다름이 없다. 이재명 대표가 불체포 특권을 포기한 것은 제도의 포기가 아니라 본인에 한해서 검찰의 부당한 대장동 공격을 뚫고 강력하게 싸우겠다는 투쟁 의지로 이해하는 것이 옳다.

하지만 헌법에서 보장된 이 권리 자체는 내려놓을 수도 없고 내려놓아서도 안 된다. 헌법이 절대 그냥 만들어진 게 아니다. 입법부는 독재 권력을 견제할 의무가 있는데, 비대해진 권력이 마음대로 국회의원을 제포하고 봉쇄힐 가능성이 있기 때문에 불체포 특권을 만들어 놓은 것이다. 윤석열 정권의 부당한 권력 남용에 대해 불체포 특권이 없으면 어떻게 싸우나. 더불어민주당 의원들은 불체포 특권이 검찰의 부당한 정치 공세에 대해 헌법기관과 국회의 권능을 보장하고, 민주주의를 지키기 위해 만든 헌법적 특권임을 명확히 해야 한다. 불체포 특권을 내려놓지 못하는 걸 부끄러워할 게 아니라, 제대로 사용하지 못하고 있는 걸 반성해야 한다.

정 내려놓으려거든 대통령도 불소추 특권을 포기하게 해야 한다. 지금 상황에서 불체포 특권을 내려놓자고 의결한다는 것은 국회의원들이 이 불체포 특권을 개인의 비리를 덮기 위한 것으로 악용했다고 스스로 자백하는 것이나 다름없다. 국회가 검찰에 끌려가는 종속적 존재가 되어서는 안 된다. 이것은 야와 여의 문제가 아니다. 그런 만큼 국민의힘 의원들도 할 말을 해야 한다. 아무리 공천이 중요해도 국회가 대통령 한마디에 우왕좌왕하고, 일개 법무부 장관에게 이렇게 농락당해서야 될 일인가. 사법은 사법의 역할이 있고 입법은 입법의 역할이 있음을 직시해야 한다.

지금 더불어민주당이 거대 야당이라는 이점을 얼마나 활용하지 못하는지 분명하게 알 수 있는 일화가 또 하나 있다. 송영길은 현재 코로나19 백신 피해자들을 위해 다양한 활동을 전개하고 있다. 문재인 정부 시절 우리나라는 K-방역이라는 말이 있을 정도로 코로나19 방역에서 모범적인 모습을 보였다. 국민들이 문재인 정부를 믿고 너도나도 백신을 맞고, 철저하게 영업 제한을 지켰기 때문에 가능한 일이었다.

그런데 코로나19 백신을 맞고 사망한 사람이 무려 2,500명에 달한다는 사실은 잘 알려져 있지 않다. 그중에 인과관계가 인정되어 보상받은 사람은 고작 17명뿐이다. 송영길은 당 대표 시절 이분들을 구제하지 못한 것을 천추의 한으로 꼽는다.

송영길은 문재인 정부를 향한 코로나19 백신 피해자들의 분노를 이해했다. 백신을 맞은 다음 날 멀쩡한 아들을 떠나보낸 부모의 애끊는 마음 속에서 이 분노는 온당하고 정당했다. 대통령 선거 운동 기간 당시 윤석열 후보가 원희룡 정책 본부장과 코로나19백신피해자가족협의회(코백회) 사무실을 찾아와 다 보상해주겠다고 약속했다. 사람들은 그 말을 믿었다. 아마 그들 모두가 윤석열 후보에게 투표했을 것이다. 드디어 내려온 희망이라는 끈을 간절히 부여잡았을 것이다. 윤석열 대통령은 끝내 그 약속을 지키지 않았다. 이분들은 문재인과 윤석열 모두에게 배신당했다. 송영길은 그 아픔을 외면할 수 없었다. 이분들에 대한 보상 특별법을 마련해달라고 이재명 대표에게 간곡하게 사정했다. 그러나 이 법안은 현재 제출만 되었을 뿐 통과되지 못한 채 상임위에 그냥 앉아 있을 뿐이다.

송영길은 더불어민주당의 168석은 대체 무엇을 의미하는지, 더불어민주당 의원들은 그 힘으로 뭘 하고 있는지 묻고 싶다. 위기감을 느껴야 한다. 목숨까지는 아니더라도 자리 정도는 걸어야 한다. 분명히 싸워야 하고, 국민을 지켜야 한다. 더불어민주당의 살길이 여기에 있다.

사람을 모아야 한다

또 하나 더불어민주당이 혁신해야 할 핵심적인 내용이 있다. 바로 '사람'이다. 그런 점에서 송영길은 더불어민주당 혁신위의 혁신안인 대의원제 축소에 대해 부족한 면은 있지만 방향 자체는 옳다는 의견이다. 현재 더불어민주당 지역위원회는 사실상 현역 국회의원과 현역 지역위원장들의 사조직처럼 되어 있다. 진입장벽이 높아서 새로운 인물이 들어가 두각을 나타내기 힘든 구조다. 이걸 바꾸려면 대의원제를 손봐야 한다. 그래야 더불어민주당이 수천만 더불어민주당 지지자들에게 개방된, 투명한 조직으로 거듭날 수 있고, 모두에게 기회가 허용될 수 있다.

송영길은 문재인 대통령 취임사에서 했던, "기회는 평등하게, 과정은 공정하게, 결과는 정의롭게"라는 말에 크게 감동했다. 더불어민주당은 이 슬로건을 과업으로 삼아야 한다. 대한민국도 그렇지만 더불어민주당 조직 내에서도 그렇다. 수많은 사람이 도전할 수 있는 곳이어야 한다. 현재 대의원제 논란도 같은 맥락이다. 현역 위원장이 대의원을 자기 측근들로 임명하고, 도돌이표로 다시 추인을 받으면서 반대파들을 배제하고 있다. 이런 문제는 더불어민주당 대학생위원회에서도 벌어지고 있다. 젊다고 바뀌는 게 아니다. 잘못된 시스템을 무너뜨려야만 바뀐다. 중앙에서는 독재 타도, 민주주의를 외치면서 정작 자기 지역은 자기 뜻대로 운영한다면 더불어민주당은 결코 발전할 수 없다. 당원들이 선출한 대의원이 아니라 지역위원장이 임명한 대의원에게 다시 자기가 신임받는다면 유신독재와 다를 바가 없다. 송영길의 생각으로는 지금 혁신위의 안도 부족하다. 혁신안을 더 강화해 총선 후보들이 공천 과정에서 투명성, 개방성, 공정성을 확보하는 것을 주요한 과제로 삼아야 한다.

송영길은 결국 더불어민주당의 역할은 현재를 위해 윤석열 정권과 가열하게 싸우는 한편, 미래를 위해 사람을 남기는 일 모두에 집중하는 것이라고 생각한다. 인재를 찾고, 그들을 모으는 일에 사활을 걸어야 한다. 새로운 사람을 통해 새로운 물결이 생겨야 더불어민주당도 바뀌고, 국회도 바뀐다. 그러기 위해서 우선 정확한 자기 평가가 수반되어야 한다. 윤석열 정권처럼 유체 이탈 화법이나 쓰고, 자화자찬만 늘어놓아선 안 된다. 지난 지방선거만 봐도 더불어민주당에서 갑질한 사람들이 시의원, 구의원에 공천받으면서 결국 낙선한 경우가 있었다. 더불어민주당에 유리한 지역이라는 이유로 자기 보좌관 출신, 자기 측근들을 무리하게 구청장, 군수로 만들려고 시도했다가 실패한 경우도 있었다. 정확하고 냉정하게 정치적 책임을 물어야 한다. 그런 점에서 차기 총선 공천 시 현역 의원 하위 10%에 더 많은 패널티를 부여하겠다는 혁신위의 안에도 찬성한다. 현역 의원 물갈이론이 이렇게 높은 판에, 제대로 싸우지도 못하는 의원, 더불어민주당인지 국민의힘인지 구분이 안 되는 의원에 대해선 분명한 심판이 필요하다.

윤석열 정부가 왜 이렇게 무능한지 생각해보면 이유는 명확하다. 인사가 엉망이기 때문이다. 인사가 만사라고 하는데 이 정부는 인사가 만사는커녕 그 자체로 망사罔赦에 가깝다. 검찰이라는 조직은 먹고사는 문제를 해결하거나, 행정을 통해 국정의 밑그림을 그려본 경험이 없다. 그 무엇도 생산하거나 창조하지 않는 조직이다. 국회의원만 해도 좀 더 나은 사회를 위해 법을 제정한다. 행정 쪽에 있다면 새로운 일자리를 만들거나, 지역을 위한 행사를 유치하는 등의 방법을 고민한다. 하지만 검사는 일이 끝난 다음, 지금 시점에서 예전의 일을 판단해 죄의 유무를 가리는 일만 한다. 일종의 기생적 존재인 셈이다. 그래서 검사는 법과 정의와 사실 앞에 겸손해야 한다. 자신이 심판자라는 오만함으로 모든 국민을 수사의 대상으로만 보면 필연적으로 문제가 발생할 수밖에 없다.

수사 좀 했다고 그 분야의 전문가인 양 행세하는 것은 가소로운 일이다. 물론 검사가 하는 일도 중요하고, 상황에 따라 사안에 따라 반드시 필요한 경우도 있다. 하지만 국가 대부분의 요직에 검사가 들어앉으면 나라가 제대로 돌아갈 리 없다. 윤석열 대통령은 그 사실을 인정하고, 자리의 성격에 맞게 그 일을 가장 잘 수행할 수 있는 뛰어난 사람을 데려와야 하는데, 그런 생각 자체가 없다. 결국 무능한 대통령과 무능한 인사가 만나 최악의 상황을 맞이하는 것이다.

더불어민주당은 이를 반면교사 삼아야 한다. 아주 작은 조직이라 할지라도 어떤 사람으로 채워져 있냐에 따라 그 역량은 하늘과 땅 차이이다. 하물며 더불어민주당 같은 큰 조직은 오죽하겠나. 사람이 먼저다. 시작이고 끝이다.

송영길 칼럼 1

코로나19 백신 피해자들에 대한 반성문

2021년 2월 26일, 우리나라의 코로나19 백신 접종이 시작되었다. 보건의료 인력을 우선 접종 대상으로 하고, 차차 범위를 늘려나가 나중에는 전 국민을 대상으로 아스트라제네카(AZ) 백신을 접종한다는 계획이었다. 다른 나라에 비해서 높은 백신 접종률은 K-방역의 성과를 나타내는 기초가 되었다. 문재인 대통령과 더불어민주당 대표였던 나는 당정이 일치하여 모든 책임을 정부가 질 테니 안심하고 백신 접종에 참여해 달라고 호소했다. 그런데 백신 후유증이 여기저기 발생하기 시작했다. 갑작스러운 가장의 사망, 아들의 죽음, 후유증, 감당하기 힘든 병원비, 재활 치료비 등 곳곳에서 문제가 터졌다. 보상을 요구하는 유가족, 피해자 가족들에 대해 질병청이나 정부 당국은 너무나 성의 없이 대응했다. 백신 접종 후 잇따른 사망이나 후유증에 대하여 정부는 연관성이 없다거나 인과관계가 부족하다거나 기저질환 때문이라고 핑계를 대고, 피해보상 신청 후 120일 안에 심의 결과를 통보해야 하는데 500일, 600일을 넘기기도 하고, 예방접종피해보상전문위원회 심의 시에 회의록 하나 작성하지 않은 채 몇 분 안에 결론을 내고, 정보 공개 청구에도 응하지 않고 있다.

　문재인 정부의 무성의에 분노한 피해자들은 문재인 대통령 퇴임 이후 양산 평산마을에 몰려가 항의했다. 이때 안정권 같은 극우 유튜버들이 뒤섞여서 욕설을 해대는 바람에 코백회 회원들이 오해를 받기도 했다. 피해자들을 만난 윤석열 후보 측이 '백신 부작용에 대한 국가책임제'를 대선공약 1호로 약속했다. 이를 믿고 코백회 회원들 대부분이 윤석열 후보를 지지했다. 그러나 윤석열 정권 출범 이후 1년 6개월이 지나가고 있는데 변화된 것이 별로 없다. 이들은 두 번 사기를 당한 것이다. 2023년 5월 20일까지 코로나19 백신 피해자들의 인과성 현황을 보면, 이상 반응 신고 건수가 483,306건이다. 심의 완료한 건수는 87,750건, 이상 반응 인과성 인정 건수는 18,405건인데 이중 사망자 2,500여 명 중 인과성 인정 건수는 고작 17건이었다. 중증 환자 86명에 대한 인과성 인정 건수까지 포함하여 전체 보상 건수의 0.46%에 불과하다. 의료비 지원은 지원 신청자 1,786명 중 사망자 5명, 중증 환자 35명에게만 돌아가, 전체 인원의 1.95%만이 지원받은 실정이다. 참담한 통계가 아닐 수 없다.

　지영미 질병관리청장이 코백회와 면담하고 기자회견을 자청해 백신 피해 국민을 위해 인과성을 인정하겠다고 발표하며, 3명 중 1명꼴로 인과성을 인정하고 있다고 주장했다. 그러나 대부분 30만 원 미만의 피해보상금을 받는 경증 피해자만 인과성을 인정받았고, 중증 피해자와 사망자의 경우는 인정 건수가 1~2%에 불과한 실정이다. 갑자기 사랑하는 가족이 사망하거나 중증 환자가 되어 경제·사회 생활이 파탄 난 가족들이 어렵게 돈을 모아 마지막 수단으로 소송을 제기하여 법정에서 다투고 있다.

김두경은 인천 분으로 코백회 회장이다. 서울시장 낙선 이후 배낭을 메고 서울시를 걸어 다닐 때 광화문 청계천 입구에 설치된 코백회 희생자 텐트에도 들렀다. 사망자의 영정이 즐비하게 놓여 있었다. 분향과 참배를 드렸다. 참회의 눈물이 나온다. 집권당 대표 시절 나는 무엇을 했던가? 왜 이들의 아픔을 살펴보지 못했는가? 문재인 정부와 더불어민주당은 안심하고 백신 맞아라, 국가가 책임진다고 해놓고 이게 무슨 꼴인가? 국민을 상대로 사기를 친 것이 아닌가?

윤석열 정부는 상처 난 곳에 소금 뿌리듯 대선 때 표만 받아먹고 나 몰라라 한다. 김두경 회장의 아들 김○○. 1995년생이다. 나의 아들과 같은 나이이다. 충북 영동대를 다니다 군대에서 의무병으로 복무했다. 제대 후 복학하여 졸업하고 2021년 안양 모 병원에서 작업치료사로 근무를 시작했다. 근무한 지 한 달도 안 된 상태에서 의료진이 의무적으로 백신 접종하라고 해서 아스트라제네카 백신을 맞았다. 오후 12시에 맞았는데 오한이 나기 시작하더니 저녁 10시에 사지마비 현상이 왔다. 응급실로 옮겨졌고, 그 이후 여기저기 병원을 다니며 치료하였지만 지금까지 회복이 되지 않고 있다. 이제는 응급실을 찾는 것이 일상이 되었고 근무력증, 우울증에 정신과 치료까지 받고 있다. 병원비 부담도 크다. 직장에도 복귀하지 못하고 있다. 기저질환도 없었던 건강한 청년이었다. 수차례 보상신청을 했지만 4-2(백신보다는 다른 이유에 의한 가능성이 더 높은 경우)에서 4-1(자료가 충분하지 않은 경우)로 평가가 바뀌면서 1,000만 원 정도 치료비를 받은 것 이외에 진전이 없다. 그나마 윤석열 정부에서 문재인 정부 때와 달리 이의 신청을 한 번 더 할 수 있게 해주었다. 그래서 지난 2023년 1월 이의 신청을 했는데 아직도 결과가 나오지 않고 있다고 한다. 근로복지공단에 접수한 산재 신청도 기각되었고 산업재해보상보험재심위원회에서도 산재 불승인 처리되었고, 현재 요양불승인처분취소 행정소송 청구 중이다. 내 아들이 이런 상태라면 나는 어떻게 했을까? 가슴이 먹먹해진다. 너무 죄송한 마음을 금할 수 없다.

기저질환 때문이라고? 고혈압, 당뇨 같은 기저질환이 있더라도 잘 관리되고 있었는데 백신을 맞아 기저질환이 통제 불능 상태가 되었으면 당연히 백신과의 인과관계를 인정해야 하는 것이 아닌가?

더불어민주당 정춘숙 의원이 법안도 발의하고 애를 쓰고 있다. 이용빈 의원에게도 부탁했다. 이재명 대표에게도 여러 번 부탁했다. 법안은 여전히 국회 상임위 캐비닛에 방치되고 있다. 더불어민주당이 결자해지의 관점에서 책임 있게 인과관계 입증 책임을 피해자에게서 질병청으로 전환하는 법안을 통과시켜주어야 한다. 윤석열 정부는 공약을 이행해야 한다.

지난 2023년 9월 6일 질병청은 코로나19 백신 접종 후 사망했으나 부검에서 '사인 불명' 판정을 받은 사망자에게 지급했던 위로금 1,000만

원을 최대 3,000만 원으로 상향, 지원 대상은 접종 후 42일 이내의' 사망자에서 90일 이내로 확대, 기존 제도 시행 이전 부검 미실시 사례에 대해서도 최대 2,000만 원의 위로금 지원 등을 발표했다.

이것은 그저 보여주기식에 불과한 조치이다. 피해자의 요구 사항이 전혀 반영되지 않았기 때문이다. 피해자들은 "우려했던 대로 정부의 포괄적 피해 인정 확대 조처는 없었다"며 반발했다. 한 피해자 유족은 "그간 대학병원 진단도 무시하고 사망자 피해 인정을 하지 않던 질병청이 이제 와서 지원금 얼마 주고 유족의 한을 덮으려고 한다"고 성토했다. 이번 정부 발표를 보면 사망자에 대해서만 위로금을 지급하고 지금 당장 치료를 해야 하는 중증 환자들에 대해서는 어떠한 언급도 없다. 현재 치료비를 감당 못해 치료를 제대로 하지 못하고 생활고에 시달리고 있는 피해자들이 많은데 그들을 모두 외면한 셈이다. 또 피해자 단체가 정부에 계속 요구해왔던 백신 피해 입증 책임을 피해자에서 정부로 전환하려는 내용도 빠져 있다. 백신을 접종하라고 할 때는 모든 피해에 대해 국가가 책임을 지겠다고 해놓고 막상 피해가 발생하니까 피해 입증 책임을 개인에게 돌린 것이다. 우리 국민이 의사도 아니고 국과수 부검의도 아닌데 어떻게 피해를 입증할 수 있겠나.

입법적으로 해결해야 하는 문제인 만큼 국민의힘의 적극적 협력이 필요하다. 더불어민주당 대표였던 나는 국민 앞에 사죄하고 반성한다. 문재인 정부 책임자들 또한 마땅히 그리해야 할 것이다.

나는 인천에 있는 코백회 사무실에도 가보고 법정에도 가보았다. 어

렵게 태어난 우리의 아들딸들이 국가가 책임지겠다고 하여 백신 접종을
했는데 갑자기 전신마비가 되거나 죽어나갔다. 이를 국가가 책임지지 않
으면 앞으로 제2의 코로나19 상황이 올 때 누가 백신을 맞겠는가? 누가
정부의 말을 신뢰하겠는가? 늑대와 소년의 우화가 현실이 될 것이다. 이
들의 눈물을 닦아주기 위해 노력할 것이다. 새로운 정부가 들어서면 이
문제를 반드시 해결하겠다는 다짐을 해본다.

송영길의 선전포고

송영길 칼럼 2

자영업자 손실보상 청구 문제에 관한 반성문

코로나19 사태로 인한 집합금지명령과 영업시간 제한으로 말미암아 가장 큰 피해를 입은 것이 공중접객업소를 운영하는 자영업자들이다. 코로나19 관련 주요국의 국내총생산(GDP) 대비 재정지출 비율을 살펴보면 미국 25.5%, 영국 19.3%, 일본 16.7%, 독일 15.3%, 프랑스 9.6%, 캐나다 15.9%, 호주 18.2%, 이탈리아 10.9%인데 반하여 한국은 6.4%에 불과했다. 한국의 자영업자 비중은 25.1%로 G7 국가 평균 13.7%의 2배에 육박한다. 그럼에도 한국의 코로나19 대책 관련한 재정지출이 가장 낮은 것은 한국 정부가 자영업자의 손실에 대해 제대로 보상을 하지 않았음을 방증한다. 문재인 정부가 자랑했던 K-방역은 백신 부작용으로 사망한 2만 5,000여 명의 코로나19 백신 피해자들과 자영업자들의 피눈물에 기초한 것이다. 자영업자 손실보상 청구를 위해 가장 노력한 의원이 더불어민주당 민병덕 의원과 이성만 의원이다. 나는 당 대표로서 민병덕 의원과 이성만 의원의 제안을 좀 더 강력하게 뒷받침하지 못한 것을 반성하지 않을 수 없다.

자영업자 손실보상에 대한 논의가 시작된 것은 2021년 1월 문재인 대통령이 손실보상 법제화 검토를 지시하면서부터이다. 이를 계기로 여야 의원들이 입법 발의를 했는데, 대부분 법안이 법 제정이나 개정 시기 이전, 2020년 4월 집합금지명령과 영업시간 제한이 시작되었던 때부터 소급하여 영업상 손실에 대해 보상하여야 한다는 내용을 담고 있었다. 문제는 기재부가 재정 부담을 이유로 소급 적용을 반대하고 나선 것이다. 더불어민주당이 당정 간 협의를 이유로 입법청문회를 추진하면서 입법 절차가 지연되었다. 2021년 6월부터 더불어민주당 역시 소급 적용을 하게 되면 오히려 기존 지원금을 환수해야 하는 경우가 더 많을 수 있다, 술집 등 유흥업소들이 보상금을 많이 받게 된다는 등 정서적 거부감을 자극하면서 소급 적용 반대라는 정부 입장에 동조하게 되었다.

자영업자에 대한 손실보상금은 영업금지나 영업시간 제한으로 말미암아 손실을 보았다고 주장하는 자가 정부에 손실보상 청구를 해야만 비로소 지급 절차가 개시되므로 '소급 적용을 하면 오히려 기존 지원금을 환수해야 하는 경우가 벌어지는 사태'는 결코 발생할 수 없다. 그러나 더불어민주당은 소급 적용을 배제하는 법안을 강행 통과시켰고, 손실보상 대상은 법 공포일인 2021년 7월 7일 이후에 발령된 집합금지명령에 따른 영업금지 혹은 영업시간 제한 업소에 국한되었다(소상공인법 부칙 제2조).

문재인 정부는 7월부터 집합금지나 영업시간 제한 등 방역 조치를 완화하기 시작하였고, 11월부터는 집단 면역을 이유로 '위드 코로나With Corona' 정책을 실시한다고 예고했다. 그래서 코로나19 사태에 대처하기 위해 손실보상법을 만들었으나 정작 이 법에 따른 피해보상을 할 수 없거나 극히 제한적인 보상만 가능한 아이러니가 벌어진 것이다. 자영업자들의 분노는 커졌다. 이 법은 손실을 정당하게 보상하기 위해 만들어진 법이 아니라 손실보상을 거부하기 위해 제정된 것이 아니냐고 항의하게 되었다. 피해자들은 법적 소송을 시작했다. 헌법 제23조 제3항의 정당한 보상 조항 위반이라는 것이다. 소급효를 제한한 소상공인법 부칙 제2조에 대한 위헌법률심사 청구를 하게 되었다.

집합금지명령은 특정 유형의 시설을 대상으로 이루어졌다. 유흥주점, 단란주점, 감성주점, 헌팅포차, 콜라텍, 홀덤펍 등이다. 그런데 특정 유형의 시설 대상이 되는 업자들의 불만이 커졌다. 골프장을 비롯하여 이발소, 미용실, 일반 가게 등은 대상이 되지 않았다. 골프장은 엄청난 반사효과를 누려 큰 이익을 보았다. 골프 회원권 가격이 폭등했다. 보건복지부 장관은 2020년 6월 22일 특정 영업 시설을 고위험 시설로 지정하여 개별 시설에 대한 구체적인 평가 없이 해당 영업 시설 전부에 대한 집합금지명령이 이루어졌다. 약 500만 명의 자영업자 중 영업금지 대상이 되어 손실을 입은 자영업자가 약 100만 명 정도이다. 영업금지 대상 업종과 상관없이 300여만 명을 대상으로 무차별 100만 원씩 지급하는 등 몇 차례 금전 지원은 있었지만, 구체적인 집합금지명령과 영업시간 제한 조치로 피해 입은 업종을 대상으로 한 손실보상(집합금지명령이 시작된 2020년 4월부터 2021년 7월까지 기간)은 전혀 없었던 것이다.

이 문제에 대해서 홍남기 기재부 장관의 입장이 완강했고 김부겸 국무총리나 청와대도 기재부에 끌려갔다. 윤호중 원내대표, 박완주 정책위원회 의장과 당 대표인 내가 고위당정협의에 참석했으나 기재부 입장을 돌파하지 못했음을 자백하지 않을 수 없다. 나 역시 자영업자의 고통에 대한 인식이 철저하지 못했다. 대선을 앞두고 영업시간 제한, 인원 제한이라도 12시까지 4인 이상으로 확대해줄 것을 강력히 요청했다. 그러나 김부겸 국무총리나 청와대가 너무 조심스러웠다. 집합금지명령, 영업시간 제한 대상이 된 자영업자 대부분이 호남 출신이고 더불어민주당 전통적 지지자들이다. 이들이 완전히 돌아섰다. 지난 대선 때 윤석열 후보 측이 소급 보상을 약속했다. 대부분이 윤석열 후보를 지지했다. 그러나 윤석열 후보가 당선되어 59조라는 사상 최대 추가경정예산을 편성했지만, 이것 역시 무차별 지급되었고 영업시간 제한, 집합금지명령 대상 업종에 대한 손실보상은 이루어지지 않았다. 사기를 당한 것이다.

코로나로 인한 자영업자들 피해자 모임 코로나피해자영업총연합(코자총) 사무실을 방문했다. 절절한 이야기를 들었다. 자신은 호남 출신으로 평생 더불어민주당을 지지했는데 지난 대선 때 너무 억울해서 윤석열 후보를 찍었다고 한다. 당 대표였으나 기재부에 끌려다녔던 나 역시 통절한 반성을 하지 않을 수 없었다. 그래서 다짐했다. 다음번에 더불어민주당이 집권하게 되면 기재부 장관을 반드시 더불어민주당의 철학을 공유하는 사람을 시켜야 한다. 정권을 잡아도 기재부 장관을 모피아[*] 출신으로 임명하게 되면 사실상 정권이 껍데기가 되는 것을 실감해야 했다.

법률가로서 볼 때 현재 헌법재판소에 제소된 소급효를 금지한 손실보상법은 위헌 판결이나 헌법 불합치 판결이 날 가능성이 크다. 이 법을 통과시킨 당시 집권당 대표로서 나의 책임을 통감할 수밖에 없다. 그래서 이재명 대표에게 부탁했다. 코로나19 백신 피해자 보상 관련 법과 손실보상법 개정안을 반드시 통과시켜달라고. 아직도 진전이 없다. 더불어민주당이 결자해지를 해야 한다.

"내려올 때 보았네 / 올라갈 때 보지 못했던 / 그 꽃"이라는 고은의 시처럼 국회를 벗어나 거리에서 시민들을 만나 그들의 절절한 목소리를 들으니 실감이 난다. 껍데기를 벗고 광야에서 국민의 고통을 자신의 고통으로 느끼고 조국의 운명을 자신의 운명과 일치시키는 여민동락의 시간을 가져야 한다. 애굽의 고기 가마를 버리고 엑소더스하였던 히브리 백성들처럼 생계형 국회의원의 특권을 벗어던지고 국민 속으로, 광야로 다시 나서야 한다.

---

[*] 이전 재무부(현 기획재정부)의 영문 약자인 MOF와 마피아(Mafia)의 합성어로 퇴임 후에 정계나 금융권 등으로 진출하여 산하단체들을 장악하며 거대한 세력을 구축하는 재무부, 곧 기획재정부 출신 인사들을 마피아에 빗대어 이르는 말.

PART 2

검찰

검찰학 개론

왜 삼권분립인가?

많이들 알다시피 국가의 3대 요소는 주권·국민·영토이고, 이는 총 10개 장 130개 조문으로 이루어진 대한민국 헌법에도 명시되어 있다.

1조 1항 - 대한민국은 민주공화국이다.

1조 2항 - 대한민국의 주권은 국민에게 있고 모든 권력은 국민 에게서 나온다.

2조 1항 - 대한민국의 국민이 되는 요건은 법률로 정한다.

3조 1항 - 대한민국의 영토는 한반도와 그 부속도서로 한다.

이렇게 1조는 주권, 2조는 국민, 3조는 영토에 관한 내용이고 이후

4조에서 10조까지 평화통일에 관한 조항, 정치적 중립에 관한 조항, 기본권에 관한 조항들이 이어진다. 40조부터는 국가기관에 관한 조항인데 가장 먼저 나오는 것이 입법부, 즉 국회에 관한 것이다. 다음으로 행정부-사법부-헌법재판소-중앙선거관리위원회-지방자치단체 순서로 이어진다.

헌법을 이런 순서로 배열해놓은 분명한 이유가 있다. 국가의 기능이 제대로 작동하기 위해서는 가장 먼저 국민의 대의기관인 입법부를 통해 법을 만들어야 한다. 행정부는 이렇게 만들어진 법에 기초하여 행정을 하고, 마지막으로 사법부는 행정이 법에 따라 이루어졌는지를 평가한다. 다시 말해 입법, 행정, 사법 순서로 국가권력이 작동하는 것이다. 이것을 소화기관으로 보자면 입법부의 기능은 구강 운동, 행정부는 위, 사법부는 대장이라고 비유할 수 있다.

간단하게 예를 들어보면, 처음엔 국민의 일반의지를 모아 입법부에서 국도교통에 관한 법을 제정한다. 그러면 우리의 국토교통부 징관은 이 국토교통법에 의거해 고속도로를 만드는 등의 행정을 집행한다. 사법부의 역할은 장관이 국토교통에 관한 제반 법을 다 무시하고 알 수 없는 이유로 교통 기본 계획을 철회하거나, 대통령의 부인 혹은 장모에게 이익이 돌아가도록 고의로 종점을 변경한 것은 아닌지 등 집행 과정에 불법은 없었는지 판단하는 것이다. 물론 깊이 들어가면 국회만 해도 국정조사를 비롯한 다양한 기능이 있지만 핵심만 압축해서 설명하면 그렇다.

이렇게 입법부, 행정부, 사법부는 저마다의 역할이 있고, 가진 권력이 있다. 필연적으로 이 권력들은 서로를 견제하고 균형을 이루어야 한다. 이것이 프랑스의 사상가 몽테스키외가 주장한 삼권분립론이다. 모든 권력이 국민에게서 나온다고 하지만, 그게 하나로 모이면 히틀러나 나치 같은 현상이 나타날 수도 있기 때문이다. 1933년 독일의 국가사회주의 독일노동자당, 즉 나치당이 제1당이 되면서 바이마르공화국의 힌덴부르크 대통령은 나치당의 당수 히틀러를 총리로 임명했다. 따지고 보면 히틀러는 쿠데타를 일으키거나 부정한 방법으로 권력을 차지한 인물이 아니다. 그는 대중의 지지를 등에 업고 다수당의 당수가 되어 권력을 잡았다. 그 과정에서 돌격대 등 폭력을 동반했으나 형식상으로는 합법이었다. 문제는 이후에 일어났다. 히틀러는 권력을 잡고 나서 국회를 폐지하고 총통제를 만들어 입법·사법·행정을 하나로 통합하면서 브레이크 없는 차가 되어 질주했다. 이 통제되지 않는 권력은 결국 2차 세계대전을 일으키면서 독일을 패망으로 이끌었다.

이런 일이 발생하는 것을 막기 위해 대한민국의 헌법은 권력을 한 곳에 모아놓지 않았다. 국민이 직접 선출한 국회의원, 국민이 직접 선출한 대통령, 그 대통령에 의해서 지명되고 국회의 동의를 받아 임명되는 사법부 등의 정교한 시스템을 구축한 것도 마찬가지 이유다. 삼권분립과 상호 간의 견제와 균형이 깨지고 권력자가 국민의 이름을 빙자해 모든 것을 다 해버리면 소위 포퓰리즘 독재로 이어질 우려가 있기에, 모든 지도자는 비록 국민 다수에 의해 권력을 잡았다 할지라도 자의적으로 권력을 행사해서는 안 된다.

검찰 공화국 체제에서 검찰은 어떻게 권력을 휘두르는가?

지금의 대한민국을 보면 명백하게 알 수 있듯이 검찰 공화국 체제 안에서는 가장 먼저 삼권분립이 무너진다. 검찰 권력이 모든 국가기관을 통제하는 구조로 바뀐다. 검찰이 권력을 틀어쥐면서 입법부는 물론 행정부 내부에서도 견제와 균형이 제대로 이뤄지지 않는 것이다. 검찰은 모든 권력기관과 모든 국민을 수사할 수 있고, 수사 지휘권을 가지고 있고, 기소 독점권을 가지고 있다.

수사 - 범죄의 유무를 조사하는 행위
기소 - 일정한 형사사건에 대해 법원의 심판을 구하는 행위

하나의 집단이 이 두 가지 행위를 다 한다는 것은 매우 위험하다. 만약 수사하는 기관과 기소하는 기관이 명확히 나뉘어 있다면, 기소하는 기관에서는 수사한 내용을 짐검하고 이 수사가 혹시 잘못되진 않았는지, 공소 유지가 가능한지 판단하는 것이 가능하다. 하지만 수사한 사람이 기소도 하게 되면 수사와 기소 간의 견제와 균형이 사라져, 검찰이 마음대로 수사 대상을 선택할 수 있고, 수사 기간의 제한이 없으며, 무엇보다 이 수사가 잘못되었는지 판단하지 않는다.

검찰의 수사권·기소권과 이어지는 것이 기소편의주의이다. 이는 공소 제기와 관련하여 기소와 불기소에 관한 재량을 인정하는 것을 말하는데, 이렇게 되면 검사는 나한테 미운 놈, 야당, 권력에 찍힌 놈은 몇 년

이 걸리더라도 수사하고 증거를 조작해서라도 기소하는데, 내가 봐주고 싶은 사람이나 권력자들은 기소유예하거나 불기소하거나 구약식 벌금형으로 처리할 수 있다. 다시 말해 검사가 편의에 따라 기소할지 말지를 결정할 수 있다는 것인데 너무도 대단하고 부당한 권력이 아닌가. 이 기소편의주의에 의거해 김건희 도이치모터스 주가조작 사건 무혐의, 양평 공흥지구 개발 특혜 의혹 사건 무혐의, 이재명과 송영길은 문제가 나올 때까지 수사라는 말도 안 되는 일이 가능해진다.

이런 기소편의주의를 견제하기 위해 재정신청제가 만들어졌는데, 검찰이 불기소 처리한 사건에 대해 법원에 다시 심리를 요청할 수 있는 제도다. 관련하여 부천 성고문 사건이 대표적이다. 1986년 부천경찰서 형사 문귀동이 학생운동가였던 권인숙을 성고문한 사건이 있었다. 당시 검찰은 문귀동의 성범죄가 인정되지만, 수사관으로서 국가에 기여하기 위함이었다며 기소유예 처분을 내렸다. 이 사건에 대한 재정신청을 법원이 받아들이면서 공소 유지 담당으로 조영황 변호사를 지정했고, 결국 사건은 재판에 넘어가게 되었다. 그런데 지금은 재정신청이 받아들여져도 공소 유지를 지정 변호사가 아니라 다시 검찰에 명하게 형사소송법이 이상하게 바뀌어버렸다. 다시 말해 예전에는

검찰의 부당한 불기소 → 재정신청 → 지정한 변호사가 공소

하는 방식이었던 제도가

검찰의 부당한 불기소 → 재정신청 → 다시 검찰이 공소

하는 방식이 되었으니, 이것만 봐도 재정신청제도가 국민의 억울함을 제대로 풀어주는 역할을 하지 못하고 있다는 사실이 잘 드러난다.

문제는 또 있다. 재정신청제도는 기본적으로 검사의 불기소처분에 대해 '판사님, 억울하니까 기소할 수 있게 해주세요' 하면 판사가 사건을 꼼꼼히 쳐다보고 잘못된 것을 인용해주는 방식인데, 현재 그 인용률이 1%가 채 안 된다. 99%는 기각이다. 예전에 나는 판사에게 그 이유를 물어본 적이 있다. 그랬더니 판사가 하는 말이 재판이 너무 많아 바빠서 그렇다는 것이다. 자기가 맡은 재판도 쌓여 있는 와중에 재정신청한 사건까지 볼 시간이 없고, 게다가 재정신청을 인용하려면 판결문을 깊게 써야 한다. 즉 검사의 불기소처분이 잘못됐다는 걸 일일이 지적해야 하는데, 그러려면 시간이 오래 걸릴 뿐 아니라 판결문에 그만큼 많은 공이 들어간다. 그러나 기각하는 건 '기각' 한마디면 끝이니 너도나도 다 기각해버리고 마는 것이다. 나는 국정감사 때마다 재정신청 전담 재판부를 두어야 한다고 제안하고 강조했지만, 끝내 이뤄내지 못한 것이 못내 안타깝다. 재정신청제도가 다시 정비되어야 검찰에 의한 기소편의주의를 통제할 수 있는데, 지금은 유명무실해진 실정이다.

검찰의 기소편의주의와 연결된 또 하나의 권력이 불고불리의 원칙이다. 기소 독점주의라고도 불리는 이것은 검사가 기소하지 않으면 판사가 재판할 수 없음을 뜻한다. 밖에 아무리 나쁜 놈이 돌아다니고, 아무리

범죄 혐의가 높은 사람이 있어도 검사가 기소하지 않으면 그만이다. 또 기소하더라도 공소장에 적혀진 죄목만 재판하게 되어 있다. 즉 불고不告, 기소하지 않으면 불리不理, 판단하지 않는다.

이 원칙을 검사들은 자기가 봐주고 싶은 사람이라면 아무리 죄가 많아도 아주 약한 죄목으로 기소하는 식으로 활용한다. 대표적으로 대한민국을 떠들썩하게 했던 라임 자산운용 사태를 들 수 있다. 이 사건의 주범인 김봉현의 담당 변호사는 특수부 검사 출신인 이주형이었다. 그는 한동훈 장관이 부패범죄특별수사단 2팀장이던 시절 부팀장을 지냈으며, 노무현 대통령이 돌아가시기 전, 그를 조사한 검사 중 한 명이기도 했다. 이주형이 자리를 만들고, 김봉현이 술 접대를 한 3명의 검사가 있었는데, 이중 2명은 기소조차 되지 않았고 1명은 청탁금지법 위반으로 기소됐지만 그마저도 무죄를 받았다. 이때 술 접대를 받은 검사는 나중에 김봉현 라임 사태 주무 담당 수사 검사가 되었다. 이 모든 과정이 내부 정보를 알고 있던 이주형의 '작품'이었음을 의심하지 않을 수 없다. 이 사건에 연루된 검사들은 처음부터 청탁금지법이 아니라 뇌물죄나 알선수재죄로 기소되어야 마땅하다. 알선수재죄는 공무원의 직무에 속하는 사항의 알선에 관하여 금품이나 이익을 수수·요구하거나 약속한 자에게 적용되는 죄로, 5년 이하의 징역 또는 1,000만 원 이하의 벌금에 처하는 중범죄인만큼 청탁금지법과는 죄질 자체가 다르다.

검찰의 권력이 얼마나 부당하게 쓰이는지 극명하게 알 수 있는 사례의 끝판왕이 바로 윤석열 대통령의 장모 최은순 씨 사건이다. 이 사건은 자세히 들여다보면 이상하기 짝이 없다. 최은순은 은행 잔고증명서를 위조해 2023년 7월 21일 사문서 위조죄로 징역 1년 형을 받았다. 일개 개인이 자신의 잔고를 무려 348억 원으로 위조했다는 사실도 놀랍지만, 더 놀라운 건 검찰의 행태였다. 최은순의 행위는 단순한 사문서 위조가 아니라 일종의 소송 사기라고 봐야 한다. 법원에 거짓된 증거를 제출함으로써 법원을 속이는 행위를 뜻하는 소송 사기는 매우 엄하게 다스린다. 생각해보면 당연한 일이다. 진실을 가리기 위한 법원에서 거짓된 증거를 내면 제대로 재판을 할 수도 없을뿐더러 법원의 신뢰는 물론 사법시스템마저 무너질 수 있다. 그래서 소송 사기는 10년 이하의 징역 또는 2,000만 원 이하의 벌금에 처하는 중범죄에 속한다. 최은순은 이렇게 위조된 잔고증명서를 민사재판의 증거로 버젓이 법원에 제출하는 행위를 저질렀다. 간이 붓다 못해 배 밖으로 나온 것이다. 대체 최은순은 뒤에 누가 있길래 이런 행동을 할 수 있었을까?

또 하나, 최은순은 위조한 문서를 법원뿐 아니라 사채업자에게 보여주면서 자신이 돈이 많다는 것을 증명하기 위한 용도로 사용했다. 그럼에도 검찰은 사문서 위조에 대해서만 기소하고 사문서 행사에 대해선 기소하지 않았다. 이 또한 모순인 것이 행사하지 않을 거라면 애초에 위조할 필요가 없다. 심지어 최은순의 동업자인 안 모 씨는 사문서 위조와 사문서 행사로 모두 기소됐다. 결론적으로 최은순은 이번 사안만 봐도 사문서 위조, 사문서 행사, 소송 사기 등의 죄를 저질렀다. 하지만 검찰은 사문서 위조로만 최은순을 기소했고, 그 덕분에 죄질에 비해 한없이 가

벼운 징역 1년 형에 처해지는 것으로 끝났다. 이것이 현재 대한민국에서 버젓이 벌어지고 있는 일이다. '법 앞의 평등'은 이제 멀고 먼 옛말이고 책에나 나오는 문장이 되어버렸다.

근대국가는 내 부모를 죽인 범죄자라 할지라도 사적으로 복수하거나, 자력구제할 수 없다. 오로지 국가기관을 통해야만 한다. 수사기관이 그 개인을 대신해 범인을 잡은 다음 기소를 해줘야 재판이 가능한 시스템이다. 이것을 사적 보복 금지의 원칙이라고 하는데, 이를 다르게 보자면 폭력의 독점이라고 할 수 있다. 그 대표적인 조직이 검찰과 경찰, 군대인 셈이다. 이 집단들이 가진 권력이 법에 의해 엄정하게 집행되면 공적인 권력이 되는 것이고, 통제되지 않으면 그저 조직폭력에 불과하다. 앞서 여러 사례에서 알 수 있듯이 지금은 공권력이 결코 공정하게 작동한다고 할 수 없다. 법이 사적 폭력은 금지하면서 나의 억울한 부분을 해결해주지는 않은 채, 한쪽으로만 일방적으로 작동한다면 그것을 어찌 법치라 할 수 있으며, 어찌 공권력이라고 할 수 있겠는가.

옛날 독재 정권 시절에는 기무사나 국정원이 검사들의 정보를 감시하는 방식으로 그들의 권력을 견제하곤 했는데, 민주주의가 들어서면서 기무사나 국정원의 민간 사찰 권한이 없어졌다. 나는 큰 시각으로 보면 옳은 방향이라고 생각한다. 하지만 동시에 다른 식으로라도 검찰의 권력을 견제하는 제도가 만들어져야 한다. 지금은 그 어떤 조직도 검사의 비리 행위를 감시할 수 없고 견제할 수 없다. 오로지 검찰만이 권력을 다 틀어쥐고 있는 상태다.

이것은 하루아침에 이뤄진 일이 아니다. 내가 사법고시에 합격한 뒤, 연수원에서 1년을 보낸 다음 검사시보, 판사시보로 일할 때가 있었다. 그때 인천지검에서 부장검사, 차장검사와 함께 식사하는데, 차장검사가 그랬다. "송영길 시보, 검찰로 들어와라. 우리 조직은 최고다. 우리는 대통령도 구속시킬 수 있고 국가권력을 장악할 수도 있다." 그때가 1996년이었으니 우리나라는 아직까지도 이 문제를 해결하지 못한 셈이다. 아니 오히려 문제는 점점 심해지고, 권력은 점점 비대해지고 있다고 보아야 적확할 것이다.

특별히 더 위험한 사실은 윤석열 정부 들어와 예전 청와대의 인사수석 기능을 법무부로 옮겼다는 점이다. 이제는 법무부에서 인사 정보 관리단을 만들어 검사들을 파견하고, 국정원 직원들을 파견해 인사 검증을 담당한다. 공무원 사회에서는 인사가 가장 큰 권력이다. 그런데 이런 인사 정보를 총괄하는 기능을 법무부 장관에게 주면서, 법무부 장관은 모든 국무위원을 감시할 수 있는 절대 반지를 획득했다. 국무위원, 장차관, 판사 등 모두가 법무부 장관의 눈치를 볼 수밖에 없다.

이렇게 검찰이 막강한 권력을 가지면서 사실상 모든 것을 좌지우지하는 검찰 공화국 시대가 초래했다. 보통의 경우라면 수사는 석 달 안에 끝내야 하고, 형이 확정되기 전까지 피의사실을 공표하지 말아야 한다. 이를 신속 수사의 원칙, 밀행 수사의 원칙이라고 한다. 처음부터 증거가 있을 때만 수사해야 하고, 설령 시작했다 하더라도, 석 달 안에 증거를 발견하지 못한다면 끝내야 한다.

내가 형법 책과 교수들에게 배운 원칙 중 하나는 형법의 보충적 성격이다. 대한민국이라는 공동체가 유지되고 굴러가는 것이 법에 의해서만은 아니다. 거기엔 도덕도 있고 윤리도 있고 양심도 있고 교칙과 종교법, 사회단체 준칙 등 무수히 많은 그 나름의 질서가 존재한다. 그 질서가 문제없이 유지될 때 형법은 개입해선 안 된다. 내부에서 분쟁이 발생했거나, 심각한 비리가 드러나 도저히 묵과할 수 없는 상황이 되거나, 핵심 증거가 발견될 때 마지막 수단으로 개입하는 것이 형법이다. 그래서 형법은 나서지 않는다. 형법은 최후의 수단이어야 하고, 마지막 보루여야 한다.

　더불어민주당 전당대회 돈 봉투 사건의 경우 이 모든 원칙에서 벗어나 있다. 내가 가담했다는 명확한 증거가 없었지만 나에 대한 수사를 시작했고, 그 즉시 모든 언론에 이 사실을 공표했으며, 넉 달이 넘도록 증거를 찾지 못해 나를 소환조차 하지 못하고 있다. 이런 일은 나 같은 정치인에게만 벌어지는 게 아니다. 검찰이 누구를 겨냥하냐에 따라 언제든 누구나의 일로 치환될 수 있다. 그렇게 수사 대상이 되는 국민은 생활이 망가지고, 가정이 무너지고, 변호사 비용으로 재정이 파탄 난다. 기업하는 분들도 마찬가지다. 이런 일에 휘말리면 기업이 정상적으로 유지되지 못한다. 게다가 이 수사가 언제 끝날지도 알 수 없다. 두 달이 될 수도, 여섯 달이 될 수도, 몇 년을 질질 끌 수도 있는 것이다. 이렇게 법적 안정성이 무너지고, 모든 사람이 검사에게 '찍힐' 가능성이 생기고, 이 과정만으로 죄의 유무와 상관없이 삶 자체가 어려워지면 이제 사람들은 알아서

복종하고, 침묵하고, 무서워하게 된다. 예전 러시아의 스탈린 시대와 다를 바가 없다.

진짜 이권 카르텔은 검찰에 있다

또 하나 강조하고 싶은 것은 검사의 객관의무에 관해서다. 검사는 공익의 대표자로서 범죄 혐의를 받는 피의자의 억울함을 밝혀줄 의무도 있다. 예컨대 경찰이 잘못 수사했다면 기소권을 가진 검찰이 보완 수사를 하게 하든, 혐의 없음 처분을 내리든 할 수 있다.

보통 형사부 검사는 경찰이 수사한 내용을 바탕으로 기소 여부를 따지기 때문에 제삼자의 입장에서 보고, 증거가 확실하면 기소한다. 하지만 수사권과 기소권을 다 가지고 있는 반부패수사부(2019년 10월 특별수사부에서 반부패수사부로 명칭이 변경됐다)는 애초에 수사를 본인들이 시작했기 때문에 어떻게든 끝장을 보아야 한다. 만약 증거를 잡지 못해 수사를 종결하면 자신들의 무능력을 드러내는 꼴일 뿐 아니라, 인사고과에서도 불이익을 받기 때문이다. 조국 전 장관의 경우도 마찬가지였다. 애초에 사모펀드의 피해자가 고발해서 수사했거나, 무슨 증거가 있어 경찰에서 수사를 시작한 게 아니었다. 윤석열 당시 총장의 '뇌피셜'에 따라 '문제 있는 것 같으니 수사해!' 하면 그때부터 수사가 진행되는 식이었다.

많은 이들이 윤석열 정부의 외교 행태를 보면서 프로토콜이 없는 것 같다는 평을 내린다. 윤석열 검찰총장 당시 특수부의 수사 행태가 그랬다. '쟤 수사해!' 한마디로 시작해서 증거가 나오지 않으면 조작하고, 진술을 강요해서 피의자를 끝까지 얽어맨다. 여기엔 어떤 원칙도 없고 시스템도 없다. 그렇게 남들 위에서 군림만 해왔던 이가 대통령이 되었으니 국민을 섬길 리 없고, 정치의 절차가 있을 리 없고, 외교에 프로토콜이 있을 리 없다. 모든 것을 검찰 수사하듯 하는 것이다.

검찰에 찍히면 죽는다는 사실을 아는 기업들은 스스로 나서 검사를 접대하고, 엄청난 비용을 감당하면서까지 특수부 검사 출신 변호사들을 고용하려 안간힘을 쓴다. 윤석열 대통령은 눈을 바로 떠야 한다. 요즘 기회만 있으면 이권 카르텔을 언급하는데, 건설 노동자를 '건폭'으로 몰아가고, 수해 복구를 이권 카르텔과 엮을 일이 아니다. 사교육 카르텔, 시민단체 카르텔, 노조 카르텔 운운하기 전에 검찰 카르텔을 먼저 엄단할 일이다. 이 공고하고 거대한 벽을 부숴야 한다. 그것이 내가 해야 할 일이라고 생각한다. 물론 나 혼자서는 엄두도 못 낼 일이다. 이 문제에 공감하고 함께할 사람들이 있다면 이 벽은 좀 더 나은 대한민국으로 가는 문으로 바뀔 수 있을 것이다.

1

문재인 정부는 왜 검찰 개혁에 실패했을까

이 책을 읽는 사람 중 누군가는 이 내용을 불편해할 수도 있겠지만, 현재 검찰의 문제와 개혁의 방향을 이야기하기 전에 반드시 짚고 넘어가야 할 것이 있다. 문재인 정부의 검찰 개혁이 왜 성공하지 못했는가에 관한 부분이다. 검찰의 문제는 어제오늘 벌어진 게 아니다. 지금 윤석열 대통령의 묵인 아래 그 정도가 민주주의의 질서를 파괴할 만큼 도드라지고 있지만 2000년대 이전에도 검찰은 자신들이 국가권력을 장악할 수 있는 조직이라고 믿었다. 이 문제를 해결하기 위해 정권마다 각고의 노력을 기울였지만 뾰족한 성과는 없었다. 그런 실패와 실패가 쌓여 오늘에 이르렀다. 이 문제를 정확히 파악하기 위해서는 '왜 그러했는가?'를 들여다보지 않을 수 없다. 과거와 역사에서 배우지 못하면 실패는 반드시 반복되기 마련이다.

문재인 대통령의 법무부 장관 인사는 어떤 문제가 있었나?

송영길은 우선 법무부 장관의 중요성을 강조한다. 보통 개혁을 하려면 취임 100일 이내에 모든 로드맵을 정리해야 한다. 검찰 개혁에서 핵심은 누가 뭐라 해도 인사권을 가진 법무부 장관이다. 문재인 대통령의 저서 《문재인, 김인회의 검찰을 생각한다》에는 '법무부 장관이 검찰 행정과 검찰 개혁을 추진하는 데 매우 중요한 무기'라는 내용이 나온다. 그런데 문재인 대통령의 법무부 장관들은 검찰 개혁을 추진하기 좋은 무기라고 할 수 없었다. 첫 법무부 장관 후보로 지명된 안경환 서울대 교수는 허위 혼인신고 문제로 후보 지명 5일 만에 낙마했다. 두 번째로 추천되어 초대 법무부 장관이 된 분이 박상기 연세대 교수다. 두 분 다 점잖은 분이지만 이런 백면서생의 모습으로 소위 칼잡이로 불리는 무신들, 검사들을 지휘한다는 것은 언감생심이다. 교수들을 장관으로 임명하여 성공하는 경우는 매우 드물다. 장관도 교수이고 민정수석도 조국 서울대 교수였다. 모두 법조인 출신이 아니다. 이런 팀으로 2,500여 명의 검찰 조직을 통솔하는 것은 불가능하다. 또한 어떤 정권이라도 민정수석을 바로 법무부 장관으로 임명하는 것도 옳지 않다. 더불어민주당이 야당이었으면 강력하게 항의하였을 것이다. 조국 교수를 장관직에 앉힐 거였다면 애초에 민정수석을 시킬 것이 아니라 처음부터 바로 장관으로 임명했어야 했다. 그리고 신현수 검사를 국정원으로 보낼 것이 아니라 민정수석으로 임명하여 조국 장관과 협력하도록 했어야 했다. 직접적 인사권이 없는 민정수석이 검찰 개혁을 추진하는 데는 한계가 있는 만큼 직접적인 인사권을 가진 법무부 장관이 개혁을 주도하게 만들었어야 했다. 그랬다면 취임 초기의 강력한 지지를 바탕으로 조국에 대한 법무부 장관 인사청문회도 무난하게 통과되었을 것이다. 송영길은 노무현 대통령 때부터 검찰 주류 핵심 인사 중에 개혁적인 분을 법무부 장관이나 민정수석에 앉혀야 검찰 개혁이 가능하다는 주장을 계속해왔다.

송영길이 조국에게 국회의원 출마를 권한 이유

조금 다른 이야기지만 송영길은 대통령이 되기 위해선 국회의원 경험이 매우 중요하다고 보는 입장이다. 예전에 박원순 당시 서울시장이 서울시장 3선에 도전하기 전에 송영길을 찾아온 적이 있었다. 3선 도전에 대해 참모들 사이에서도 이런저런 찬반양론이 있었던 터라, 주위 사람들로부터 다양한 조언을 듣고 있었다. 그러던 중 시장과 국회의원을 두루 경험해본 송영길에게도 찾아온 것이었다. 그때 송영길은 이렇게 말했다.

"제가 시장도 해보고, 의원도 해보았으니 제 이야기가 가장 객관적이지 않겠습니까. 시장님, 대통령이 하고 싶으시면 국회의원에 출마하시고, 그럴 마음이 없으시면 시장에 출마하십시오."

송영길이 이렇게 확신을 가지고 말한 이유는 명확했다. 시장은 종합 행정을 하는 사람이다. 하지만 국회의원은 그야말로 국정 전반을 다루는 헌법기관일 뿐 아니라, 외교와 국방까지도 아우른다. 그러므로 이 경험이 있고 없고가 대통령이 되고 난 이후 국정에 임하는 데 큰 차이를 가져다주리라 보았던 것이다. 그러고는 이 말을 덧붙였다.

"시장님. 서울시장만 하셔서 나중에 대통령 후보 경선에 나갔을 때, 외교 국방 문제 토론하면 어떻게 답변하시겠습니까."

만약 그때 송영길의 조언을 새겨듣고 국회의원에 출마했다면 우리는 그를 잃지 않았을까? 이 나라에도 조금은 다른 미래가 펼쳐졌을까? 이제는 영영 알 수 없는 일이다.

사실 송영길은 조국 장관에게도 비슷한 조언을 건넨 바 있다. 민정수석을 지낸 이후, 조국을 직접 만나 좀 쉬다가 부산에서 국회의원으로 출마하는 것이 가장 좋지 않겠냐고 권했던 것이다. 박원순 시장도 그랬지만 조국도 내켜하지 않았다. 민정수석 자리까지 올랐고, 후배들이 이미 재선 의원까지 하는 와중에 초선 국회의원 출마라는 결정이 결코 쉽지 않았을 것이다.

송영길은 그 마음을 물론 이해한다. 하지만 대한민국 대통령 중에 의원 경험 없이 대통령이 된 이들은 박정희, 전두환, 윤석열 셋뿐이다. 둘은 군부 쿠데타로 정권을 잡았고, 윤석열 대통령이 정권을 잡은 방식은 검찰 쿠데타에 가깝다. 지금 윤석열 정부가 이렇게 안하무인인데다, 국회와의 관계도 엉망이고, 국정 전반을 원활하게 운영하지 못하는 데는 그가 행정과 입법을 전혀 경험해보지 않았다는 것도 큰 이유를 차지한다고 생각한다. 다양한 이해관계가 촘촘히 얽혀 있는 수많은 문제를 풀기 위해선 정치적인 유연함도 필요하고, 치열하고 현명한 협상력도 필요하다. 그런데 윤석열 대통령은 국내의 많은 문제에 대해 검찰 수사하듯 임하는 것 말고는 할 줄 아는 게 없다.

그런 점에서 조국도 국회로 간 다음, 재선, 3선을 거친 후 대선 후보로 키워냈다면 어땠을까 하는 아쉬움을 지울 수 없다. 그렇게 첫 단추부터 잘못 끼우면서 다양한 문제가 불거졌다.

물론 송영길은 현재까지도 이어지는 조국 장관에 대한 수사가 온당하지 않다고 생각하고, 조국이 겪는 무간지옥의 아픔에도 십분 공감한다. 하지만 그와 별개로 검찰 개혁을 이뤄내지 못한 이유에 대해선 냉정하게 돌아보고, 평가해야 한다.

우선 논란 끝에 법무부 장관이 되면서 강고하고 굳건한 검찰 권력을 뚫어내기에는 힘이 너무 빠진 탓이 컸다. 또한 지금도 그렇지만 당시에도 검찰 개혁의 핵심은 검찰의 수사권과 기소권 분리에 있었다. 그렇다면 공수처가 출범할 때도 형평을 맞춰야 했다. 당시 금태섭 의원이 공수처에 반대했던 것도 같은 이유였다. 검찰의 수사권과 기소권은 분리하겠다고 해놓고서, 공수처는 수사권과 기소권을 다 가지고 있다는 모순점이 있었다. 그렇다면 차라리 둘 중 하나를 확실하게 선택했어야 했는데, 그러지 않음으로써 결국 이도 저도 아닌 애매한 조직이 만들어져버렸다. 게다가 그때 수사권을 확실히 분리하지 못하고 수사권 일부를 검찰에게 줘버린 것도 검찰의 반발을 조국 장관이 뚫어내지 못했음을 보여준다.

추미애, 절반의 성과와 절반의 아쉬움

송영길은 조국 이후 법무부 장관을 지낸 추미애 장관과 윤석열 총장의 갈등을 두고 절반은 성과가 있었지만 절반은 아쉬웠다고 평가한다. 2020년 11월 24일 법무부 장관 추미애는 당시 검찰총장 윤석열에 대해 2개월간 직무집행정지를 명령하고 문재인 대통령의 재가를 얻어 징계를 청구했다. 징계 사유는 언론사 사주와의 부적절한 접촉, 조국 장관 재판부 관련 판사에 대한 불법 사찰, 채널A 사건과 한명숙 총리 관련 사건 감찰 방해, 정치적 중립에 관한 총장으로서 위엄과 신망 손상 등이었다. 12월 16일 2개월 직무집행정지 징계 처분 결정이 내려졌다. 이에 대해 윤석열 총장은 서울행정법원에 징계 처분 취소소송을 제기함과 동시에 집행정지 가처분 신청을 냈다. 8일 만인 12월 24일 행정법원은 본안심리는 하지 않고 징계 절차상 중대 흠결이 있다는 이유로 집행정지 가처분 신청을 인용했다. 윤석열 총장에게 크리스마스 이브 선물을 준 것이다. 국민들은 징계 청구가 맞느냐 틀리느냐를 판단하는 본안심리와 내용의 옳고 그름을 떠나 본안심리 요건자체가 충족되는지 여부만을 따지는 가처분 신청의 차이를 구분하기 힘들었다.

그러나 보수 언론은 윤석열의 승리로 평가하고 문재인 대통령과 추미애 장관을 비판했다. 윤석열 총장은 이 사건을 최대한 활용해 권력에 탄압받는 피해자 코스프레를 하면서 대통령 출마 명분으로 삼았다. 그 이듬해 3월 박범계 법무부 장관과의 인사 갈등을 이유로 사표를 내고 정치에 뛰어들었다. 가처분 신청이 인용된 다음 날 문재인 대통령은 징계 처분 재가를 한 대통령으로서 대국민 사과를 발표했다. '결과적으로 국민 여러분들께 불편과 혼란을 초래한 것에 대해서 인사권자로서 사과를 드린다.'

2021년 10월 14일, 추미애 장관의 징계 처분에 대한 윤석열 총장의 취소소송에 대한 1심 판결이 나왔다.

인정된 징계 사유는 검찰 사무의 적법성과 공정성을 해하는 중대한 비위 행위"라며 "검찰공무원의 범죄 및 비위 처리지침 등에서 정한 양정기준에 따르면, (이런 사유는) 면직 이상의 징계가 가능하기 때문에 정직 2개월의 징계 처분은 징계양정 범위의 하한보다 가볍다"고 지적했다.

_ 2021년 10월 14일 한겨레 보도 중에서

윤석열 총장의 행위는 중대한 법 위반이며 2개월 징계가 아니라 면직도 가능하다는 내용이었으니 추미애 장관의 완벽한 승리였다. 그러나 너무 늦었다. 가처분 신청이 인용된 지 10개월 이상이 지난 시점이었고, 이미 버스는 떠난 뒤였다. 윤석열 총장은 이미 사표를 내고 국민의힘 대선 후보로 뛰고 있을 때였다. 언론도 1심 판결을 제대로 보도하지 않았다. 가처분 신청의 효과를 상쇄하기가 어려웠다.

1심 판결에 의하면 윤석열 후보가 정치 참여의 명분은 물론 검찰총장 자격조차도 없는 사람이라는 것을 의미했다. 그런 사람이 대통령이 된 것이다. 이에 윤석열 후보는 바로 항소했다. 법원 판결을 존중하는 자세가 전혀 없다. 아이러니하게 지금 한동훈 법무부 장관이 이 소송의 원고로 윤석열 항소인과 맞서 법정 투쟁을 해야 할 임무를 지고 있다. 그런데 한동훈 장관은 일부러 패소하려는 듯 항소심에 태만한 태도를 보이고 있다. 한동훈 법무부 장관의 노골적인 업무 태만과 직무 유기로 항소심에서 패소한다면 이 또한 중요한 탄핵 사유가 될 것이다.

송영길이 추미애 장관과 윤석열 총장의 갈등을 두고 절반의 아쉬움이 있다고 표현하는 이유가 여기에 있다. 《손자병법》에 선승구전先勝求戰이라는 말이 있다. 이기는 군대는 먼저 이길 수 있는 상황을 다 만들어놓고 싸우지만, 지는 군대는 일단 싸우면서 승리의 방법을 찾는다. 그래서 진정한 명장은 악전고투하면서 승리하는 것이 아니라, 승리할 모든 준비를 마친 다음 전쟁에 들어간다. 전쟁은 그저 승리를 확인하는 절차일 뿐이다.

당시 추미애 장관은 윤석열 총장과 한판 전쟁을 벌인 셈인데, 징계 사유는 명확하게 찾았다. 그것은 성공이라 평할 만했다. 다만 징계를 진행하기 위해서는 징계위원회가 구성되어야 하는 만큼 미리 의사정족수, 의결정족수를 확보해놓았어야 했다. 그런데 징계위원회 위원장을 맡아야 할 고기영 법무부 차관이 사임을 해버렸다. 이용구 변호사를 차관으로 급히 임명했지만 의결정족수와 관련한 문제를 돌파하지 못했다. 송영길은 고기영 차관이 징계위원회를 앞두고 사표를 냈다는 소식을 듣자마자 전화를 걸었다. 이 중요한 시기에 왜 사표를 내냐고 묻자 고기영 차관은 추미애 장관과의 소통과 공감이 부족했다는 점을 이야기했다고 한다. 결론적으로 내부에서 미리 다 정리를 한 이후에 전쟁에 들어갔어야 했는데, 그런 준비가 부족했던 것이다.

이 문제는 대통령이 해결했어야 했다

다만 이 문제에 대해 송영길의 입장은 일관된다. 처음부터 추미애 장관에게 떠넘길 게 아니라 인사권자인 대통령이 정리해야 할 문제였다. 법무부 장관과 검찰총장이 이미 몇 개월 간 계속 싸우고 있는 와중에도 문재인 대통령은 그저 보고만 있었다. 대통령이 인사권자로서 가르마를 타줬어야 했다. 그리고 자기가 임명한 검찰총장인 만큼 장관의 징계로 인해 쫓겨나는 게 아니라 명예롭게 퇴진할 수 있는 기회를 줬어야 했다.

사실 현직 검찰총장이 여론조사에서 대통령 후보로 거론되는 상황 자체가 잘못된 것이다. 누구의 책임이냐를 떠나, 헌법 제7조 및 검찰청법에 따라 가장 엄중한 정치적 중립이 요구되는 검찰총장직을 수행할 수 없는 객관적 상황이 조성되었다고 볼 수 있다. 그러니 이것은 헌법과 법률에 명백히 위배되는 상황이다. 이때 문재인 대통령은 윤석열을 불러 검찰총장 이후 모든 공직을 그만두고 정치를 하지 않겠다고 선언하면 임기 2년을 보장해주겠지만, 만약 정치할 생각이 있거나 대통령 선거에 나갈 생각이 있다면 당장 퇴임하라고 명하는 것이 맞았다.

송영길은 추미애 장관의 징계 전에 대통령이 이렇게 했다면, 아마 조·중·동도 반박하기 어려웠을 거라 판단한다. 정치적 중립에 위배된 상황에서 바로 해임한 것도 아니고, 선택의 기회를 준 만큼 국민들도 납득했을 것이다. 다시 말해 이 문제는 어떤 식으로든 대통령이 정면으로 맞닥뜨려서 해결했어야지 뒤에서 구경만 해서는 안 되는 일이었다. 이런 잘못된 판단이 쌓여 무소불위의 검찰총장이 만들어졌고, 그 검찰총장이 결국 대통령이 되면서 나라가 이 모양이 됐다. 아프지만 이 사실을 인정해야 한다. 여기서부터 시작하지 않으면, 우리는 아무것도 바꿀 수 없다. 보수 진보를 떠나 검찰총장이 바로 대통령이 되는 현실 앞에서, 검찰의 정치적 중립을 어떻게 확보할 수 있을 것인가? 우리나라 헌정질서에 큰 오점이다. 그 후과가 이미 나타고 있다. 무소불위 검찰 범죄 카르텔 전체주의 세력들이 대한민국 민주공화국의 질서를 파탄 내고 있다.

태종의 시대에 세종이 되려고 해서는 안 된다
그런 점에서 송영길은 처음부터 검찰의 주류 중 핵심 인사를 민정수석이나 법무부 장관으로 발탁해서 검찰을 완전히 휘어잡은 다음, 검찰 내부를 '디바이드 앤드 룰divide and rule'(분할 통치) 하는 것이 옳은 전략이었다고 본다. 당시 송영길은 적임자라고 생각했던 인물을 검사장으로 추천한 적도 있었다. "이 친구라면 윤석열 총장에게도 당당하게 바른말을 할 수 있고 이의를 제기할 수 있습니다. 지금 검찰에는 이런 사람이 있어야 합니다"라며 강력하게 건의했다. 조국 장관도 노력했지만 윤석열 총장과 청와대의 벽을 뚫지 못했다. 송영길은 무력감을 느꼈다.

검사 서열상 3위인 고등검찰청 검사장은 총 6명인데, 송영길은 여기서 한 명 정도는 검사장 회의 때 "총장 '오버'하지 마시오. 왜 검찰총장이 자꾸 정치에 개입합니까?"라고 말할 수 있는 인물이 있어야 한다고 보았다. 그래야 검찰총장에 대한 견제도 되고, 언론에도 제대로 보도될 수 있다. 윤석열 총장 시절의 검사장 중에서 이렇게 총장에게 반기를 들 만한 '깡' 있는 사람이 별로 보이지 않았다.

문제는 또 있었다. 조국 장관은 검사나 변호사 출신의 법조인이 아니다. 그러다보니 검찰 내부의 흐름을 파악하는 데 한계가 명확했고, 검찰 요직에 앉아 있던 서울대 법대 출신의 검사들은 조국 장관을 상관으로 받아들이려 하지 않았다. 그래서 조국 장관은 파견 검사인 박형철을 통해서만 검찰의 상황을 알 수 있었지만, 박형철은 뒤에서 윤석열 총장에게 모든 것을 보고하는, 조국 장관 입장에서 보면 일종의 이중간첩이었다는 평가가 많았다. 그러니 검찰을 개혁하겠다고 임명한 법무부 장관과 검찰 전반의 관계가 물과 기름 같은 꼴이었다.

냉정하게 보면 노무현 대통령 시절에도 마찬가지였다. 판사 출신인 강금실 법무부 장관 또한 검찰 내부를 파악하기엔 역부족이었고, 당시 검찰국 국장이던 임채진에게 의존할 수밖에 없었다. 임채진은 나중에 노무현 정부의 마지막 검찰총장으로 임명되었는데, 이명박 정부 초기까지 총장직을 수행하면서 졸지에 자신을 임명한 대통령을 자신이 수사해야 하는 상황에 놓이게 되었다. 이렇게 되었을 경우 보통은 자리에서 물러나는 게 도리지만 임채진 총장은 그러지 않았다.

결국 노무현 대통령은 2009년 4월 30일 검찰에 소환되었다. 당시 이인규 중앙수사부장을 비롯해 우병우, 이기동 검사 등은 노무현 대통령에게 모욕까지 주면서 수사를 이어갔다. 이후 임채진 총장은 구속 기소를 하든 불구속 기소를 하든 확실하게 결정을 내렸어야 했는데, 그조차도 하지 못했다. 총장으로서 자기가 결정해야 할 사항을 미룬 채 검사장급 간부들에게 구속 여부에 대한 설문조사를 벌였다. 검찰 세계에서 이런 일이 또 있을까 싶을 만큼 황당한 일이었다. 불구속 기소 의견이 대다수 나왔는데, 이걸 또 이명박 대통령 눈치를 보면서 만지작거렸다. 이때가 벌써 5월 23일이었다. 4월 30일에 수사를 시작해놓고는 3주가 넘도록 아무것도 결정하지 못했고, 그사이에 언론은 논두렁에 시계를 버렸네, 마네 하며 피를 말리면서 일국의 대통령이었던 분을 마치 동물원의 동물 취재하듯 했다. 송영길은 차라리 그때 임채진 총장이 노무현 대통령의 구속 여부를 신속히 결정했다면, 최소한 그렇게 돌아가시지 않았을 거라고 지금도 생각한다. 이후 임채진 총장도 자신의 행동을 후회했지만, 그때는 이미 모든 비극이 벌어진 후였고, 되돌릴 수 있는 건 아무것도 없었다. 오죽했으면 임채진 총장의 별명이 '임걱정'이었다고 한다. 결정을 못하고 걱정만 한다고.

송영길은 마지막으로 이 말을 덧붙였다.

"역사에 비유하면 이렇습니다. 만약 태종이 없었다면 세종의 시대가 없었습니다. 태종은 왕자의 난 승리에 결정적 역할을 한 민왕후와 척을 지면서 민무구, 민무질 등 처남들을 숙청하는 등 외척의 발호를 정리했어요. 이런 사전 정리 후에 장자가 아닌 3남인 세종을 후계자로 지정했습니다. 세종이 선정을 베풀고 한글 창제 등 우리 역사에 큰 업적을 남길 수 있었던 것은 결국 태종이 이런 작업을 해놓았기 때문입니다. 검찰을 개혁하려면 누군가 반드시 태종의 역할을 해야만 합니다."

'당 대표 때 송영길은 무엇을 했는가?'라는 질문에 관하여

"당 대표 때 검찰 개혁이나 언론 개혁을 왜 하지 못했는가?"라는 비판을 들을 때가 있다. 대선을 앞둔 당 대표의 가장 중요한 과제는 경선의 성공적 관리와 대선 후보 확정 및 대선 승리일 것이다. 동시에 선거를 떠나서 우리 더불어민주당이 애국적인 중도 보수 세력을 포용해나가야 한다는 생각을 항상 가지고 있었다. 그러기 위해서 가장 먼저 통합의 행보를 보여야 할 필요가 있다고 판단했다. 나는 당 대표가 되자마자 현충원을 방문했다. 김대중 대통령에 이어 이승만, 박정희 대통령의 묘소를 참배했다. 6·25 춘천 전투의 영웅 김종오 장군, 대한민국 해군의 아버지 손원일 제독 묘소와 박은식 상해임시정부 대통령과 신규식 외무총장 등 임시정부 요원들의 묘역 그리고 사병들의 묘에 함께 안장된 채명신 파월 사령관 묘 등에 참배했다. 제복을 입고 국가에 충성하다가 돌아가신 분

들의 묘소 앞에서 더불어민주당이 최선을 다해 더 나은 대한민국을 위해 노력하겠다는 의지를 밝혔다. 많은 합리적 보수층의 환영을 받았다.

부동산 문제 해결을 위한 노력

당 대표가 되자마자 내 앞에는 부동산 문제 해결이라는 엄중한 과제가 놓여 있었다. 지난 서울시장 보궐선거에서 박영선 후보가 오세훈 후보에게 18% 차로 패배하였다. 그 이후 계속 더불어민주당이 서울에서 10% 이상 국민의힘에 밀렸다. 거의 조세 저항에 가까웠다. 서울 지역 호남향우회 간부 모임에 참석한 적이 있다. 20년 더불어민주당만 지지해왔는데 이번 서울시장 보궐선거에서 오세훈 후보를 찍었다고 고백했다. 세금 때문에 분노한 것이다. 이런 상태로 계속 가다가는 대선 승리가 어렵다. 부동산 문제야말로 서울 민심 이반의 핵심이었다. 아파트 값이 올라서 종부세 과세 기준 9억을 적용하면 서울 시내 아파트에 사는 주민 4분의 1이 종부세 대상이었다. 연초에 종부세 고지서를 받아 들고 3월 9일 대통령 선거를 하면 어떻게 되겠는가? 2021년 전체 종부세 세수가 4조 5,000억 원이 넘어갔다. 이중 1가구 1주택자의 종부세 과세 상한액을 6억에서 9억으로 올리는 것은 반드시 필요한 조치였다. 부자 감세라는 비판이 있었다. 그러나 전체 종부세 세입 4조 5,000억 원 중 1가구 1주택자 종부세 세입은 1,956억 원으로 전체 세수의 3.4%에 불과했다. 나머지는 토지 소유자나 다가구 주택자 등에 부과된 세입이다. 1가구 1주택의 종부세 면세 기준을 9억에서 12억으로 올리면 659억 원 정도의 세수가 감소된다. 그러나 국민 입장에서 1가구 1주택에 대한 종부세는 주택 가격이 상승한다 할지라도 주택을 팔지 않는 한 실현되는 소득이 아니기 때문에 세금에 대한 부담이 클 수밖에 없다.

나는 더 나아가 1가구 1주택의 경우에 한해 양도소득세 부과 기준도 9억에서 12억으로 상향 조정해야 한다고 생각했다. 당시 서울 시내 평균 주택 매매 가격이 12억이었다. 양도세를 내고 나면 집을 팔고 다른 집으로 이사 가기 어려울 정도였다. 친문 의원들 모임인 '민주주의 4.0'과 '경제민주화와 평화통일을 위한 국민연대'(민평련)의 신동근, 강병원, 진성준 의원 등 60여 명 의원이 반대 서명을 하며 입장을 표명했다. 청와대도 반대했다. 대통령과 청와대는 정책의 일관성을 강조했다. 참고로 부동산 정책 실패에 관해 문재인 대통령은 지금까지도 제대로 진솔하게 사과한 바가 없다.

나는 분노가 끓었다. 고작 이 정도의 부동산 과세 완화 조정조차 하지 못한다면 대통령 선거는 포기해야 한다고 생각했다. 이런 식으로 소득 주도 성장과 부동산 정책을 주도했으니 민심이 떠난 것이다. 청와대 따라가다 당이 망할지도 모른다는 위기감이 들었다.

정책 의총을 소집했다. 윤호중 원내대표와 박완주 정책위 의장 등은 표결에 부치지 말고 지도부 위임을 받아 조정하자는 타협안을 제시했다. 나는 표결을 주장했다. 부결되면 당 대표를 사임할 각오까지 되어 있었다. 3시간 정도 치열한 난상토론 후에 표결해보니 1가구 1주택 종부세 면

세 기준을 9억에서 11억으로 인상하는 안과 양도세 면세 기준을 9억에서 12억으로 인상하는 두 가지 안 모두 60% 이상 찬성해주었다. 다행스러운 일이었다. 그 이후 부동산 관련 국민권익위 전수 조사에서 의혹이 제기된 12명 의원에 대한 탈당 조치 후 혐의사실 정리 후에 복당이라는 초강수를 두었다. 우상호 동지를 비롯한 많은 의원에게 너무 가슴 아픈 조치였지만 당시 부동산으로 인한 민심 이반이 너무 커서 대통령 선거 승리를 위해서는 뭐라도 해야 했다. 당시는 우리가 집권 여당이라, 그래도 경찰의 공정한 수사를 기대할 수 있었다. 대부분 사안이 경미해서 무혐의 처분을 받을 것이라 생각했다. 우리가 먼저 이렇게 하면 국민의힘 의원들의 부동산 전수 조사 등을 통해 반격이 가능하리라 생각했다.

선거 결과를 보면 이전 서울시장 보궐선거에서 더불어민주당 후보가 18% 차이로 졌지만, 대선에서 이재명 후보는 윤석열 후보와 4.83% 차이밖에 나지 않았다. 이재명 후보와 윤석열 후보의 표 차이가 약 24만 표였는데 서울에서만 윤석열 후보가 약 31만 표 앞섰다.

결국 20대 대선은 지역으로 보면 서울에서의 패배였고, 정책으로 보면 부동산에서의 실패였다. 나 나름대로는 문재인 정부의 부동산 문제를 해결하기 위한 각고의 노력으로 18%의 차이를 4.83%로 줄였다고 자부하지만, 모든 것이 승과 패로 선명하게 나뉘는 선거의 세계에서 이것은 나의 패배이기도 했다.

검찰 개혁과 언론 개혁

조국 전 장관의 문제가 연일 뉴스를 장식했다. 조국 장관도 몇 번 공개 사과를 했지만 논란이 끊이지 않았다. 더불어민주당 대표로서 조국 장관 문제에 대한 대국민 사과 성명을 발표했다. 일부 최고위원과 의원들의 반발도 있었지만 조국의 강을 넘어야 했다. 조국 장관도 SNS를 통해 당 대표의 사과 성명을 잘 수용해주었다.

검찰 개혁과 관련해서는 이낙연 대표 시절 미흡하지만 공수처 법안이 통과되었고 불완전하지만 검경수사권 일부 분리 법안이 통과되었다. 그 이후 바로 소위 '검수완박' 법안을 처리하는 것이 부담스러웠다. 검찰의 반발이 워낙 거세기도 했고, 청와대도 소극적이었던 터라 강하게 밀어붙이기 어려웠다. 언론 개혁과 검찰 개혁을 동시에 하기에는 역풍이 컸다.

김용민 의원과 상의하면서 일단 언론 개혁을 하고 대선에 승리해 이재명 후보가 대통령이 되면 제대로 검찰 개혁을 해보자고 의견을 모았다. 김용민, 김승원, 김영호 의원 등과 함께 언론개혁법안에 매진했다. 그런데 암초가 나타났다. 전국언론노동조합연맹(언론노련)을 비롯해 이부영 선배 같은 분들도 강력히 반대했다. 언론들은 진보 보수를 막론하고 모두 반대에 나섰다. 청와대가 움츠러들었다. 문재인 대통령과 청와대가 반대했다. 이에 영향을 받은 친문 의원들이 의원총회 발언을 통해 앞장서서 반대했다. 그래도 나는 강력히 밀고 나갔다. 결국 이철희 청와대 정무수석이 당 대표실을 방문해 반대 의사를 표명했다. "대표님이 계속 추진하면 국회 통과가 되더라도 대통령이 거부권을 행사할 수 있습니다"라는 협박까지 들어야 했다. 할 테면 해보라고 반발했지만 결국 당내 동력이 만들어지지 못했고, 언론 개혁과 관련한 법안은 끝내 통과되지 못했다. 대선 승리 이후로 미룰 수밖에 없었다.

대통령 경선

대통령 경선이 시작되었다. 경선 중에 대장동 사건이 터졌다. 2021년 8월 31일 〈경기경제신문〉 대표 박종명 기자가 칼럼을 썼다. "이재명 후보님, ㈜화천대유자산관리는 누구 것입니까?"라는 자극적인 제목의 글이었다. 이 글을 〈조선일보〉 등 보수 언론이 대서특필하면서 소위 대장동 사건이 시작되었다. 당내 후보들끼리 치열한 공방이 벌어지면서 불난 집에 기름을 끼얹었다. 나에겐 무엇보다 대선 관리가 중요했다. 이재명 후보를 둘러싼 대장동 논란에 당에서 강력히 반박했디. 부산지축은행 부실 수사에서부터 대장동 문제는 시작되었다. 그 핵심이 윤석열 당시 주임검사와 박영수 변호사임을 지적하고 철저한 수사를 촉구하였다. 이낙연 후보 측이 지속적으로 이 문제를 지적했고 사법 리스크를 강조하며 자신의 지지를 호소하였다.

대선 진행 도중 정세균, 김두관 후보가 이재명 후보 지지를 선언하며 중도 사퇴했다. 정세균 후보와 김두관 후보가 얻은 표를 유효투표로 계산할 것인가가 논란이 되었다. 당헌 당규에 따르면 무효로 처리하게 되어 있다. 이낙연 후보 측은 결선투표 요건인 전체 유효투표의 분모에 집어넣어야 한다고 주장했다.

하지만 이해찬 대표 때 만들어진 특별당규에 따르면 해석상 무효표 처리가 맞는다. 나는 당 대표가 이재명 후보 편을 든다는 오해를 벗기 위해 선거관리위원회 위원장을 이상민 의원으로 임명했다. 이상민 의원은 대표적인 반 이재명 친 이낙연 후보로 분류되는 인사다. 무엇보다 이상민 의원은 고집이 강해 누구 말도 듣지 않는다. 이상민 위원장이 주재하는 선관위에서 만장일치로 무효표로 처리하여 이재명 후보가 과반수 득표를 하였으므로 결선투표 없이 당선을 선언했다. 이낙연 후보 측 반발이 있어 당무위원회를 열어 최종 결정했다. 이낙연 후보 측은 지금도 내가 이재명 후보 편을 들기 위해 결선투표를 못하도록 했다고 오해하고 있다. 본선에 들어갔지만 당력이 하나로 총집결되지 못했다. 앞에서 대선에 관한 소회를 짧게 밝히기도 했지만 사실 대선과 관련한 수많은 논란에 대해선 별도로 책을 한 권 써도 모자랄 지경이다. 그러나 여기서 그모든 과정을 세세하게 이야기하는 것은 너절하다. 그저 나는 더불어민주당 당 대표였을 때 그 역할에 최선을 다했다. 물론 정권 창출을 하지 못한 당 대표이므로 그 책임을 통감한다. 나를 향한 그 모든 비난과 비판을 감수한다. 다만 과거의 평가는 평가대로 엄정하게 하되, 그것에 발목 잡혀 오늘 내가 해야 할 일을 멈추지는 말아야 할 것이다. 그러니 나는 '가슴에 돋는 칼로 슬픔을 자르고' 앞으로 나갈 것이다.

2

수사권과 기소권 그리고 증거 조작

증거를 조작해도 처벌받지 않는 검찰

검찰이 조서를 쓸 때 소위 조서를 '꾸민다'는 말이 통용되고 있다. 생각해보면 조서를 '작성'하는 것이 아니라 '꾸민다'는 말은 이상하다. 많은 문제가 여기서 일어난다. 검사는 어떻게 해서든 기소만 하면 끝이다. 이후에 어떤 책임도 지지 않는다.

검찰 조사를 받다가 왜 그렇게 많은 이들이 스스로 생을 마감할까? 자세한 사정을 모르는 사람들은 '죄가 없으면 왜 죽어?'라고 가볍게 생각하기 마련이다. 하지만 특수부의 수사에 대해 구체적으로 들여다보면 절대 그렇게 쉽게 말할 수 있는 문제가 아니다.

우선 언론에 피의사실을 유포하면서 죄의 유무와 상관없이 사회적·정치적으로 매장된다. 어떠한 사회생활도 할 수 없고, 경제활동은 중단되는데 변호사비는 계속 들어간다. 검찰은 그동안 성실하게 일해온 지난 모든 삶을 부정한다. 특히 공무원들이 이런 상황을 견디기 힘들어한다. 자기가 죽어야 공소권 없음으로 사건을 끝낼 수 있고, 그래야 연금이라도 나오니까 가족을 건사할 수 있다고 생각하는 것이다. 이 와중에 검찰은 죄가 드러나지 않으면 사생활을 캐서 사건과 상관없는 사안을 별건 수사하고 협박한다. 그러다보면 자존감은 무너지고, 정신적 압박은 심해진다.

무섭고 움츠러들고 위축될 수밖에 없다. 심지어 이런 위협은 자신뿐만 아니라 가족에게까지 이어진다. 지금까지도 딸이 공격받고 기소당하는 모습을 지켜봐야 하는 조국의 마음을 누가 감히 헤아릴 수 있을 것인가. 노무현 대통령도 결국 그런 선택을 할 수밖에 없었던 것은 나중에 검찰이 권양숙 여사마저 소환 조사하려 했기 때문일 것이다.

송영길도 자신은 수사하든 소환하든 구속하든 어떻게 하든 상관없지만, 만약 아내 남영신이 소환 조사되는 상황이 벌어진다면 그것만큼은 견디지 못할 것 같다고 말한다. 이렇게 사회적·정치적으로 고립되어서 3년 정도를 수사받다보면 설령 무죄가 나온다 하더라도 인생은 이미 망가질 대로 망가진다. '사법 살인'이라는 말이 결코 과한 표현이라고 할 수 없는 이유다.

이보다 더 큰 문제는 이렇게 무리하게 기소해서 무죄가 나와도, 심지어 증거를 조작하다가 걸려도 검찰은 처벌받지 않거나 솜방망이 처벌에 그친다는 점이다. 처벌받지 않는 수준을 넘어 윤석열 정부 들어와서 이런 조작 검사들이 오히려 국가 요직을 차지하고 있을 정도다.

대표적으로 유우성 간첩 조작 사건이 있다. 북한에서 나고 자란 유우성은 탈북했고, 나중에 탈북민 관련 업무를 맡는 계약직 공무원으로 채용되었다. 그러다 2013년 1월 국가정보원과 검찰은 유우성이 탈북자 정보를 북한에 넘겼다며 간첩 혐의로 기소했다. 이 과정에서 검찰이 제시한 증거인 중국 공문서 3종이 위조되었다는 사실이 드러났다. 이 재판은 1심부터 대법원 판결까지 무려 7년이 걸렸다. 그동안 유우성의 삶은 얼마나 지옥 같았을까? 이 증거 조작에 연루된 이시원 검사는 당시에도 고작 정직 1개월에 그쳤고, 현재는 공직기강비서관에 임명됐다. 증거 조작과 공직 기강 사이의 간극은 아득해서 무참하다.

윤석열 정부 들어 부로 승격된 국가보훈부의 박민식 장관에게도 비슷한 의혹이 있다. 그는 2006년 특수부 검사 시절 이른바 '김홍수 게이트'라 불렸던 금품 수수 사건을 맡은 바 있다. 당시 정덕구 의원의 보좌관이었던 김남기를 구속했다. 김남기에게 돈을 건넸다는 김홍수의 진술과 함께 그 증거로 김홍수의 다이어리를 제출했는데, 재판 과정에서 다이어리가 조작된 것임이 드러났다. 이 다이어리에는 3개월간 언제 어디서 돈을 줬는지에 대한 기록이 있었는데, 여기에 기록된 9건 중 8건의 경우 그 장소에 김홍수가 없거나, 김남기가 없었다. 심지어 어떤 날은 김남기의 회사에서 단체로 엠티를 간 적도 있었다. 물리적으로 만남이 불가능한 날에 돈을 건넸다고 기록된 것이다. 김남기는 결국 무죄판결을 받았다. 박민식은 청문회에서 이에 대해 "송구스럽다"고 말했고, 아무런 문제 없이 장관으로 임명되었다. 재판을 받던 5년간 김남기의 인생이 온통 무너졌음은 말할 것도 없다.

이런 증거 조작과 사법 살인의 원인도 따져보면 결국 특수부 검사들이 수사권과 기소권을 모두 가지는 데 있다. 특수부 검사들은 애초에 수사를 자기가 시작하기 때문에 증거를 조작해서라도 구속 기소를 하지 못하면 문책당하기도 하고, 체면이 망가진다. 그러니 무슨 수를 쓰든 반드시 피의자를 얽어매야만 한다. 우리나라 형사소송법은 증거재판주의를 채택하고 있다. 즉 '합리적 의심을 넘어서는Beyond a Reasonable Doubt' 증거가 있어야 한다. 합리적 의심에 침묵을 명할 정도의 증명력 있는 증거가 있어야 유죄를 인정한다. 그렇지 않으면 증거 불충분으로 무죄이다. 그래서 '의심스러울 때는 피고인의 이익으로in dubio pro reo'라는 원칙을 지켜야 한다. 그런데 검사들은 김용 전 검사를 무혐의 처분한 것처럼 검사 출신 피의자이거나 자신들이 봐줘야 할 사람들에게는 철저히 이 원칙을 적용하고, 자신들이 잡아야 할 대상에 대해서는 '의심스러울 때는 검사의 이익으로' 결정한다.

예전 군사독재 시절에도 국회 본회의나 법사위원회에서 국회의원들이 법무부 장관을 상대로 특정 사건에 대해 질의를 하면 법무부 장관은 "담당 검사가 법과 원칙에 따라 수사할 것으로 믿고 있습니다"라고 답했다. 이게 일종의 모범 답안인 셈이다. 윤석열 대통령과 한동훈 법무부 장관은 무죄추정의 원칙을 무시하고 송영길, 이재명 등 더불어민주당 전·현직 대표를 유죄추정의 원칙으로 대하고 있다. 거의 국민의힘 대변인 수준이다. 정치적 중립 의무는 온데간데없고 정치적 사건에 대해 일일이 발언하며 공방을 벌인다. 노골적으로 헌법을 무시하는 행위이다.

장관이 이럴진대 그 아래의 검사들이 가만히 있을 리 만무하다. 현재 서울중앙지검 반부패수사 1부와 3부는 이재명 대표 사건에, 2부는 송영길 전 대표 사건에 올인하고 있다. 이렇게 세상을 떠들썩하게 만들어놓았으니, 만약 무죄판결이라도 나면 검찰 조직 자체가 얼마나 문제가 많은 집단인지 만천하에 드러나게 될 것이다. 반부패수사2부 검사 14명이 전부 이 사건에 달라붙어 있는 이유다. 일례로 지난 4월에 검찰은 송영길이 속한 단체인 '평화와 먹고사는 문제 연구소'를 압수수색해 회계 장부를 다 가져갔다. 거기에는 여수 상공회의소로부터 얼마를 후원받았는지에 관한 내용이 진부 나와 있고, 관련하여 영수증 처리도 이미 다 해놓은 상태였다. 당연히 검찰은 아무런 문제를 발견하지 못했다. 그러나 지난 7월 25일 송영길이 윤석열 대통령을 서울중앙지검에 고발한 바로 다음 날 갑자기 버스 두 대에 가득 찰 정도의 검사와 수사관들이 여수 상공회의소 등으로 몰려가 10여 군데를 동시에 압수수색 하며 소란을 떨었다. 검찰은 '송영길의 아는 형님의 어머니' 집까지도 탈탈 털었다.

송영길이 얼른 자신을 소환하길 바라고, 얼른 이 사건이 결론 나길 바라는 이유가 여기에 있다. 주위 사람들이 더 이상 고초를 겪지 않을 수 있고, 동시에 검찰의 문제와 비리와 권력 남용과 정치 수사의 부당함을 널리 알릴 수 있는 결정적인 계기가 될 수 있기 때문이다. 반격의 시간이 점점 다가오고 있다.

다만 이런 사안과 별개로 윤석열 대통령이 검사 본연의 업무를 충실히 이행하는 사람들이 아니라, 조작하고 사고치고 정치 수사하는 검사를 중용하는 것에는 억장이 무너진다. 정부의 검찰 조작 수사에 대한 용인과 암묵적 지지는 앞으로 더 심하고 지속적인 조작을 야기할 수밖에 없다.

'검수완박'은 왜 유명무실해졌나

검찰의 이런 문제를 해결하기 위한 대표적인 법안이 '검수완박'이다. 검수완박이란 '검찰 수사권 완전 박탈'의 줄임말로, 검찰의 수사권을 박탈하고 경찰 등 다른 기관이 수사를 대신하는 것을 뜻한다. 보통 일반적인 형사사건은 경찰의 수사 → 검찰의 기소 → 판사의 판결로 이뤄진다. 하지만 특수부가 경찰보다 더 많은 수사 권한을 가지면서 그 자체로도 문제가 많았지만, 경찰이 검찰을 견제하기도 어려웠다.

2021년, 문재인 정부와 이낙연 당 대표 시절 통과된 검경 수사 분리에 관한 법은 검찰의 수사 대상을 6대 범죄(부패·경제·공직자·

선거·방위 사업·대형 참사)로만 제한했는데, 이 범위가 모호해 전과 차이가 없다는 지적이 나왔다. 이에 검찰의 수사권을 완전히 박탈하자는 내용이 논의되었다.

이 검수완박을 둘러싸고 국민의힘에서는 합의를 했다가 사흘 만에 뒤집는 등 여러 우여곡절이 있었다. 결국 더불어민주당에서 검수완박 법안을 통과시키긴 했지만, 법무부는 검찰 수사 범위를 다시 늘렸다. 최종 통과된 법안이 수사권을 완전히 박탈한 것도 아니었다. 부패와 경제 관련 범죄는 검찰의 수사가 가능한데 최대한 많은 종류의 범죄를 여기에 집어넣으려고 한 것이다. 예를 들어 원래 '공직자·선거' 범죄에 해당했던 일부 범죄를 '부패'에 옮겨 넣겠다고 하는 식이다.

윤석열 대통령 취임 이후 법무부는 한동훈 장관 주도하에 인지 수사 복원, 전문 수사 부서 기능 강화 등의 검찰 조직 개편안을 마련했다. 윤석열 대통령은 문재인 정부가 검찰 부서 축소에만 치중해 민생 범죄의 효율적인 대응이 어려워지는 등 비정상화된 검찰 기능을 회복하기 위해서라고 말했지만, 사실상 검수완박 뒤집기에 불과했다. 이어 한동훈 장관은 검사의 수사 개시 범위를 늘리는 등의 행위를 반복하고 있는데, 시행령으로 법을 무력화하는 꼴이다.

이 문제를 역사적으로 보면 해방 직후인 1954년 형사소송법 제정 당시로 거슬러 올라간다. 일제강점기 시절부터 활개를 치던 순사들이 상당수 경찰이 되면서 경찰이 너무 많은 권한을 가지고 있었고,

그 악명과 잔재도 여전히 강하게 남아 있었다. 이런 맥락에서 경찰을 견제하기 위해 검찰에게 수사권을 주기로 한 것이다. 그로부터 약 70년이 지난 지금, 대한민국 검찰은 너무나 막강해졌다. 그러므로 이제는 검찰로부터 수사권을 회수해 권력 기관들이 민주주의의 본래 원리인 견제와 균형을 맞출 필요가 있다. 결정적으로 헌법재판소에서도 검찰의 수사권이 헌법상 권한이라는 법무부 주장을 기각한 바 있다.

하지만 법무부는 이른바 검수원복(검찰 수사권 원상 복구)으로 불리는 시행령 개정을 통해 축소된 검찰의 수사 권한을 복원하는 작업을 지속적으로 해왔다. 최근에도 사실상 경찰이 전담하던 보완 수사·재수사를 검찰에서도 일부 할 수 있도록 바꾸는 입법 개정을 예고했다. 그렇게 검찰의 권한은 계속 늘어나고 있고 검찰 독재 정권의 힘은 한계를 모른 채 계속 비대해져가고 있다.

3

검찰 개혁, 어떻게 할 것인가

이렇게 거대해진 검찰을 개혁하려면 법과 제도, 시스템 그리고 사람을 모두 손봐야 한다. 물론 지금 같은 상황에서 윤석열 정부가 검찰을 개혁하고, 검찰의 권한을 축소할 리 만무하다. 하지만 좀 더 나은 대한민국을 위해, 언젠가 더불어민주당이 집권할 때를 대비해 검찰을 어떻게 개혁할 수 있을지를 고민하고 그 대안을 마련하는 일은 중요하다.

검찰 개혁을 위한 제도

검찰 개혁의 첫 번째 과제는 역시 수사권과 기소권을 분리하는 것인데, 만약 검찰의 반발이 심하면 검찰을 둘로 쪼개는 방법을 고민해볼 수 있다. 검찰 내에 칸막이를 만들어 한쪽은 수사, 한쪽은 기소만 담당할 수 있도록 하는 식이다.

두 번째로 형사소송법 개정을 통해 법원의 재정신청제도를 정비해야 한다. 현재 99%에 달하는 재정신청 기각률을 낮추기 위해선 재정신청 전담 재판부가 있어야 한다. 검사가 불기소처분을 할 경우 법원에 공소 제기를 해달라고 청구하는 것이 재정신청제도이다. 따라서 재정신청이 인용되어 부심판(재판에 회부) 결정을 할 경우 당연히 공소 유지를 담당할 검사는 변호사 중에서 지정하여야 한다. 그것이 금반언의 원칙(자기가 한 말을 뒤집을 수 없는 원칙)에 부합한다.

지금처럼 검찰이 불기소처분한 사건을 재정신청제도를 통해 다시 검사에게 기소를 명하면 검사는 일종의 자기모순에 빠진다. 임은정 검사의 말처럼 억지 춘향으로 기소하게 되는 만큼 사건에 제대로 임할 가능성이 높지 않다. 예전 부천경찰서 성고문 피의자 문귀동 형사에 대한 기소유예 처분에 대해 피해자가 재정신청을 하자 법원이 이를 인용하면서 공소 유지 검사로 조영황 변호사를 지정했던 것처럼 예전 절차를 원상회복시켜야 한다.

세 번째로는 법조일원화를 강화하는 방법을 고려해볼 수 있다. 대법관이나 검찰 인사를 꼭 판사와 검사 중에서만 뽑는 것이 아니라 일반 변호사 출신 중에서도 좋은 사람이 있다면 발탁해서 검사장, 검찰총장으로 임명하는 것이다. 이렇게 판사, 검사, 변호사를 일원화하면 인재 풀을 늘릴 수 있다는 장점이 있을 뿐 아니라, 검찰이라는 고여 있는 조직에 일종의 메기 효과를 기대할 수 있다. 지금도 법조일원화가 법적으로 가능하지만 인사권자가 이를 적극 활용하지 못하고 있다.

네 번째로 공수처의 기능을 다시 살려야 한다. 송영길은 공수처에 대해 호랑이를 그리라고 했더니 고양이를 그려놓은 꼴이라고 본다. 공수처의 '공'이 '公'(공평할 공)이 아니라 '空'(빌 공) 자가 아니냐는 지적이 나올 정도다.

우선 공수처 인력이 너무 부족하다. 전국에 검사가 무려 2,500명인데 고작 25명의 공수처 검사만으로 검찰을 포함한 모든 고위공직자를 견제하는 것 자체가 불가능에 가깝다. 공수처 정원은 85명이다. 검사 25명, 수사관 40명, 행정직원 20명으로 구성된다. 2023년 3월 9일 기준 공수처 검사는 23명이다. 정원보다 2명 적다. 수사관도 38명으로 정원에 못 미친다. 행정직원 역시 19명이 일하고 있다. 지금의 직원 수는 2022년 하반기 이후에야 본격적으로 채워졌다. 첫 채용부터 정원 미달이었다. 공수처는 출범 이후 한 번도 정원을 채운 적이 없다. 일개 지청보다 못한 인원이니 힘이 생길 수가 없다.

공수처가 반드시 필요한 이유가 있다. 보통 경찰이 검사들의 불법 행위나 비리 행위를 수사하려고 압수수색 영장을 신청해도 검사가 법원에 청구해주지 않는 경우가 비일비재하기 때문이다. 압수수색은 신청과 청구와 발부의 주체가 다 다른데, 이것이 경찰이 검사들의 불법 행위를 수사하는 경우 명백한 한계를 부른다. 대표적으로 용산 세무서장 출신 윤우진 사건을 들 수 있다. 윤우진 서장은 윤석열 총장이 아끼던 후배 윤대진 검사의 친형이다. 당시 윤석열은 대윤, 윤대진은 소윤이라고 불렸고, 서로 자주 어울렸다. 윤우진 서장은 축산업자 등으로부터 2억 원의 뇌물을 받은 혐의가 있다. 또한 송영길이 인천시장 시절 인천국제공항 옆에 있는 스카이72 골프장에서 윤석열 검사 등과 자주 접대 골프를 쳤다는 의혹이 컸다. 그래서 경찰은 이에 대한 증거 확보를 위해 스카이72 골프장에 대해 6차례 압수수색 영장을 신청했으나 검찰이 모두 기각했다. 윤우진 서장은 경찰 수사가 좁혀오자 윤석열 검사에게 도움을 요청했고 윤석열 검사는 자신이 잘 알던 이남석 변호사를 소개해주었다. 이는 변호사 법 위반과 직권남용에 해당한다. 그런데 검찰총장 인사청문회에서 그런 적이 없다고 거짓말했다. 〈뉴스타파〉에서 녹취록 등이 보도되자 나중에 사실을 인정했다. 윤석열 총장 후보자의 인사청문회 위증 등에 대해 고발했으나 다 무혐의 처분되었다. 2012년 8월 윤우진은 현직 세무서장 신분임에도 외국으로 도피했다. 8개월 뒤 태국에서 붙잡혀 국내로 송환되었지만 경찰의 구속영장 신청을 또 검찰이 기각하여 풀려났다. 황당한 일이었다.

더불어민주당은 이렇게 문제 많고, 하자 많은 윤석열 후보를 감싸면서 결국 인사청문회를 통과시켰다. 더불어민주당에서 윤석열 총장 임명을 공개적으로 반대했던 사람은 금태섭 의원이 유일했다. 윤석열 총장은 사람에 충성하지 않고 조직에 충성한다고 말했다. 송영길은 조직에 충성하는 건 그저 조직폭력배일 뿐이라고 생각한다. 공직자가 충성해야 할 것은 조직이 아니라 국민이고, 헌법이어야 한다. 윤우진 사건이 일어났을 때 경찰의 압수수색 신청이 바로 받아들여졌다면 아마 많은 것이 지금과 달라졌을지도 모른다. 공수처가 이런 역할을 해야 한다. 우리나라 경찰이 자신감을 가지고 공수처에 검사의 비리 행위를 청구하는 관행이 만들어져야 한다. 송영길은 지금의 공수처를 보면서 '악마는 디테일에 있다'는 말을 떠올린다.

공수처에 대해서는 제도적 정비도 필요하지만, 공수처장으로 어떤 사람을 앉히느냐도 매우 중요하다. 송영길은 뛰어난 사람을 알아보고, 그들을 대우하고 영입해서 맞는 자리에 앉히는 것이야말로 결국 정치하는 사람의 역할이라고 생각한다. 법과 제도, 사람 그리고 정치, 이 모든 것들이 제대로 맞물려 돌아갈 때 비로소 공수처는 제 본연의 임무를 다할 수 있을 것이다.

마지막으로 국민참여재판제도를 강화하는 방향을 고려할 수 있다. 미국의 경우 형사사건에서 대배심을 둔다. 대배심이란 피의자를 기소하기 위해서 시민 가운데 무작위로 선발한 집단을 말하는데, 정부의 기소재량권 남용을 제한하기 위한 방편으로 볼 수 있다. 20명 정도로 구성되는데 그중 12명 이상이 찬성해야 기소가 가능하다.

또 미국의 사법제도를 보면 판사와 검사를 선출을 통해 뽑는다. 권력에 대한 철저한 견제 제도가 마련되어 있는 셈이다. 송영길은 우리나라가 미국처럼 판검사를 선출하는 것까진 아니더라도 주요한 사건에는 이런 배심제도를 도입하는 것이 옳다고 본다. 재판 과정에도 국민참여재판 비율을 늘려 판사에 의해 모든 것이 결정되는 것도 막아야 한다는 입장이다. 사법고시에 합격했다는 이유만으로 이렇게 많은 권력을 주는 나라도 없다. 이 국민참여재판제도는 권력의 마지막 감시자는 결국 국민임을 잘 보여준다.

아마 지금까지 언급한 제도 중에서 윤석열 정권하에서 이뤄질 수 있는 것은 단 하나도 없을 것이다. 하지만 우리는 거시적인 시야를 가지고 느리더라도 점진적인 변화를 도모해야 한다. 제도와 법을 통해 검찰을 어떻게 변화시킬지에 대해 고민하지 않는다면 우리 앞에 놓인 검찰 독재 정권과의 싸움에서 이긴다 한들 검찰은 여전히 권력을 쥔 채 같은 방식으로 권력을 남용하고 국민을 옥죌 것이다.

지금, 여기서 할 수 있는 일

물론 지금 당장 할 수 있고, 또 해야 하는 일도 있다. 첫 번째로는 더불어민주당이 할 일이다. 현재 더불어민주당이 시행할 수 있는 가장 강력한 무기는 뭐니 뭐니 해도 검사의 탄핵소추일 것이다. 국회 탄핵소추안은 재적의원의 3분의 1, 즉 국회의원 300명 중 100명이 동의하면 발의할 수 있고, 재적의원의 과반수인 151명이 동의하면 의결된다. 탄핵소추안이 의결되면 그 순간부터 검사는 헌법재판소에서 결정을 내릴 때까지 직무가 정지된다. 만약 헌법재판소에서 탄핵 결정이 나면 그 검사는 연금이 50% 감해지고, 5년 동안 공무원이 될 수 없으며, 변호사 법에 따라 5년 간 변호사 일도 할 수 없다. 비리 행위를 한 검사에 대해 이런 분명한 심판이 필요하다.

송영길은 필요할 때마다 국회가 탄핵소추를 해야 한다고 강력하게 주장한다. 지금 상황은 검사가 무서워서 법원도 눈치 보고, 국회의장도 눈치 본다. 다른 행정 각 부는 말할 것도 없다. 감사원장도 검찰총장이 파견한 사람이 돼서 감사원을 대통령의 종속 기관으로 만들었고, 국민권익위원장도 검사 출신인 김홍일이다. 이런 식으로 모든 헌법기관의 자율성이 무너지고 검사의 통제 안에 들어가 있는 상태에서 탄핵소추는 거의 유일하게 검찰 공화국을 견제할 수 있는 제도이다.

현재 검사징계법상 검사의 최대 징계는 면직이다. 검사가 아무리 큰 잘못을 저질러도 파면을 시킬 수 없다는 뜻이다. 이에 더불어민주당 김용민 의원은 유우성 서울시 공무원 간첩 조작 사건과 관련해 보복 기소한 안동완 수원지방검찰청 안양지청 차장검사의 탄핵소추안을 작성해 더불어민주당 의원들의 동의를 받았고, 2023년 9월 21일 안동완의 탄핵소추안을 발의해 국회에서 통과되었다.

송영길은 파리에서 돌아와 검찰과 투쟁을 선언하면서부터 헌법과 법률을 위반한 검사의 탄핵소추를 주장했다. 김용민 의원이 발의한 탄핵소추안은 처음에는 서명한 의원이 10여 명에 불과하였다. 하지만 김용민 의원 같은 뜻있는 의원들이 많은 노력을 기울였고, 송영길도 기성 언론이나 유튜브를 통해 인터뷰하고 개별 전화 등을 돌리며 총력을 다했다. 결국 서명한 의원들의 숫자가 60여 명까지 늘어났다. 이후에도 송영길은 민주당의 혁신은 불체포특권 포기가 아니라 헌정사상 최초의 헌법과 법률을 위한 검사 탄핵소추임을 강조했다. 이재명 대표가 단식을 시작했을 때도 그 의미가 검사 탄핵소추라는 것을 알리는데 매진하면서, 마침내 서명한 의원이 100명이 넘게 되었다. 탄핵소추안이 의결된 날 송영길은 눈물을 흘릴 정도로 기뻤다. 더불어민주당이 헌정 사상 최초의 검사 탄핵소추를 이뤄낸 것이다.

사실 안동완 이전까지 탄핵된 검사가 단 한 명도 없었다는 것만 봐도 검찰의 권력이 얼마나 강한지, 의원들이 얼마나 검찰의 눈치를 보고 있는지 너무나 명확하게 알 수 있다. 헌법과 법률을 위반한 검사에 대한 탄핵소추는 국회에 부여된 당위적인 헌법적 의무다. 그러한 의무를 지금까지 이행하지 않았다는 건 의원들이 자신의 책임을 다하지 않았다는 의미이기도 하다. 168석을 가지고 있는 와중에도 그렇게 두들겨 맞으면서 어퍼컷 한 번 못 날리는 야당이라면 그 누구도 더불어민주당을 지지하려 하지 않을 것이다. 비록 더불어민주당을 탈당했지만, 여전히 선당후사의 마음으로 살아가는 송영길 또한 여기서 멈추지 않고 검찰청 앞 릴레이 국민 농성 등 자신의 위치에서 자신만의 방식으로 투쟁을 전개하고 있다. 이를 통해 더 많은 비리 검사들의 탄핵 소추안 발의를 위해 이끌어 내기 위해서이다.

송영길은 앞으로 세 명의 검사를 더 탄핵해야 한다고 주장한다. 첫 번째 검사는 손준성이다. 그는 윤석열 대통령이 검찰총장 시절 수사정보담당관으로 윤석열 장모 사건 대응 문건을 주도했고, 선거를 앞두고는 유시민 작가, 최강욱 의원 등 야당 인사에 대한 고발장을 작성해 자신의 연수원 동기인 김웅 당시 국민의힘 국회의원 후보에게 전달한 고발 사주 의혹이 있다. 현재 공수처에 기소되어 재판을 받고 있는데, 윤석열 대통령은 이렇게 기소되어 재판받고 있는 검사를 징계하기는커녕 오히려 검사장으로 승진시켰다. 그런 만큼 이제 국회에서 손준성 검사를 탄핵소추하여 직무를 정지시키고 법의 엄정함을 보일 필요가 있다.

두 번째 검사는 엄희준이다. 그는 조국 장관 수사를 주도했던 인물이자, 한명숙 총리를 잡아넣기 위해 모해위증교사를 저지른 혐의가 있다. 한명숙 총리에게 정치자금을 건넸다고 말했던 한만호 사장이 법정에서 실은 돈을 주지 않았다고 진술을 번복하니 한만호 사장을 억압하기 위해 한만호 사장과 관련된 인물인 H 씨와 그의 자녀 및 조카를 압박했으며, 한만호 사장과 같은 제소자인 보험 사기범 김 모 씨와 마약사범 최 모 씨를 정보원으로 활용해 진술을 조작하고 사실상 증거 조작을 했던 중심인물이다. 엄희준 검사에 대한 범죄행위는 임은정 검사의 저서에도 자세히 기술되어 있는데, 임은정 검사가 대검

감찰관으로 있을 때 엄희준 검사에 대한 증거 조작과 위증 교사 흔적을 발견하고 기소하려고 하였으나 검찰총장이었던 윤석열이 임은정 검사에 대해 직무 이전 명령을 내림으로써 수사 권한과 기소 권한을 빼앗고 다른 검사들이 모여 사건 기록도 제대로 읽어보지 않고 무혐의 결정을 내렸다. 따라서 엄희준 검사에 대한 탄핵소추를 통해 그가 저지른 범죄행위를 명백하게 드러내어, 국회로부터, 헌재로부터 그리고 국민으로부터 심판받게 만들어야 한다.

마지막으로 한동훈 장관이다. 한동훈 장관은 자신은 물론 처가, 딸 등과 관련해서도 수많은 범죄 의혹에 휩싸여있다. 그걸 차치하고서라도 장관이 된 이후로 국무위원의 정치적 중립 의무를 노골적으로 위반하였을 뿐 아니라 피의사실공표 등을 자행했다. 또한 법무부 장관은 개별 사건에 대한 지휘 감독의 권한이 없다. 법무부 장관은 오로지 검찰총장을 통해서만 지휘할 수 있다. 하지만 한동훈 장관은 직접적으로 사건에 개입했다는 수많은 정황이 있으며, 무죄추정의 원칙을 수시로 위반하고 있으므로 국무위원의 자격이 없다고 보아야 할 것이다. 한동훈 장관을 탄핵소추하게 되면 한동훈 장관은 헌법재판소의 결정이 날 때까지 기다리는 것 말고 할 수 있는 것이 없다. 2024년에 있을 총선에 출마할 수 없고, 개입할 수 없으며, 검찰권 행사를 통해 국민의힘을 편들 수도 없다. 공정한 총선을 위한 환경을 조성하기 위해서라도 한동훈 장관 탄핵소추는 반드시 필요한 일이다. 게다가 검사들 사이에서도 한동훈·윤석열에 대한 불만이 쌓이고 있다. 이들은 2,500명의 검사 전체를 공정하게 관리하지 않는다. 오로지 자기 패거리들, 윤핵관들, 특수부 검사들만 밀어주고 끌어주고 챙겨주면서 이들로 거의 모든 국가 요직을 채우고 있다. 이런 행위가 마치 암세포처럼 검찰의 정상적 기능을 저해하고 있다는 공감대가 검사들 사이에서도 번지고 있는 만큼 한동훈 장관을 탄핵소추하면 수많은 검사들의 지지와 응원이 함께 할 것이다.

탄핵소추가 아니라 법 개정을 주장하는 이들도 있는데, 설령 개정안이 패스트트랙(신속 처리 안건)으로 지정되어도 심사에 6개월 이상 걸리고, 현재 법제사법위원장이 국민의힘 김도읍 의원이기 때문에 받아들여질 가능성이 거의 없다. 설령 법을 만들어도 소위 '차관 정치', '시행령 정치'가 판치는 만큼 실제로 유효할지도 의문이다. 그래서 탄핵소추의 중요성이 더욱 크다. 또 상징적인 의미도 있는데, 이렇게 탄핵소추를 계속 이뤄내야, 검사도 잘못하면 이런 일을 겪을 수 있음을 깨닫게 된다. 검사들이 대통령민 쳐다보면서 충성하는 게 아니라 국민을 쳐다보며 충성하게 만들어야 한다.

검사 출신인 조응천 의원 같은 경우 검사 탄핵이 현실적으로 가능하겠느냐며 부정적 반응을 보이는데, 이런 말이야말로 더불어민주당을 죽이는 말이다. '지금은 때가 아니다'란 말처럼 무기력한 말이 없다. 무능한 의원들이 언제나 어떤 경우에나 써먹는 좋은 핑계일 뿐이다. '지금은 윤석열 정권과 싸울 때가 아니다', '지금은 탄핵소추할 때가 아니다' 등등의 말로 중요한 결정을 회피하는 자들에게 송영길은 '그렇다면 지금 당신은 의원 자리에 앉아 있을 때가 아니다'라는 말을 해주고 싶다. 지금 하지 못하면 앞으로도 영원히 하지 못한다.

이재명 대표도 마음을 굳게 먹고 의총을 열어 남은 검사 3인의 탄핵소추도 당론으로 삼아서 돌파해야 한다. 손뼉도 마주쳐야 소리가 나는 법이다. 더불어민주당 내에서의 적극적인 지지와 동참이 반드시 필요하다.

송영길은 국민의힘 의원들께도 호소한다. 이것은 여와 야의 문제가 아니라 비대해진 권력을 무기로 입법부를 마음대로 주무르며 헌법을 유린하는 검찰 독재와 입법부의 싸움임을 자각해야 한다. 부디 대통령을 보지 말고 헌법을 보시라. 권력에 붙지 말고 국민에게 붙으시라. 지금 한동훈 장관이 국회에서 하는 발언을 들으면 그야말로 국회를 무시하고 있다. 군사독재 정권에서도 저렇게 오만한 이는 없었다. 법무부 장관은 특정 사건에 대해 수사를 지휘할 수 없고, 무죄추정의 원칙을 지켜야 한다. 개별 사건에 대해 견해를 밝히는 것 자체가 헌법 위반이다. 아무리 여당이라고 해도 이런 행태를 두고만 보아서야 되겠는가. 개인의 영달과 입신양명을 위해서가 아니라 국민의 뜻을 받들기 위해 국회의원이 된 것이라면 이 싸움에 동참하지 않을 이유가 없다. 외부의 적이 있으면 내부의 구성원은 하나로 뭉치기 마련이다. 국민의힘 의원들의 적은 더불어민주당이 아니라, 검찰 독재여야 한다.

송영길은 두 번째로 검사가 할 일을 꼽는다. 검찰 내부에서도 분명 자성의 목소리가 있다. 그들 사이에서 이제 좋은 시절은 다 지나갔다는 자조 섞인 이야기가 나오고, 윤석열 정권이 끝나면 누가 대통령이 되든 검찰 조직은 이제 완전히 환골탈태할 수밖에 없다는 사실도 알고 있다. 윤석열의 하수인 같은 검사들만 부각되면서 문제가 도드라져 보일 뿐이지, 분명 검사 중에서도 의롭고 정의로운 사람들도 많다. 그들 스스로 목소리를 내야 한다. 임은정 검사는 자신의 저서 《계속 가보겠습니다》에서 자신을 향한 수많은 핍박에도 검찰을 그만두지 않는 이유는 역사에 흔적을 남기기 위해서라고 말한다. 그런 검사들이 더 많아져야 한다.

송영길은 사법연수원에 있던 시절 사법 연수지 편집장을 맡아 일했다. 당시 서울지검 공안부장 장윤석 주임검사가 김영삼 정권하에서 12·12 쿠데타에 대해 '성공한 쿠데타는 처벌할 수 없다'는 논리로 기소유예 처분을 내렸다. 그때 송영길은 검찰의 불기소처분에 대해 강력히 항의하며 연수원생들을 상대로 시명운동을 벌였다. 연수원 교수들은 서명하지 못하도록 압력을 넣으며 은근히 법관, 검사 임용에 불이익이 생길 것이라는 암시를 주기도 했다.

그때 송영길은 연수원생으로서 익명성이 보장되는 서명도 두려워서 하지 못한다면 판검사가 되어 자신의 이름으로 공소장과 판결문을 쓰는 일은 더욱 어려워질 것이라고 강조했다. 그리고 이렇게 주장했다.

"여러분이 판검사가 되면 단독 관청으로서의 검사, 독립된 헌법기관으로서의 판사 신분으로 헌법과 법률, 양심에 기초하여 외로운 결정을 내려야 한다. 연수원 형사소송 시험에 12·12 쿠데타 관련 문제가 나왔을 때 여러분은 불기소처분이라는 결정을 내릴 수 있겠는가?"

당시 교수들의 압력에도 굴하지 않고 서명해 동참한 많은 연수원생들이 있었다. 송영길은 지금 이 나라에 남아 있는 정의로운 검사들에게 같은 말을 하고 싶다. 검사 개개인이 바뀌지 않으면 이 조직은 결코 바뀌지 않는다.

마지막으로 국민이 해야 할 일이다. 국민에게는 저항권이 있다. 헌법이 부여한 정당한 저항권과 방어권을 총동원해서 스스로 싸워내고 스스로 연대해나가야 한다. 이제 야인이 된 송영길도 모든 것을 걸고 선두에 서서 함께 싸우고자 한다. 송영길에게는 여전히 문재인 정부 때 검찰 개혁을 제대로 이뤄내지 못한 데 대한 죄송함이 있다. 다만 윤석열 검찰 독재 정권이 들어서면서 검찰이란 존재가 무엇인지에 대해 모든 국민이 피부로 실감하게 되었다는 것이 한편으로는 절망이지만 동시에 기회라고 생각한다. 그들의 후안무치한 태도는 검찰 조직 개혁의 필요성에 대한 국민적 공감대로 이어졌다. 송영길에겐 변호사로서의 법률가적 지식과 정치 경험이라는 양날의 칼이 있다. 이 칼을 국민들이 굳건히 쥔다면, 그래서 송영길이라는 칼을 제대로 휘두른다면, 수사권과 기소권의 견제 균형을 만들어내고, 기소독점주의와 기소편의주의를 통제할 수 있는 제도를 마련하는 것도 결코 꿈은 아니다. 송영길은 기꺼이 그럴 각오가 되어 있다.

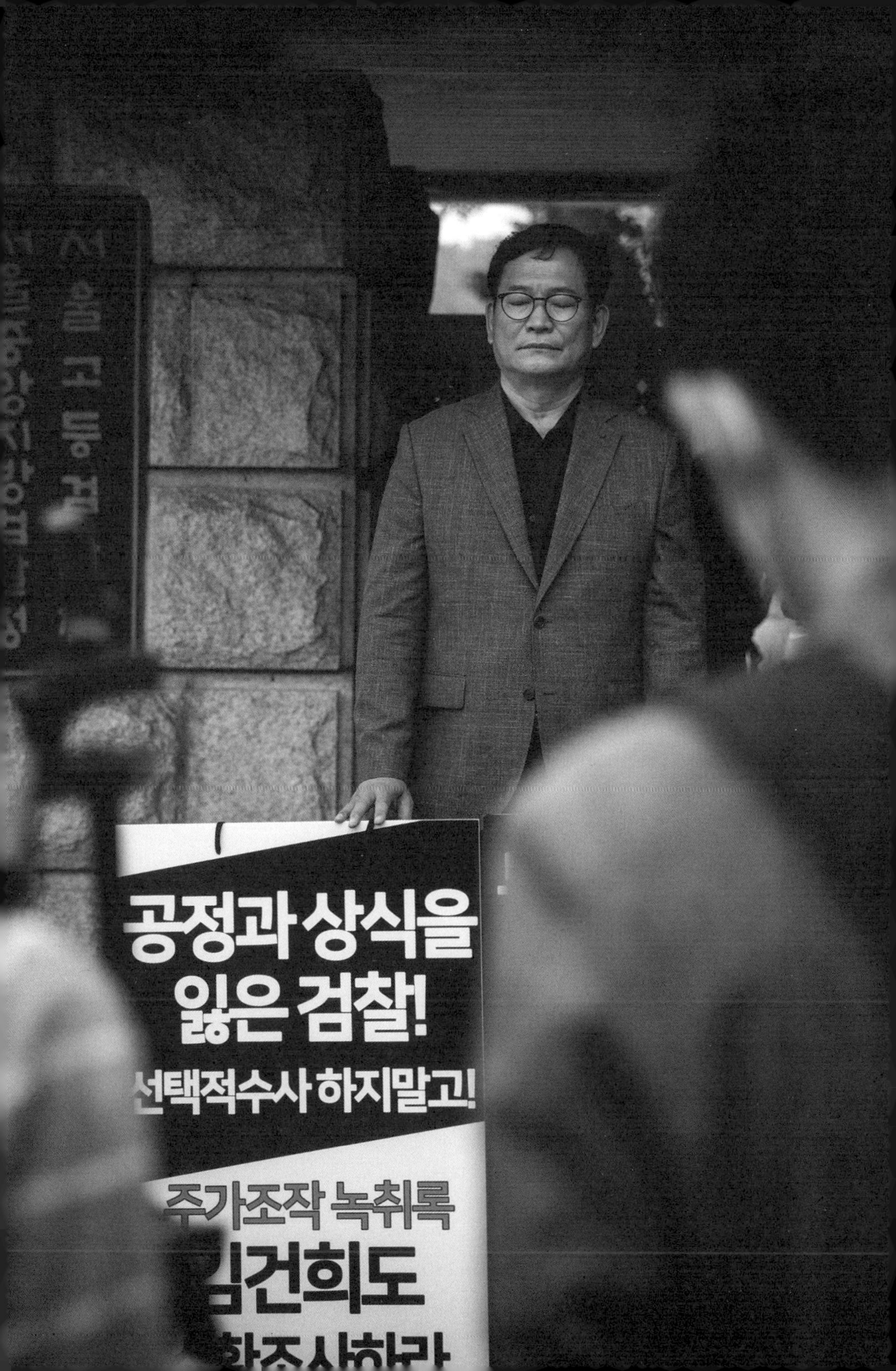
공정과 상식을
잃은 검찰!
선택적수사 하지말고!
주가조작 녹취록
김건희도

PART 3

외교

3차 세계대전의 발화점 한반도, 이를 막는 길

반도세력론

어렸을 때 나의 꿈은 외교관이었다. 중학교 3학년 때 역사 시험을 치르는데 '삼국통일의 의의가 무엇인가?'라는 문제가 나왔다. 나는 3번 지문 '영토의 축소'를 답으로 적었다. 그런데 틀렸다고 한다. 4번 지문 '단일 민족문화의 형성'이 답이었다. 선생님께 항의했다. 3번도 답으로 해달라고. 대학생이 되어서 단재 신채호 선생이 통일신라 시대를 발해와 신라 남북국 시대로 규정한 것을 보고 너무 기뻤다. 내 생각이 나만의 생각이 아니었다는 것 때문에.

변호사 시절 중국 훈춘을 방문했다. 발해 문왕 때 네 번째 수도였다. 당시에는 동경용원부라고 불렸다. 팔련성을 찾았다. 논밭 가운데 주춧돌만 남아 있었다. 표지석 옆에 '발해 팔련성 터'라는 팻말이 있었다. 달 뜨는 밤에 연변대 교수와 함께 평양 소주를 마시면서 해동성국 발해의 꿈을 꾸었다. 서태지의 노랫소리가 들려온다.

우리나라는 반도이다. 반은 섬이라는 뜻이다. 그나마 분단되어 섬보다 더 고립되어 있다. 반도는 항상 대륙과 해양 어느 한쪽 편에 줄을 서야 살아간다는 생각이 깊다. 식민지 근성이다. 당시 로마의 군사력을 능가하는 세계 최강대국 당나라와 당당히 맞서 싸우던 고구려의 기상이 그립다. 반도도 세력이 될 수 있다. 정치권에서 내가 처음 주장한 개념이 바로 반도세력론이다. 《둥근 것이 강한 것을 이긴다》라는 외교 관련 책을 쓴 바 있다. 핵심 주제가 '반도세력·세계경영'이다.

대륙에서 보면 한반도는 해양 세력이 대륙으로 쳐들어오는 통로이다. 임진왜란과 청일전쟁, 러일전쟁이 그러하였다. 일본, 영국의 입장에서 보면 한반도는 대륙 세력이 태평양으로 진출하는 통로이다. 일본 열도를 향해 뻗은 비수와 같은 형세이다. 그래서 13세기 말 몽고와 고려 연합군이 두 차례에 걸쳐 일본을 공격하였다. 리시이의 남하 정책이 논란이 되었다. 그래서 1902년 1차 영일동맹이 체결되었다. 1885년 영국의 거문도 점령 사건이 발생했다. 결국 청일, 러일 전쟁에 이어 6·25전쟁까지 일어나게 된다. 반도가 세력이 된 경우가 이탈리아반도이다. 이탈리아반도가 세력이 되어 천년 서로마제국의 번영을 가져왔다. 이베리아반도가 해상무역을 주도하여 무적함대에 기초한 해상제국을 건설하였다. 보스포루스해협을 장악한 비잔틴 동로마제국이 천년의 번영을 이루었다. 한반도 역시 남북이 협력하면 대륙과 해양을 포섭하여 동북아의 강국으로 성장할 수 있는 것이다. 반도세력론이 이루어지려면 남북 간의 협력이 일차적으로 중요하다. 그리고 한반도를 둘러싼 4대 강국의 균형·견제를 통해 우리 민족의 자주적인 공간을 확대해나가는 것이다.

한반도를 둘러싸고 흔히들 나오는 표현이 '지정학적 리스크'다. 우리나라의 지리적 조건이 경제나 정치 등 국가 간의 상호 관계에 부정적인 영향을 미친다고 보는 것이다. 북한이 우리와 국경을 맞대고 있고, 그 뒤에 중국이 버티고 있는 형국을 보면 이 '지정학적 리스크'가 근거 없는 말은 아니다. 한편으로 이 리스크를 어떻게 관리하느냐에 따라 새로운 기회를 만들 수 있다. 우리나라는 3면이 바다로 둘러싸여 있고, 북한을 통하면 세계로 뻗어나갈 수 있는 육로가 이어진다. 이런 이점에 우리나라가 가진 세계 최고 수준의 자본과 기술, 그리고 북한의 자원과 노동력이 잘만 결합할 수 있다면 말이다. 북아메리카 동부 연안의 미국은 서부 대개척을 통해 태평양 연안 국가가 됨으로써 대국으로 성장했다. 북한은 미국의 서부, 일본제국 때 만주처럼 대한민국의 새로운 성장 동력이 될 수 있다.

영화 〈한산〉을 보면 "만일 두려움을 용기로 바꿀 수 있다면, 그 용기는 백배 천배 큰 용기로 되어 나타날 것"이라는 이순신 장군의 독백이 나온다. 나는 많은 이들이 말하는 우리나라의 지정학적 리스크에 대해 '만일 북한과의 적대적인 관계를 긴밀한 협력으로 바꿀 수 있다면 그것은 백배 천배 큰 국가와 국민의 이익으로 나타날 것'이라고 생각한다.

3차 세계 대전의 가능성

이런 원대한 구상이나 가능성과는 별개로 현실은 녹록지 않다. 지금 같이 미국과 일본이 주도하는 제2의 냉전 질서는 바람직하지 않은 구도이다. 1·2차 세계대전 이후 냉전 시대와 지금 신냉전 시대의 핵심적인 차이가 있다. 1·2차 세계대전 때는 아직 핵무기가 개발되기 전이었다. 2차 대전 말에 미국이 처음으로 핵무기를 개발했다. 1949년 소련이 핵을 개발할 때까지는 미국의 핵 독점 시대였다. 그러나 지금 미·중·러·영·프의 5개 핵보유국 이외에 이란·파키스탄·이스라엘·북한까지 핵을 갖게 되었다. 3차 대전은 핵전쟁으로 연결될 수밖에 없다. 인류의 멸망이다. 인류 문명 전체가 위기에 처해 있다. 그리고 기후 위기가 갈수록 심화하고 있다. 미·중은 힘을 합하여 인류 문명 전체의 위기, 기후 위기, 식량 위기로부터 인류 문명을 유지·발전시켜나가야 할 책임이 있다.

1·2차 세계대전 때와 달리 현재 미·중은 단일 세계시장 경제 체제에 편입되어 경제적으로 긴밀한 상호의존 관계이다. 중국을 완전히 배제한 공급망 체계 구축은 사실상 불가능하다. 중국 배제는 생산비용 증가로 인한 인플레이션 등으로 미국 경제에 악영향을 미칠 수밖에 없다.

결국 아무도 전쟁을 원하지는 않는다. 그럼에도 오해와 잘못된 계산으로 전쟁은 발생할 수도 있다. 1차 대전 때도 그러하였다. 나의 안보 강화는 상대방에 대한 안보 위협이다. 안보 딜레마이다. 3차 대전의 발화점은 세 군데이다. 첫 번째는 우크라이나와 발칸반도 주변의 북대서양조약기구(NATO)와 러시아의 대립이다. 현대판 그레이트 게임The Great Game

이다. 두 번째는 대만해협을 둘러싼 미·중 간의 군사적 대결이다. 마지막으로 한반도이다. 유럽이나 중국에서 볼 때는 대만해협보다 한반도의 군사적 위기가 더 위험하게 다가온다. 1994년 클린턴 정부 시절 북한 핵시설에 대한 미국의 군사적 공격이 임박한 적이 있었다. 2017~18년 트럼프 행정부는 북한의 대륙간탄도탄 실험에 기초하여 북한에 대한 선제타격을 검토한 바 있다. 북한의 대륙간탄도탄 실험 성공과 실전 배치는 심각한 문제를 야기한다. 미국 본토에 대륙간탄도탄을 발사할 수 있는 나라는 러시아와 중국이다. 그러나 두 나라는 미국과 외교 관계를 수립한 나라이다. 미국과 외교 관계가 수립되지 않고 적국인 나라 중에서 미국 본토에 핵탄두 미사일을 발사할 수 있는 유일한 나라가 북한이 되는 것이다. 미국 본토가 적국의 핵탄두 미사일 위협에 노출되어 있다는 것은 미국으로서는 용납하기 어려운 국가 안보의 문제이다. 선택은 둘 중 하나다. 선제공격으로 북한의 핵 시설을 제거하는 방법과 타협하는 방안이다. 선제공격, 소위 외과적수술공격surgical strike으로 북한의 핵 시설과 무기를 일시에 제거하기는 어렵다. 북한은 이동식발사대(TEL)와 고체연료 사용, 지하갱도 활용, 그리고 잠수함 발사 탄도미사일(SLBM) 개발 등으로 이를 사실상 불가능하게 만들고 있다. 북·미 간의 외교적 타협과 관계 정상화가 불가피하게 요구되고 있다. 한국이 역할이 어느 때보다 중요하다.

인조와 윤석열의 공통점

이런 엄중한 시기에 윤석열 정부는 제 역할을 못하는 것도 모자라 우리나라의 안보를 더욱 위기에 빠뜨리고 있다.

나는 명청 교체기에 광해 임금의 중립 외교를 비판하고 친명배금 정책을 표방한 1623년 인조반정 이후 바로 1627년 정묘호란, 1636년 병자호란을 당했던 때를 생각해본다. 물론 당시 명청 교체기와 달리 현재 미·중 관계에서는 여전히 미국 중심의 강력한 세력이 유지되고 있기는 하지만 BRICS(브라질·러시아·인도·중국·남아프리카공화국의 신흥경제 5국) 국가의 새로운 세력 판도를 외면할 수 없는 상황이다. 나는 조선 왕조 27명의 임금 중 가장 무능한 왕으로 인조를 꼽고 다음으로 선조를 꼽는다. 임진왜란 때 우리를 도와준 명나라를 숭배하면서 청나라를 애써 배척했다. 7년 동안 조선을 유린한 왜놈들에 대한 보복 전쟁을 준비하지는 못하고 명청 교체기에 중립 외교를 한 광해 임금을 몰아낸 것이다. 병자호란 때 인질로 잡혀가서 명나라 멸망과 청나라 부흥의 현장을 지켜보고 아담샬 등과의 교유를 통해 국제 정세와 과학기술을 보고 익힌 소현세자. 소현세자가 청나라의 힘을 등에 업어 자신을 몰아낼 것으로 오해, 질투하면서 소현세자와 세자빈 강씨와 손자들까지 모조리 죽여버린 패륜의 왕이 인조였다. 배다른 동생 영창대군을 죽였다고 광해 임금을 패륜으로 몰았던 인조는 자신의 친혈육인 아들과 며느리, 손자까지 모조리 죽인 것이다. 황당하고 옹졸하고 잔인하고 무능한 임금이 아닐 수 없다. 인조의 무능과 친명사대 정책은 지금의 윤석열 정권의 친미, 친일 일변

도의 외눈박이 외교 정책과 오버랩된다.

한 · 미 · 일 3각 군사동맹, 동북아의 소 NATO 바람직한 일인가?

외교 안보에 있어 미국의 오랜 꿈이 이루어지는 것 같다. 미국의 아시아 외교의 핵심은 일본의 안보이다. 가쓰라 · 테프트 밀약과 을사늑약은 1905년 같은 해에 발생하였다. 미국은 한국을 일본 방위의 경계초소 guard post 또는 일반전초general outpost로 삼으려고 한다. 미 · 일 동맹의 하위 변수로 한 · 미 동맹이 연결된다. 이것은 미국의 오랜 계획이었다. 그런데 이승만 대통령 때부터 보수 진보를 떠나 한 · 일 간의 역사 분쟁과 독도 분쟁이 이를 가로막아왔다. 미국도 일관되게 일본 입장을 옹호하면서도 형식적으로는 중립을 표할 수밖에 없었다. 그러던 미국이 드디어 노골적인 친일 윤석열 정권하에서 아무런 거리낌 없이 독도 문제, 징용공 문제, 위안부 문제, 욱일기 문제, 동해 · 일본해 논란을 다 무시하고 마음껏 한 · 미 · 일 군사 훈련과 협력 강화를 과시할 수 있게 되었다. 1905년 이래 미국 100년 외교 전략을 마침내 현실로 이뤄낸 것이다.

그렇다면 우리나라는 어떤가? 지금의 상황은 북한의 위협에 대처하는 것이 아니라, 중국 · 러시아와 대결하려는 미국 · 일본의 이해에 충실하게 복무하는 꼴이다. 북한의 침략을 저지하기 위해서는 한 · 미 동맹이 1차적으로 중요하지만, 중국과 러시아와의 협력 또한 매우 중요하다. 북한은 6 · 25 때 남한에 비해 우월한 공업 시설과 군수산업, 군비를 갖추고 있었지만, 지금은 상황이 정반대라서 대한민국을 침략할 능력이 없다. 자신들의 생존이 1차 목표이다. 남한보다 우월한 군사력(당시 북한 인민군 19만, 대한민국 국군 10만)을 가진 1950년도에도 소련 스탈린과 중국 마오쩌둥의 동의가 없었다면 김일성은 남침을 강행할 수 없었다. 하물며 지금 상황에서는 더욱 그러하다. 중국·러시아와 대한민국이 군사적으로 적국이 될 필요가 전혀 없다. 중·러는 대한민국의 도움이 필요하다. 미·일 역시 대한민국이 필요한 것은 마찬가지이다. 우리는 중·러와 미·일 사이의 전략적 균형을 통해 대한민국의 안보와 국익을 확대해나가야 한다. 그래서 노태우 대통령 때 소련·중국과 국교를 수립한 것이다. 김영삼·이명박·박근혜 정부도 대 러시아, 중국 외교를 중시했다. 더듬이가 없는 서북청년단 수준의 윤석열 정권과 김기현 국민의힘은 미·일의 하부 구조 돌격대를 자처하고, 중·러를 군사적 적국으로 내몰아 한반도의 전쟁 위험을 증대시키고, 중앙아시아 등 대륙 경제와 다가오는 북극해 항로의 새로운 무역 기회의 창을 닫아버리는 어리석은 행위를 하고 있다.

위험은 증가하고 기회는 줄어들고 있다

김대중 대통령 서거일인 8월 18일에 미국 캠프 데이비드에서 열린 한·미·일 정상회담의 성과를 홍보하는 국민의힘 국회의원 지역위원장들의 현수막이 거리마다 걸려 있다. "위험은 줄고 기회는 커집니다"라고 쓰여 있다. 반대로 해석하면 딱 알맞을 것 같다. 러시아 · 중국이 우리의 적대국이 되고 북한은 이제 잠수함에 전술 핵무기를 탑재시킨다고 한다. 우리나라가 마치 미국 · 일본의 첨병이 되어 행동대장으로 나서는 꼴이다. 결국 우리의 위험이 늘었다. 한편 러시아와의 관계가 무너지면서 북극항로의 길이 끊어지고 대륙 경제의 시장 확대가 차단되고 중국과의 무역 적자가 심화되면서 기회는 줄었다.

이런 와중에 우리나라는 핵전쟁을 대비한다며 민방위 훈련을 강화하겠다고 한다. 황당한 일이다. 핵전쟁을 민방위 훈련으로 대비할 수 있다고 생각하는가? 아무리 군대를 안 갔다 온 사람이라고 하지만 국방 외교를 너무 모른다. 윤석열 대통령은 1962년 쿠바 핵미사일 기지를 둘러싼 핵전쟁 위기를 다룬 책 《1962》나 《13일》을 꼭 읽어보기를 권한다. 케네디 대통령이 어떻게 핵전쟁 위기를 해결했는지.

케네디 대통령은 무모한 군사적 모험을 주장하는 장성들의 선제타격론을 거부하고, 동생 로버트 케네디와 주미 소련대사 아나톨리 도브리닌의 비밀회담을 통해 터키에 배치된 미국의 주피터 핵미사일 기지를 철수하고, 소련의 쿠바 미사일 기지 철수와 미국의 쿠바 불침공 약속을 교환하면서 전쟁 위기를 해소했다. 극우논객 조갑제 씨도 "흐루쇼프의 깨끗한 단념과 케네디의 신중함이 인류를 구했다"라고 썼다. 함부로 대북 선제공격 운운하고, 일방적으로 우크라이나 편에 서서 중 · 러를 군사적으로 규정하고, 핵전쟁 운운하며 경거망동하는 리더십에 더해, 전쟁이 나야 정신 차린다는 라스푸틴 같은 요승 천공의 황당한 궤변 · 궤담이 횡행하는 상황에서 한반도는 너무나 위태롭게 보인다.

나는 지난 2023년 8월 21일 〈부산일보〉 강연에서 부울경 동남권 경제의 비전을 제시한 바 있다. 동해와 서해를 제2의 지중해로, 인천과 부산을 제2의 베네치아로 만들어야 한다는 것이 그 요지였다. 2035년 다가오는 북극항로 시대를 맞이하여 부산항을 허브항으로 발전시켜나가야 한다. 북극항로를 소통하는 친환경 특수선박 수요를 우리 조선산업 부흥의 기회로 삼고, 북극항로를 통한 부울경 대구·경북·강원의 영남 벨트 경제 발전의 비전을 준비해야 함을 강조했다. 그러기 위해서는 러시아와의 협력이 필수적이다.

러시아와 우크라이나 전쟁의 배경

윤석열 대통령은 2022년에 이어 2023년에도 NATO 회의에 참석했다. 나는 아무리 생각해도 우리가 참석해야 할 하등의 이유가 없었다고 생각한다. NATO는 1949년 냉전 시대에 소련의 동구권 장악과 안보 위협을 막기 위해 만들어졌다. 처음 만들어질 때만 해도 고리가 느슨했던 이 기구는 한국전쟁이라는 결정적 계기를 거치면서 군사동맹으로 변화했다. 이에 맞서 사회주의 국가들은 바르샤바조약기구를 만들며 대응했지만, 1991년 소련이 붕괴하면서 NATO는 사실상 그 존재 의미가 사라졌다고도 볼 수 있다.

이후 NATO는 확대·강화를 거듭하며 바르샤바조약기구에 속해 있던 동구권 국가들인 폴란드, 헝가리, 체고, 슬로바키아, 핀란드까지 흡수했다. 러시아 입장에서 '여기까지는' 그럴 수도 있는 문제였다. 하지만 우크라이나까지 NATO에 들어간다는 것은 크림반도까지 NATO에 포함한다는 의미였으므로 그것만큼은 용납할 수 없는 일이었다. 잘못하다간 러시아 흑해함대의 사령부가 있는 세바스토폴까지 빼앗기면서 흑해함대가 주둔할 곳이 없어질 수도 있기 때문이다. 이렇게 되면 러시아는 완충지대가 사라지면서 심각한 안보 위협을 맞는다. 만약 세바스토폴에 미사일 기지까지 만들어지면 미사일이 7분 이내에 모스크바에 당도하는데, 거리가 너무 짧아 요격도 불가능하다. 모스크바가 완전히 위협에 노출되는 꼴이다.

현재 NATO 동맹국은 푸틴을 제2의 스탈린이라고 부르며 악마화하거나, 우크라이나 이후 러시아의 총구가 폴란드, 헝가리, 스웨덴, 핀란드를 향하게 될 거라며 러시아의 위협을 강조하는 분위기지만 푸틴의 입장을 분석한 서구의 진보적인 학자들의 이야기는 좀 다르다. 우크라이나는 다른 나라와 다르다는 것이다. 우크라이나의 수도인 키이우는 슬라브족의 성지이기도 하고 우크라이나 대통령 젤렌스키는 제1 모국어가 러시아어일 정도다. 우크라이나와 러시아는 형제처럼 언어나 핏줄이 섞여 있는 나라라고 볼 수 있다. 이런 맥락에서 학자들은 스웨덴이나 핀란드가 NATO에 가입하는 것과 우크라이나가 가입하는 것을 같은 선상에 놓고 생각하면 안 된다는 점을 지적한다. 제프리 삭스의 비유대로 만약 캐나다나 멕시코가 중국의 군사동맹국이 된다면, 그래서 플로리다반도에 중국 군사기지가 만들어진다면 미국은 어떻게 대응할까? 다시 말해 꼭 푸틴이 아니라 러시아의 어떤 지도자라도 우크라이나의 NATO 가입을 가만히 두고 볼 수는 없었을 거라는 분석이다.

제프리 삭스도 그렇지만, 노엄 촘스키 같은 학자 또한 이 전쟁의 본질을 영토 분쟁의 차원이 아니라 구舊 동구권과 서방세계의 새로운 갈등으로 본다. 19~20세기 초에 영국과 러시아가 중앙아시아 내륙의 주도권을 두고 패권 다툼을 벌였던 그레이트 게임처럼, 이번 전쟁도 미국과 러시아의 대리전 성격의 새로운 그레이트 게임이라는 것이다.

그래서 러시아·우크라이나 전쟁을 예전 한국전쟁처럼 공산권 국가와 자본주의 국가의 싸움이라든가 공산주의와 민주주의의 대립으로 여겨서는 안 된다. 옐친 대통령이 공산당의 쿠데타에 맞서 싸워 이기면서 러시아는 이미 공산당 체제를 무너뜨리고 형식적으로나마 복수정당제와 자본주의 시장경제를 채택했다. 현재 푸틴의 권위적인 독재로 비판받고 있지만, 러시아는 헌법상으로 공산당 독재국가는 아니다. 따지자면 예전 박정희 대통령 시절의 형식적 민주주의 국가에 가깝다고 볼 수 있다.

내가 간략하게나마 러시아·우크라이나 전쟁의 배경을 짚은 데는 나름의 이유가 있다. 나는 러시아의 침략은 분명 잘못됐다고 생각하고, 관련해서 공개적으로도 여러 번 비판한 적이 있다. 국제분쟁이 일어나더라도 이걸 외교적으로 정리해야지 전쟁으로 해결하려 해서는 안 된다는 입장을 고수해왔다. 그런 생각과는 별개로, 일선에서 외교 관련 업무를 담당하는 공무원이나 대통령은 보이지 않는 이면까지 알아야 한다. 세상의 모든 일이 그렇듯 이 전쟁에도 맥락이 있고, 이유가 있고, 원인이 있다. 러시아는 나쁜 놈이고 우크라이나는 착한 놈이라는 단선화된 논리로는 결코 문제의 본질에 접근할 수 없을 뿐 아니라, 우리에게 유리한 외교를 할 수도 없다.

윤석열 대통령이 이 문제에 대해 얼마나 알고, 얼마나 고민한 채 외교에 임했는지 궁금하다. 나는 조금도 공부하지 않고, 조금도 깊이 있게 들여다보지 않았으리라 확신한다. 그랬다면 감히 우크라이나에 가서 사즉생으로 싸우겠다는 말은 할 수 없었을 것이다.

러시아·우크라이나를 둘러싼 윤석열식 외교의 심각한 문제

대한민국 대통령이라면 당연히 대한민국이 최우선이어야 하고, 대한민국의 안보가 가장 중요해야 한다. 그렇다면 한쪽의 편에 서기 전에 가장 먼저 생각해야 할 것은 '러시아가 대한민국 안보에 위협이 되고 있는가?' 하는 문제이다. 실질적으로는 전혀 그렇지 않다. 러시아와 우리는 수교 관계이자 오랜 전략적 협력 관계였다. 노태우 정부 시절 추진한 북방 정책에 따라 러시아, 중국과 국교를 정상화했고, 박근혜 대통령도 푸틴 대통령과 수차례 정상회담을 가졌다. 현재 우리나라의 교역 상대국으로, 150개가 넘는 기업이 러시아에 투자했으며, 수많은 고려인이 러시아에 살고 있다.

게다가 러시아는 우리나라와 북한의 관계를 위해서나 북한의 핵 포기 설득에 있어 매우 중요한 파트너다. 우리나라는 안보 측면에서든 경제 측면에서든 북한과의 관계가 매우 중요하다. 예컨대 러시아·우크라이나 전쟁으로 인해 식량 위기가 오게 되면 연해주 땅이 우리의 식량 창고가 될 수 있다. 조금만 영리하게 접근하면 우리의 식량 안보는 물론 에너지를 지키는 데도 러시아가 큰 도움이 될 수 있다. 그런 국가를 함부로 적이라고 규정하는 것은 헌법을 위반하는 행위이자, 무식을 넘어 자해에 가까운 행위이다. 결과적으로 러시아는 대한민국에 위협이 되는 나라가 아니라 오히려 경제나 안보에 도움이 될 수 있는 상대이다.

전 정부가 러시아와 닦아놓은 관계를 유지만 해도 되는 걸 윤석열 대통령은 왜 악화시키지 못해 안달인 것일까? 왜 굳이 NATO까지 가서 러시아와 적대적 전선에 서려고 발버둥을 치는 것일까? 한국은 수해로 난리인 와중에 왜 굳이 우크라이나로 가서 우리나라에 도움은커녕 해가 되는 오지랖을 부리는 것일까? 나는 이 정권을 도무지 이해할 수 없고, 인정할 수 없으며, 존중할 수 없다.

국민의힘 의원도 다르지 않다. 이채익 국민의힘 의원이 우크라이나가 한국전쟁 참전국이라고 발언하는 걸 보고 어떻게 이렇게까지 공부가 되지 않았나 싶어 말문이 막혔던 적이 있다. 당시 우크라이나는 소비에트연방의 한 행정 구역이었으니, 엄밀히 말하면 우리나라의 적국이었던 셈이다.

박찬수 대기자의 말마따나 우리는 전혀 경험해보지 못한 대통령과 영부인 그리고 참모들을 겪어내고 있다. 외교를 훌륭히 하는 것까지는 바라지도 않는다. 적어도 이 나라를 위험에 빠뜨리지는 말아야 할 것이 아닌가.

나는 푸틴 대통령도 여러 번 만났고, 개인적으로 러시아 서열 1위부터 10위까지를 다 알고 있다. 최근 사태에 관해 이야기를 나눠보면, 원래는 러시아의 관료들도 우리나라와의 관계가 중요하다는 것을 잘 알고 있는 만큼 우리나라에 대단히 우호적이었다. 하지만 이번 일로 인해 그들도 당혹감을 감추지 못하고 있다. 러시아 전 대통령인 드미트리 메드베데프는 자신의 SNS에 "대한민국이 우크라이나에 살상 무기까지 제공할 의사를 표시하는데, 러시아의 신무기가 북한에 전달되면 한국인들이 어떻게 생각할까?"라고 자신들의 의사를 우회적으로 내비치기도 했다. 러시아 대사관 측에서는 '심은 대로 거둔다'는 러시아 관용구를 언급하며 "'콩 심은 데 콩 나고, 팥 심은 데 팥 난다'는 한국 속담을 상기시키고 싶다"고 말하기도 했다.

러시아의 이런 발언은 우리나라가 155밀리미리 포탄 50만 발을 미국을 통해 폴란드로 전달하면서 나왔다. 그 포탄이 우크라이나로 지원되는 것 아니냐고 의심받은 것이다. 이것이 만약 사실이라면 진작 국회의 동의를 받았어야 하는데 그런 과정이 없었으니 매우 부적절한 처사이고, 사실이 아니라면 적극적으로 해명해야 할 텐데 그런 노력이 없다. 이러나저러나 이것은 필연적으로 러시아의 북한에 대한 무기 지원으로 연결될 수 있는, 한반도의 안보를 심각하게 위협하는 행위임이 분명하다.

실제로 지난 2023년 7월 북한의 70주년 전승절에는 세르게이 쇼이구 러시아 국방부 장관이 참석했다. 북한과 러시아의 군사 협력, 방산 협력이 실제로 이루어질 가능성이 매우 높다는 것을 시사한다. 이 자체가 윤석열 대통령의 우크라이나 방문에 대한 러시아의 대응이라고 볼 수밖에 없다. 과거의 경우를 보면 전승절에 러시아가 참여한 것도 드물지만, 러시아의 경제 관료가 아니라 국방부 장관이 방문했다는 점에서 군사 협약의 성격이 드러난다. 북한 〈로동신문〉에서는 이 방문을 두고 "(북한과 러시아의) 모든 견해가 일치했다"라고 보도했다.

러시아 국방부 장관의 방북은 결국 김정은 북한 국무위원장과 푸틴 대통령의 정상회담으로까지 이어졌다. 2023년 9월 13일 오후 러시아 극동 아무르주의 보스토치니 우주기지에서 열린 북·러 정상회담에서 김정은은 대러 관계가 최우선 과제라고 말하며 우크라이나전에 대한 전폭적인 지원을 약속했고, 푸틴은 북한의 위성 개발을 지원하겠다고 밝혔다. 힌반도를 둘리싼 긴장감이 디욱 높이진 것이다.

그간의 북·러 관계를 보면 북한의 러시아에 대한 의존도는 높았지만, 러시아는 북한을 크게 신경 쓰지 않는 모양새였다. 북한이 독자적으로 핵실험을 강행하는 것에도 부정적인 입장이었고, 러시아와 우리나라의 무역량이 증가하기도 했으므로 북한을 멀리하는 경향이 있었다. 러시아의 젊은 층과 언론이 북한의 외교를 부정적으로 보기도 하고, 북핵이 러시아의 안보를 위협한다고 생각하는 러시아 국민도 꽤 있었다. 또한 현재 UN이 북한을 여러 방면으로 제재하고 있는데, 이것은 UN에 속한 상임이사국들이 모두 찬성해야 가능하다. 그렇다는 것은 여기에 러시아도 찬성했다는 뜻이 된다. 그랬던 두 나라를 군사 협정까지 맺는 절친으로 만들어놓았으니, 이것도 윤석열 대통령의 능력이라면 능력이라고 해야 할 것이다. 물론 최소한의 상식이라도 있다면 결코 하지 않았을 행동이다.

러시아는 이제 북한의 노동력을 적극적으로 활용하려는 움직임까지 보이고 있다. 현재 러시아는 돈바스 지역 재건 사업이 한창인데, 여기에 북한 사람들을 고용하고 대신 북한에 식량과 기름, 에너지를 공급해준다면 그때부터는 북한에 대한 경제 제재가 아무런 의미가 없어진다. UN이나 우리나라 보수주의자들이 생각하는 북한 문제의 해법이라는 것이 북한을 압박해 협상 테이블에 앉히겠다는 전략인데, 러시아 재건에 북한 노동자들이 투입되면 그런 전략에 완전히 구멍이 뚫리는 셈이다. 또 하나, 지금 돈바스 지역을 재건한다는 건 러시아가 전쟁을 어느 수준에서 종결하겠다는 의미일 수도 있다. 역시 윤석열 정부는 이런 흐름의 변화를 전혀 읽지 못하는 형국이다.

아무래도 윤석열 대통령은 미국을 '큰형님'으로 모시면서 미국이 어떻게든 해줄 거라고 믿고 있는 모양인데 이 또한 무능하기 이를 데 없는 외교다. 러시아·우크라이나 전쟁에서 미국의 입장 변화 가능성도 무시할 수 없다. 지금 바이든 정부는 트럼프 전 대통령을 연방 기소했는데, 만약 폭동이나 반란에 관여한 경우 공직을 맡을 수 없다고 규정한 수정헌법 제24조 3항이 적용되지 않는 한, 2024년 11월에 열릴 미국 대선의 결과는 장담할 수 없다. 미국의 대선 출마 요건은 '35세 이상, 미국에서 태어난 시민권자, 미국에서 14년 거주' 이 세 개뿐이다. 설령 트럼프가 유죄판결을 받고 감옥에 갇히더라도 출마는 얼마든지 가능하다. 실제로 1920년 미국 대통령 선거 때 사회당의 유진 데브스 후보가 수감 상태에서 출마한 전례도 있다. 트럼프의 경우 참모들이 선거운동을 대신할 테니, 옥중 당선이 불가능한 것도 아니다. 여론조사 결과를 보면 트럼프가 훨씬 우세한 상황인데, 트럼프는 자신이 대통령이 되면 바로 푸틴 대통령과 만나 24시간 안에 전쟁을 끝내겠다고 호언장담하고 있다. 2023년 초 대선 후보로 반짝했던 플로리라 주지사 론 디샌티스 역시 우크라이나 지원을 반대하는 입장이다. 우크라이나는 미국의 안보와 무관한데 왜 개입하냐는 주장을 펼치고 있다. 디샌티스든 트럼프든 정권이 바뀌게 되면 러시아와 타협 국면으로 넘어갈 가능성이 다분한데, 그렇게 되면 우리는 이도 저도 아닌 애매한 상황에 처할 수밖에 없다.

조금만 생각해보면 지명한 문제디. 전쟁이 힌쪽의 일방적인 승리나, 한쪽의 전멸로 종결되는 것이 아니라 협상으로 정리된다면, 한쪽 편에 서서 죽을 각오로 싸우겠다고 말하는 나라에 재건 사업에 참여할 기회를 줄 리 만무하다.

젤렌스키 대통령 입장에서 현재 돈바스 지역과 크림반도를 비롯해 영토의 25% 이상을 빼앗긴 만큼 휴전을 수용하기 어려운 것이 사실이다. 하지만 미국의 군사전략 전문가들은 이 전쟁이 우크라이나의 승리로 끝나는 것은 애초에 불가능한 일이라고 입을 모은다. 지난 2023년 6월 미국과 NATO가 M2 장갑차를 비롯해 수많은 무기와 탱크를 우크라이나에 제공해 총공세를 폈지만 그게 무슨 효과가 있겠나. 우크라이나로서는 거의 진퇴양난의 상황이다. 한국전쟁 당시 1·4 후퇴 이후 2년 가까이 소모전, 고지전만 벌이던 것과 비슷하다고 할 수 있다. 그저 사람들만 계속 죽어간다. 우크라이나 인구가 3,600만 명인데, 이 전쟁으로 40만 명 이상이 사망했다고 한다. 젊은이들이 죽고, 국토가 황폐화되었다. 애국심에 호소하고 있지만, 긴 병에 효자 없다고 이게 언제까지고 먹힐 리 없다. 유능한 지도자는 전쟁을 승리로 이끄는 것이 아니라, 전쟁을 막아내야 한다. 여기에 재건 비용은 또 얼마나 들 것이며, 사람들이 입은 상처는 또 어떻게 할 것인가. 이 전쟁을 생각해도 답답하지만, 여기에 천둥벌거숭이처럼 우크라이나 편을 들면서 경거망동하는 우리의 대통령을 보면 숨이 막힐 지경이다.

미국도 언뜻 보면 우크라이나 편을 드는 것 같지만 실제로는 매우 냉정한 입장을 유지하고 있다. 무기는 지원하되 군대는 파견하지 않았고, 우크라이나의 NATO 가입도 승인하지 않고 있다. 분쟁 중인 상태에선 가입할 수 없다는 요건이 있긴 하지만, 이런 태도가 미국의 기본적인 입장임을 알아야 한다. 냉정하게 들릴지 모르겠지만 이게 외교다. 미국도 여러 상황을 고려하면서 결국엔 자국의 이익을 최우선으로 생각하고 있는 것이다. 마찬가지로 우리나라도 러시아, 우크라이나 양쪽 모두와 우호적인 관계를 유지할 필요가 있다.

나는 우크라이나 국회의원들과도 자주 소통하는데 천천히 하는 것이 좋지 않겠냐는 조언을 건네곤 한다. 김대중 대통령께서는 소가 갈 때 왼쪽 언덕의 풀도 뜯어 먹고, 좀 쉬다가 오른쪽 언덕의 풀도 뜯어 먹으면서 쉬어가는데, 그게 바로 햇볕 정책이라고 하신 적이 있다. 우크나이나도 마찬가지 전략을 취했어야 했다고 본다. 중립지대에 있으면서 유럽연합(EU)에서도 지원받고 러시아에서도 지원받으면 되지 않았을까? 내가 대만 정치인들을 만날 때마다 하는 말도 비슷하다. "왜 그렇게 독립을 서두르십니까? 현상 유지하면서 중국에서도 얻어먹고 일본에서도 얻어먹으면서 경제 발전하면 제일 좋은 것 아닙니까?"라고 묻는다. 나는 이런 게 현명한 외교라고 생각한다.

참고로 대만과 관련해 2024년 1월에 있을 대만 총통 선거에서는 평화냐 전쟁이냐가 중요한 주제가 될 것이라고 생각한다. 2022년 11월 대만 지방선거에서 6개 직할시에서 야당 국민당이 타이페이를 비롯하여 네 군데에서 승리하였다. 특히 타이페이 시장으로는 장제스의 증손자 장완완이 당선되었디. 총통 선거는 라이칭디 민진당 후보와 거원지 타이페이 시장 민중당 후보, 허우유이 국민당 후보 3파전으로 치러질 것 같다. 나는 2014년 겨울 대만정치대학 방문교수 시절 라이칭더 타이난 시장을 만나 여러 대화를 나누기도 했고, 타이페이 시장 선거에 출마한 무소속 커원저 캠프를 들러서 그가 선거에서 승리하는 순간을 함께 하기도 했다. 현재는 라이칭더 민진당 후보가 1위를 달리고 있지만 이 선거 결과에 따라 앞으로 대만해협 논란에 커다란 변수가 될 것으로 보여진다.

다시 러시아와 우크라이나 이야기로 돌아와, 최근 아프리카 국가들이 중재안을 가지고 우크라이나와 러시아를 방문했다. 우크라이나가 러시아 본토와 크림반도를 연결하는 케르치해협의 크림대교를 공격했고, 러시아는 그 대응으로 오데사 항을 공격했다. 우크라이나는 유럽의 빵바구니라고 불릴 정도로 엄청난 곡창지대를 가지고 있다. 여기서 생산된 식량이 오데사 항을 통해 수출되는데, 이번 공격으로 아프리카 국가들이 심각한 식량 위기에 처했기 때문이다. 그래서 아프리카 대표들이 중재를 위해 젤렌스키 대통령도 만나고, 푸틴 대통령도 만났다. 나는 우리나라야말로 이런 전략을 취했어야 한다고 생각한다.

그래서 대선 당시에 이재명 후보에게 대통령에 당선되면 나를 특사로 임명해달라고 부탁했고, 이재명 후보도 동의했다. 젤렌스키와 푸틴 양쪽에 네트워크가 있는 만큼 중재안을 만들어 러시아·우크라이나 전쟁 해법을 찾고 싶었다. 대한민국의 국제외교 역량을 보여주고 싶었다. 지금 생각해도 매우 아쉬운 지점이다. 만약 나였다면 러시아 침략 전쟁에 반대하는 의견을 전달하고 평화적 해결의 원칙을 강조하는 한편, 우크라이나를 에너지나 건설, 의료 등 민간 분야에서 지원하는 등의 방안을 통해 우크라이나와의 관계를 유지했을 것이다. 동시에 러시아와는 중재하는 역할을 맡으며 러시아 시장도 잃지 않는 전략을 취했을 것이다.

나는 대한민국을 사랑하는 사람으로서 지금이라도 윤석열 대통령이 이런 현명한 노선을 취하길 당부드린다. 지혜로운 외교를 하길 바란다. 지금 윤석열 대통령의 외교는 마치 어버이연합 대표, 서북청년단 대표 정도의 수준이다. 미국, 일본 형님에게 잘 보이려고 자진해서 쇠파이

프 들고 행동대장이 되어 제일 앞에 나가 충성 맹세하는 꼴이다. 이러다 혼자 고립되면 어떻게 할 것인가. 검찰총장 하듯 외교에 임해서는 안 된다. 러시아는 피의자고, 우크라이나는 피해자라고 단정할 문제가 아니다.

이란 핵 합의와 민스크협정의 아쉬움

인권, 자유, 국제질서, 국제사회 합의라는 말이 자주 등장한다. 주로 러시아, 이란, 북한 등에 경제 제재를 가할 때 인용하는 말이다. 이스라엘이 국제사회 합의를 정면으로 위반하고, 서구 가자지구를 점령하고, 팔레스타인을 탄압하며 인권을 유린해도 이스라엘에 대한 경제 제재가 이루어진 적이 없다. 국제질서의 이중 기준이라는 지적이 나오는 이유이다. 서방 사회가 적대적인 국가들과 협상을 하고 나서 그 약속을 스스로가 지키지 않는다면 전쟁과 폭력이 수반되는 분쟁을 협상을 통해 해결하기가 갈수록 어려워질 것이다. 특히 미국이 공화당과 민주당 간 정권이 바뀔 때마다 이전 정권이 합의한 것을 지키지 않고 일방적으로 부정해버리면 국제질서의 안정을 가져오기 어려울 것이다.

북한 핵 위기도 여기에서 비롯되었다고 볼 수 있다. 클린턴 행정부 시절 북한 영변 핵 시설에 대한 외과수술적 폭격을 진지하게 고민한 적이 있었다. 김대중 당시 야당 지도자의 제안에 따라 카터 전 미국 대통령이 평양을 방문하고, 1994년 12월에 제네바합의Agreed Framework가 극적으로 이루어졌다. 공화당과 보수 세력은 제네바합의가 북한에 대한 일방적 양보라고 공격했다. 궁지에 몰린 미국 협상 대표 로버트 갈루치는 언론 인터뷰에서 합의를 한 이유는 북한이 5년 이내에 무너질 것이라고 판단했기 때문이라고 대답했다. 즉 곧 무너질 정권이기 때문에 지키지 않아도 될 협상이므로 양보했다고 변명한 것이다. 내가 노무현 정권 시절 북을 방문했을 때, 북측 관리들은 갈루치 인터뷰에 대한 불신을 강하게 표시하였다. 결국 제네바합의에 따라 대한민국은 자신의 비용 수천억 원을 투자하여 북측에 핵 포기의 대안으로 경수로를 건설하던 중에, 새로 들어선 부시 행정부는 2002년 제네바합의 종료를 선언했다. 그 이후 북핵 문제는 더욱더 악화해 북의 핵 도발은 강화되고 있다.

'이란 핵 합의'(JCPOA)는 어떤가? 오랜 논란 끝에 결국 타결되었다. UN 안정보장이사회(안보리) 상임이사국 5개 나라와 독일까지 P5+1이 참여한 합의이다. 미국 대표로 민주당 대통령 후보이자 오바마 행정부의 국무장관인 존 켈리가 참여하여 서명했다. 2015년 7월 합의가 이루어지자마자 UN 안보리 15개국이 이 합의를 만장일치로 지지하는 결의안을 통과시켰다. JCPOA 발효 이후 국제원자력기구(IAEA) 보고에 의하더라도 이란은 합의를 잘 준수하는 것으로 평가받았다. 그런데 네타냐후를 비롯한 이스라엘 우파들과 미국 공화당은 JCPOA를 강력히 비판했다.

심지어 공화당이 지배하는 하원이 네타냐후를 미 의회에 초청하여 오바마 현직 대통령을 비난하는 연설을 하게 만들기도 했다. 결국 트럼프 행정부가 들어선 이후 2018년, 미국은 일방적으로 JCPOA를 탈퇴했다. EU는 반발하였지만, 결국 이라크 지역에서 이란혁명수비대장 솔레이마니가 미국에 의해 암살당하는 등 미·이란 관계는 최악이 되어 JCPOA는 끝이 났다. 바이든 정부는 JCPOA 복원을 약속했다. 나도 기대를 했다. 오랫동안 상원 외교위원장과 오바마 행정부 부통령을 지냈던 바이든이다. 그런데 바이든 정부의 우유부단한 소극적 태도로 결국 JCPOA 복원은 무산되었다. 그 결과 이란 내의 JCPOA 협상 책임자였던 로하니 전 대통령, 자리프 당시 외교부 장관과 같은 개혁파의 입지가 사라지고, 이란 내부의 개혁과 변화의 싹이 이번 어린 여성들에 대한 시위 진압처럼 처참하게 짓밟히고 말았다.

우크라이나 전쟁을 계기로 이란과 러시아, 시리아 간의 군사·경제적 협력이 강화되어 서방과 이스라엘에 더욱더 위협적인 상황이 되었다. 더구나 미국과 사우디 간의 관계 악화 이후 중국의 중재로 이란·사우디 간 화해·협력이 성사되어 중동에서 미국이 더욱 고립되는 상황이 전개되고 있다. 이 와중에 네타냐후는 이스라엘 사법부를 국회가 좌우하는 등 사법 독립 체계 파괴를 시도함으로써 민주주의와 사법 독립을 군사적 개입의 명분으로 삼고 있는 미국을 곤란하게 만들고 있다.

우크라이나 정치가 불안정하다. 친서방적인 서부와 친러시아적인 동부의 분열이 있었다. 2차 대전 당시 서부 측 우크라이나인들은 독일 나치와 협력하여 소련을 공격하고 유대인을 학살하는 데 앞장섰다. 돈바스 도네츠크 등 동부 지역은 러시안들이 많이 살고 러시아어를 주로 사용한다. 2014년 친러시아 빅토르 야누코비치 정권이 유로마이단 시위로 인하여 실각하고, 페트로 포로센코 친서방 정권이 탄생하였다. 야누코비치 정권 때 합의한 크림반도의 세바스토폴 흑해함대 사령부 임대 연장이 불투명해졌다. 푸틴은 크림반도를 합병한다. 돈바스 도네츠크가 독립을 선포하면서 내전이 발발했다. 사실상 지금의 러시아 · 우크라이나 전쟁은 이때부터 시작되었다고 생각한다.

　이 분쟁을 해결하기 위해 2014년 9월 5일 우크라이나와 러시아 도네츠크인민공화국(DPR) 및 루간스크인민공화국(LPR) 사이에 돈바스전쟁 정전협정이 체결되었다. 그러나 이 협정은 상호 간의 불신으로 지켜지지 못했다. 이 협정의 준수를 강제할 중재 파워가 없었다. 그래서 2015년 2월 12일 앙겔라 메르켈 독일 총리, 프랑수아 올랑드 프랑스 대통령, 블라디미르 푸틴 러시아 대통령, 페트로 포로센코 우크라이나 대통령과 도네츠크, 루간스크 대표들이 민스크에서 다시 만나 16시간에 걸친 협상 끝에 2차 민스크협정에 합의하였다. 여기에는 총 13개의 조항이 들어가 있다.

　　1. 즉각적인 완전한 휴전
　　2. 양측 중화기 철수 30킬로미터 안전지대 설정

3. 유럽안보협력기구(OSCE)를 통한 휴전 및 무기 철수 감시

4. 도네츠크와 루간스크에 대한 특별 지위 승인

5. 돈바스 지역 분쟁 참가자들에 대한 사면 실시

6. 양측 포로 억류자 교환

7. 분쟁 지역에 대한 인도적 지원

8. 분쟁 지역의 사회·경제적 링크 복원

9. 우크라이나의 러시아·우크라이나 국경 통제 확립

10. 돈바스 지역에서의 모든 외국군 및 무기 철수

11. 도네츠크와 루간스크에 특별 지위를 부여하는 우크라이나
    헌법 개정

12. 도네츠크와 루간스크에서의 지방선거 실시

13. OSCE 대표를 포함해 2차 민스크협정을 이행할 실무 그룹
    구성

그러나 이 합의는 제대로 지켜지지 못하고 무산되었다. 러시아는 협상 당사자가 아니라는 이유로 구속을 받지 않은 것도 문제였다. EU는 무력했다. 양측 모두 합의를 지키기보다는 다가올 전쟁에 대비하여 무력을 강화하는 시간을 버는 데 활용한 면이 있다.

2022년 러시아·우크라이나 전쟁 초기, 당시 튀르키예 에르도안 대통령의 중재로 러시아와 우크라이나 간 타협이 성사될 뻔했으나 무산되었다. 나는 파리경영대학 방문교수로 재직하는 동안 우크라이나 전쟁

과 한국전쟁을 비교·분석하는 글을 쓰고 강의도 하였다. 군사적으로 어느 한쪽의 일방적 승리가 불확실하다. 젤렌스키 대통령은 돈바스 도네츠크 등만이 아니라 크림반도까지 탈환하겠다고 주장하고 있다. 한국전쟁 당시 휴전 협상을 끝까지 반대하고 북진통일을 주장했던 이승만 대통령을 연상시킨다. 크림반도는 푸틴이 아니라 어느 러시아 지도자라도, 푸틴의 반대 세력이라도 포기하기 어려운 러시아의 전략적 핵심 지역이라고 할 수 있다. 핵무기를 가진 러시아가 크림반도가 우크라이나에 점령되는 것을 보고 핵무기를 쓰지 않는다고 보장할 수 없다. 핵전쟁의 위험은 불가피하다. 제2차 세계대전 때 미국은 자기 영토를 지키는 차원이 아니라 다른 나라인 일본 열도를 점령하는 데 미군 병사의 희생을 최소화하기 위하여 히로시마와 나가사키에 핵무기를 투입했다. 러시아는 헌법 개정으로 크림반도와 우크라이나 동부 지역을 러시아 영토에 편입했다. 돈바스, 도네츠크, 크림반도 등이 러시아 영토가 되었으니 이의 탈환을 위한 우크라이나군 반격을 자신들의 영토에 대한 공격으로 간주하고, 전술 핵무기 사용을 합리화하려는 사전 조치이다. 미국은 자국 영토 방어가 아닌 일본 공격에도 핵무기를 사용했는데 자국 영토를 지키려는 러시아라고 그러지 못할까?

3차 민스크협정은 없다고 젤렌스키 대통령은 공언했다. 그러나 우크라이나 자체 병력과 힘으로 전쟁을 지속할 수 없다. 유럽과 미국의 지원도 언제까지 계속되리라는 보장이 없다. 타협이 이뤄질 수밖에 없다. 나는 3차 민스크협정이 불가피하다고 생각한다. 중국과 미국이 나서야 한다. 더 이상 뒤에서 전쟁을 부추기는 대리전을 해서는 안 된다. 즉각적 휴전이 필요하다. 중국과 미국이 담보하고 러시아가 당사자로서 참여하여 협정 구속력을 받는 3차 민스크협정이 시급히 요구된다.

다행히 젤렌스키 대통령도 중국의 역할을 환영했다. 중국이 러시아의 핵무기 사용 불가 입장을 밝힌 것은 긍정적인 일이다. 러시아에 영향력을 행사할 수 있는 나라는 중국이다. 미국은 우크라이나에 영향력을 행사할 수 있다. 미·중이 참여하는 제3차 민스크협정 체결을 위한 휴전 협상이 진행되어야 한다. 우크라이나와 러시아가 수출하는 곡물과 비료는 아프리카와 개발도상국들의 생명줄이다. 미·중은 시급히 지도력을 발휘하여야 한다. 대한민국 역시 이러한 평화 중재 노력에 참여해야 한다. 지금처럼 한쪽 편에 서서 전쟁 당사자가 되어, 러시아와 북한의 협력을 유발하는 행위는 한반도의 군사적 긴장을 고조시키는 어리석은 외교일 뿐이다.

1

한·미 동맹의 방향을 묻다

두말할 나위 없이 한·미 동맹은 우리에게 매우 중요한 문제다. 그렇다고 해서 우리나라의 국익을 가장 우선해야 한다는 외교의 원칙이 지켜지지 않아도 된다는 뜻은 아니다. 할 말은 해야 하고, 얻을 수 있는 게 있다면 최대한 얻어오는 것이 모든 외교의 기본이다. 그게 설령 미국이라 하더라도 마찬가지다. 어떤 나라와의 외교든 끌려다니기만 해서는 안 된다. 너무 당연해서 하나 마나 한 이야기를 굳이 하는 이유는 윤석열 정부가 미국이 이리 밀면 이리 가고, 저리 밀면 저리 가는 종속 외교에 여념이 없기 때문이다.

대한민국은 2차 세계대전 이후 가장 성공적으로 민주주의와 경제 발전을 이룩한 나라다. 지적 능력이나 문맹률, 의료보험 수준 등 미국보다 뛰어난 면도 분명히 있다. 대한민국의 대통령이라면 적어도 그런 자부심 정도는 마음에 품고 있어야 한다. 미국한테든, 일본한테든 우리가 꿀릴 게 없다는 당당함을 가진 대통령을 기대하는 것이 과한 욕심인가?

송영길은 한반도 평화를 위해 노력하는 최광철 미주민주참여포럼(KAPAC) 재미교포 활동가를 비롯해 재미교포들을 만날 때마다 꼭하는 말이 있다.

"케냐 출신 미국 대통령도 나왔는데 대한민국 출신 재미동포 대통령이 나오지 말란 법이 없습니다. 나는 꿈을 꿉니다. 재미동포 출신 우리 아이들이 미국 대통령이 되는 꿈입니다. 우리 아이들에게 그런 비전을 갖게 해주세요. 지금까지 미국에서는 총 5명의 한국 출신 하원의원이 나왔습니다. 아직 상원의원은 나오지 않았지만 언젠가 배출할 거라고 믿습니다. 상원의원이 나오면 대선에도 도전할 수 있습니다. 이 꿈을 여러분도 함께 꾸어주십시오."

송영길의 선배인 미주한인유권자연대(KAGC) 대표 김동석 씨의 이야기를 들어보면, 전미유대인협회 총회가 열릴 때 미 상하원 의원들이 대거 참여하는 바람에 미 의회는 정족수 부족으로 회의를 열 수 없을 지경이라고 한다. 이런 유대인협회의 파워가 있기 때문에 이스라엘이 힘을 발휘한다. 우리도 재미동포 파워를 강화하고 대미 투자하는 한국 기업과 연계하며 체계적으로 미 정가에 네트워크를 구성해야 한다.

송영길의 메시지는 분명하다. 한국도 미국과 어깨를 나란히 하

송영길의 선전포고

는 관계가 되어야 한다는 것이다. 물론 현실적으로 아직 그 정도는 아니라는 반론이 있을 수 있다. 그렇다면 적어도 미국에 대한 한국의 영향력을 강화해 미국의 정책에 끌려다니는 게 아니라 미국의 정책을 바꿀 수 있도록 유도하는 리더십과 외교 역량이 필요하다.

지난 과거를 보면 우리나라에는 보수 진보를 넘어 미국에 할 말을 하고, 분명히 싸웠던 대통령들이 있었다. 이승만이 그랬고, 박정희가 그랬으며, 김대중과 노무현이 그랬다. 박정희 대통령은 미사일 협상에서나 핵 개발 문제에서, 그리고 포항제철을 만들 당시 미국과 각을 세움으로써 분명한 성과를 얻어냈다. 김대중 대통령은 클린턴 대통령이 햇볕 정책에 대해 의구심을 가졌을 때 외교 역량을 발휘한 끝에 관철시킬 수 있었다. 특히 임기 후반기엔 미국의 조지 부시 대통령이 북한을 "악의 축"이라고 규정하며 타격을 시도하려 했을 때도 결국 그를 설득해 돌아서게 만들기도 했다.

대다수 국민이 윤석열 대통령에게 이 정도의 외교 역량을 기대하지는 않을 것이다. 그간 국민의 기대치를 낮추고 또 낮춘 덕분에 이제 현상 유지만 해도 박수받을 수 있는 지경까지 왔다. 그렇다면 최소한 동북아를 전쟁 위험에 빠뜨리지는 말아야 할 것 아닌가. 없는 성과를 만들어 국민을 속이지는 말아야 할 것 아닌가. 최근 윤석열 정부는 이런 바람마저도 처참하게 깨뜨리고 있는 모습이다.

미국의 동북아 '소 NATO'를 만들려는 계획은 왜 위험한가

미국은 소련의 팽창을 막기 위해 NATO가 있듯, 동북아에 한국, 필리핀, 일본, 대만, 호주를 다 묶은 일종의 소小 NATO를 만들어 중국을 견제하겠다는 계획을 세우고 있다. 이 계획을 위해 집단 안보 체제를 구축하고, 상호방위조약을 체결하는 것이 미국의 일관된 목표다.

한국에 일본 오염수를 방류하게 만들고, 한·일 관계의 역사 문제를 무시한 채 두 나라를 무작정 화해시키려는 정책을 펼치는 것도 이 거대한 목표를 이루기 위한 방편이라고 보아야 한다. 그간 우리나라에는 보수 진보 할 것 없이 독도 문제, 위안부 문제, 징용 문제, 오염수 문제 등이 산적해 있었으므로 한·일 관계가 쉽게 좋아지지 않았다. 자국의 이익을 최우선으로 생각해야 하는 대통령으로서 당연한 일이었다. 그런데 윤석열 대통령은 그간 누구도 풀지 못했던 이 문제들을 놀랍도록 간단하게 정리해버렸다. 일본에 가서 아무런 조건 없이 투항적인 외교를 해버린 덕분에!

당연히 미국은 쌍수를 들고 환영했다. 미국의 계획에서 동북아 안보의 중심은 일본이다. 우리나라보다 일본의 안보를 훨씬 중요시하는 만큼 한국은 일본의 안보를 지키기 위한 수단으로 전락했다. 한반도를 군사화해 일본의 안보를 지키는 최전선으로 만들겠다는 미국의 구상에 우리나라 대통령이 적극 찬성하는 천인공노할 상황이 벌어지고 있는 것이다.

남한테 뭘 빼먹으려면 겉으로 화려하게 응대해주는 법이다. 의

장도 갖춰주고 레드카펫도 깔아준다. 그래놓고 실속은 자기들이 다 챙기기 마련이다. 대통령실에서 하는 말을 들어보면, 미국에서 박수를 받았다, 국빈 대접을 받았다는 말만 있지 실제로 받은 게 무엇인지에 대해서는 말이 없다. 언론에서도 대통령실의 발언을 그대로 내보내기에 바쁘다. 그럴 수밖에 없을 것이다. 받은 것이 없으니까.

지금 이렇게 미국에 대접받았다고 자화자찬할 때가 아니다. 우리나라와 미국을 둘러싼 현안이 산적해 있다. 대표적으로 반도체 부분, 배터리 부분이 그렇다. 다 우리나라의 핵심 산업들이다. 간략하게 설명하자면, 미국의 인플레이션감축법에 따라 미국이나 미국과 자유무역협정(FTA)을 체결한 나라에서 조달된 광물 자원과 배터리 부품을 사용한 전기차에 한해서 구매할 때 최대 7,500달러의 보조금을 지급한다. 우리나라는 이 자원과 부품을 중국에서 많이 수입하는 실정이다. 이 때문에 미국에서 국산 전기차를 구매할 때 소비자는 보조금을 받지 못하므로 가격 경쟁력에서 밀리게 된다. 이런 문제를 해결할 수 있는 주체는 정부밖에 없다. 최소한 미국 조지아주에 건설 중인 현대차 전기차 공장이 완공되는 2024년 4월 정도까지라도 유예를 받아야 대비할 수 있는데 제대로 되지 않았다.

윤석열 정부는 이런 와중에도 한·미 핵협의그룹(NCG)을 만들었다며 현수막 붙이기에 여념이 없다. 재래식 무기 전시 작전권도 가져오지 못하는 이 자존심 없는 정권이 핵무기 통제권을 어떻게 가져오나. 있을 수 없는 일이다. 미국의 핵잠수함 켄터키 호가 부산항에

왔을 때도 마치 대단한 것을 이뤄낸 양 의미 부여하고, 대통령과 함께 여사까지 핵잠수함에 탑승하면서 핵무기를 공동으로 이용할 수 있다는 '느낌적 느낌'만 주었지, 실속은 전혀 없었다. 대통령 부부의 핵잠수함 탑승은 그저 국민에게 과시하는 행동이었을 뿐이다.

그 실상을 들여다보면 정말 어처구니가 없을 지경인데 우리나라에서는 제대로 지적하는 언론이 없다. 켄터키 호는 오하이오급(1만 8,750톤급) 탄도미사일 잠수함으로 미국에서 세 번째로 크다. 포세이돈의 삼지창을 뜻하는 트라이던트Trident II 탄도미사일로 무장한 이 수중 함은 총 20발의 핵탄두를 탑재하고 있다. 그런데 대다수의 미국 언론에서는 켄터키 호가 부산항에 들어온 건 아무런 군사적 의미가 없다, 어떤 상징성만 있을 뿐, 오히려 노출하면 안 된다고 말한다. 왜 그럴까?

켄터키 호에 탑재한 미사일은 대륙간탄도미사일로서 사정거리가 최소 7,500~8,000마일, 즉 1만 2,000킬로미터가 넘는다. 그러니 부산이 아니라 태평양에서 쏴야 북한에 도달한다. 켄터키 호가 부산항에 들어왔다는 건 외려 목표가 북한이 아님을 의미한다. 오히려 북한의 550킬로미터짜리 단거리 미사일이야말로 북한에서 부산항을 목표로 쏘면 거리가 맞다. 그러니 켄터키 호는 대북한 군사적 의미는 전무하고, 오히려 타격 목표를 노출할 뿐이다. 거리상으로 보면 중국이나 러시아에 대한 견제 의미로 해석할 수 있다. 결국 윤석열 대통령이 켄터키 호에 탑승했다는 건 중국과 러시아를 적이라고 규정하는 의사 표시에 가담한 것과 다름없고, 한반도를 훨씬 위험하게 만드는 짓이었다.

윤석열 대통령은 미 해군작전사령부에 가서 "막강 대한민국 해군 글로벌 안보 협력의 초석"이라고 썼다. 지금 우리는 북한의 위협을 막기도 힘든데 왜 러시아와 중국을 적으로 만들려고 안간힘을 쓰는지 송영길은 도무지 이해할 수가 없다. 노태우 대통령은 물론이고, 전두환조차도 중국·러시아와 우호적으로 지내면서 북한을 압박하려 했다. 이것은 보수와 진보를 넘어 대한민국의 기본 전략이었다. 이렇게 무식하고 더듬이가 없는 정권은 살다 살다 처음이라고 말한다.

아니나 다를까, 윤석열 대통령의 행보에 대한 대응의 일환으로 중국과 러시아는 동해에서 해군 합동 훈련을 했고, 앞으로는 중국과 러시아의 핵 전략 폭격기가 우리 동해 카디즈(KADIZ, 한국방공식별구역)를 자주 침범하게 될 가능성이 농후하다.

송영길은 주한미군의 필요성을 인정하고, 야당이던 시절에도 한·미 FTA의 중요성을 역설했다. 미국과 중국 사이에 선택하라고 한다면 대한민국은 당연히 미국을 선택할 수밖에 없다고 말한다. 한국과 미국은 민주주의, 인권, 자유라는 공동의 가치를 추구하는 민주공화국이기 때문이다. 하지만 한국과 미국의 이익이 언제나 100% 일치하지는 않는다. 미국이 동맹궁핍화 정책이라고 비판받을 정도로 미국 우선 정책을 펼치고 있다면, 우리나라는 우리나라대로 한국 우선 정책을 통해 싸울 일은 싸우고, 양보를 받아내야 할 건 양보받아야 한다. 한·미 동맹을 기본 축으로 하면서도 한·중 간 협력적 동반자 관계를 유지해나가야 한다. 미·중 갈등 속에서 자주적인 공간을 확보하려는 노력을 끊임없이 해야만 한다. 그것이 대한민국의 기본 외교 전략이 되어야 한다.

미국에서 〈아메리칸 파이〉나 부르면서 우리나라가 가진 진짜 중요한 파이를 다 내어주는 외교가 이 나라의 산업을 얼마나 힘들게 하는지, 나라의 안보를 얼마나 위태롭게 하는지 알아야 한다. 대통령은 기분 내고, 그 피해는 국민들이 고스란히 떠안는 꼴이다.

북한의 위협은 과장하고 일본에겐 굴종하는 외교

북한은 지금까지 주체적이고 자주적인 나라를 표방하면서 자신의 항구를 외국에 개방하지 않고 있다. 하지만 한·미·일 협력 체제가 공고해지고, 북·중·러를 견제하는 이런 상황이 더 심해지면 북한이 러시아에 항구를 개방해줄 수도 있는 문제다. 지금까지 중국과 러시아만 연합 군사 훈련을 했고, 북한은 한 번도 참여하지 않았다. 하지만 최근 러시아 정부가 북한에 북·중·러 연합 군사 훈련을 제안했고, 북한과 러시아의 정상회담도 이뤄졌다. 이런 상황인데도 과연 한·미·일 연합이 우리의 안보를 굳건히 하는 동맹 체제라고 말할 수 있나. 앞으로 북한이 원산항이나 청진항에 블라디보스토크의 러시아 함대 사령부 기항을 허용하고 중국 항공모함까지 기항할 수 있도록 하면 동해는 러일전쟁 때처럼 위험하기 그지없는 전쟁의 바다가 된다. 1904년 비슷한 상황에서 일본은 대양 해군을 출동시켰고, 러일전쟁을 대비해 독도를 시마네 현에 편입시켰다. 지금은 어떤가. 미국 국방부에서는 동해가 일본해라는 공식 입장을 냈고, 일본은 독도를 일본 땅이라고 표기했다. 앞으로 동해에 훨씬 더 많은 일본 해군이 전진 배치될 것이고, 여기에 우리나라가 끼어들 틈은 없다.

냉정하게 판단해보자. 북한 핵을 막는 데 일본이 그렇게 필요할까? 상식적으로 북한은 세계 최대 빈국이다. 전쟁을 일으켜도 지속 가능한 물자를 생산할 능력이 없다. 포탄을 한 번 쏘면 더는 공급이 안 될 정도다. 우리는 핵무기만 없을 뿐이지 현무 1, 2, 3, 4 탄도미사일에 K9 자주포, 이지스함을 보유하고 있고, F-35 전투기 40대가 들어와 있는 나라다. 이런 나라가 항공유가 부족해서 1년에 24시간밖에 비행 훈련을 못하는 북한이 뭐가 그렇게 위협적일까? 우리나라 F-35 한 대에 북한의 MiG-29 100대가 깨져나간다. 평택의 미국 험프리 기지는 세계 900여 개의 해외 미군 기지 중에서도 최대 규모로, 2만 8,000명의 미군이 주둔해 있다. 세계 최강 군사력의 미국과 세계 6위 군사력의 한국이 합동으로 세계 최빈국 북한을 상대하는데, 그것도 부족해 일본 자위대의 군사력이 필요하다는 게 대체 무슨 논리인가. 오히려 일본의 안보에 우리가 도움을 주는 꼴이다. 북한이 미사일을 쏘면 한국에서 조기 감지해 일본 열도에 미사일이 당도하기 전에 요격할 수 있는 기회를 준다. 일본 안보에 대한민국이 희생타가 되는 판에 일본이 우리나라에 무슨 큰 도움이 된다고 그렇게 호들갑을 떨고 있나.

지금 북한을 가장 과대평가하는 건 윤석열 대통령이다. 그의 기준에서 북한은 군사적으로도 언제든 우리나라를 집어삼킬 수 있는 역량이 있고, 심지어 대한민국에는 북한의 지령을 받는 '공산전체주의' 세력이 아직도 사회 곳곳을 좀먹고 있다. 아마 대통령의 8·15 경축사를 보면서 많은 국민들이 우리나라 대통령이란 자가 대체 어느 시대, 어느 나라에서 살고 있나 싶어 아연실색했을 것이다.

공산전체주의를 맹종하며 조작·선동으로 여론을 왜곡하고 사회를 교란하는 반국가 세력들이 여전히 활개 치고 있습니다. 자유민주주의와 공산전체주의가 대결하는 분단의 현실에서 이러한 반국가 세력들의 준동은 쉽게 사라지지 않을 것입니다. 전체주의 세력은 자유 사회가 보장하는 법적 권리를 충분히 활용하여 자유 사회를 교란시키고 공격해왔습니다. 이것이 전체주의 세력의 생존 방식입니다. 공산전체주의 세력은 늘 민주주의 운동가, 인권 운동가, 진보주의 행동가로 위장하고 허위 선동과 야비하고 패륜적인 공작을 일삼아왔습니다. 우리는 결코 이러한 공산전체주의 세력, 그 맹종 세력, 추종 세력들에게 속거나 굴복해서는 안 됩니다. 자유민주주의는 반드시 승리한다는 믿음과 확신, 그리고 우리 모두 함께 힘을 모으는 연대의 정신이 중요합니다.

_윤석열 대통령 8 · 15 경축사 중에서

이를 송영길은 이렇게 패러디하기도 했다.

군사 검찰 독재 전체주의를 맹종하며 조작·선동으로 여론을
왜곡하고 사회를 교란하며 민주공화국의 헌정질서를 유린한
반국가적 검찰 범죄 카르텔이 여전히 활개 치고 있습니다. 자
유민주주의와 군사 검찰 독재 전체주의가 대결하는 현실에서
이러한 검찰 범죄 카르텔 세력들의 준동은 쉽게 사라지지 않을
것입니다. 검찰 범죄 카르텔 세력들은 수많은 국민들의 투쟁으
로 민주화가 되어 기무사, 국정원 등의 권력기관이 통제되자 권
력을 독점하고 검찰의 무소불위 기소편의주의·기소독점주의
권력을 악용하여 민주 헌정질서를 교란하고 공격해왔습니다.
이것이 검찰 범죄 카르텔 세력들의 생존 방식입니다. 늘 법과
원칙에 정의의 대리자로 위장하고 허위사실 유포, 증거 조작,
별건 수사 등 불법 수사로 자신을 검찰총장으로 발탁한 대통령
을 공격하는 등 패륜적 공작을 일삼아왔습니다. 우리는 결코 이
러한 군사 검찰 독재 범죄 카르텔 세력에 속거나 굴복해서는 안
됩니다. 자유민주주의 대한민국 민주공화국을 무너뜨리는 부

패 범죄 가족단, 검사 범죄 이권 카르텔의 공포정치에 맞서 반드시 승리한다는 믿음과 확신, 연대의 정신이 중요합니다.

_8월 15일 광주 집회 중에서

북한을 핑계 삼아 대한민국 국민을 공산전체주의 세력으로 몰아가면서 갈기갈기 찢어놓는 주제에 일본을 향해서는 굴종 외교를 이어간다. 일본과의 관계에서 빈 물잔 반 컵을 채웠으니 일본이 남은 반을 채워줄 거라는 자화자찬이 무색하게 일본은 거기에 후쿠시마 오염수를 채웠다. 78주년 광복절에 일본 정치인들은 A급 전범들이 합사된 도쿄 야스쿠니 신사에 공물을 헌납했는데, 우리의 대통령은 8·15 경축사에서 일본을 우리와 보편적 가치를 공유하고 공동의 이익을 추구하는 파트너라고 말했다.

8월 14일, 광복절 하루 전날은 위안부 기림의 날이기도 하다. 광복된 지 78년이나 되었는데도 여전히 일본의 사죄를 받지 못했고, 윤석열 대통령은 오히려 과거사를 지우고 배상마저도 일본 피고 기업이 아닌 한국 재단이 대신하는 제삼자 변제를 추진했다.

지난 2022년 12월 26일에 돌아가신 이옥선 할머니께서는 생전일본 대사관 앞 수요집회 때마다 부르짖으셨다. "사죄받게 해주세요. 부탁드립니다. 감사합니다." 이제 한국에 위안부 생존자는 단 아홉 분만이 남았다. 배상과 사과의 날은 요원한데, 목 놓아 자유만 부르짖는

송영길의 선전포고

대통령 앞에서 송영길은 부끄럽고 죄스럽다.

　미래는 현재의 총합이다. 오늘의 행동이 내일의 결과를 부른다. 지금의 현실이 계속되면 윤석열 대통령이 그렇게 강조하는 미래는 결단코 오지 않을 것이다. 대한민국의 미래는 물론이고, 윤석열 대통령의 미래도 그렇다.

2

중국·북한과의 관계를 파탄 내는 윤석열 정부

우리나라 헌법 전문을 보면 평화적 통일을 기본으로 삼는다. 헌법 4조에는 "대한민국은 통일을 지향하며, 자유민주적 기본 질서에 입각한 평화적 통일 정책을 수립하고 이를 추진한다"라고 명시되어 있다. 또 대통령은 취임할 때 헌법 69조의 선서를 한다. "나는 헌법을 준수하고 국가를 보위하며 조국의 평화적 통일과 국민의 자유와 복리의 증진 및 민족문화의 창달에 노력하여 대통령으로서의 직책을 성실히 수행할 것을 국민 앞에 엄숙히 선서합니다."

그런데 윤석열 정권이 들어와서 평화적 통일 정책이라고 제시한 게 있나? 전두환 정권 때는 민족화합민주통일방안을 제시했고 노태우 정권 때는 한민족공동체통일방안을 제시하여 남북기본합의서를 남북한 합의로 채택하기도 하였다. 이명박 때도 '비핵개방 3000'

을 구상하고, 박근혜 정권 때도 되든 안 되든 드레스덴 선언Dresden Declaration이라도 했는데 윤석열 대통령은 아예 이런 형식적인 시도조차 하지 않고 있다. 헌법 위반이라고 할 수 있다.

이 또한 가만히 뜯어보면 무식하기 그지없는 행태이며, 한반도의 긴장감을 높이기만 할 뿐이다. 북한은 우리에게 이중적 존재에 가깝다. 대한민국 안보를 위협하는 측면이 분명 존재하지만 같은 민족으로서 통일의 대상이기도 하다. 그래서 대한민국 헌법도 평화적 통일 정책을 추진하도록 명시하는 한편, 국가보안법을 통해 체제에 위협적인 행위에 대응할 수 있도록 했다.

현재 윤석열 대통령의 발언을 보면 이런 이중적 측면 중에 북한이 평화통일의 대상이란 측면은 무시하고 오로지 적대적인 감정만 부추기는데, 이것은 안보를 강화하는 게 아니라 오히려 무력화시키는 꼴임을 주지해야 한다.

많은 이들이 북한을 두고 식량난도 심각한데 국가로서 버티고 있는 게 신기할 정도라고 한다. 그러나 북한이라는 나라가 일상적으로 워낙 어려운 상황을 겪고 있기 때문에 역설적으로 쉽게 무너질 수 없다. 송영길은 예전부터 안보에 관심이 많아 탈북자들을 많이 만났는데, 인터뷰해보면 하나같이 "북한은 절대 무너지지 않는다"라고 답한다. 어떻게 그런 비인권적인 체제가 계속 유지될 수 있을까?

우리나라에서 사이비 이단 종교단체가 여전히 건재한 것과 비슷한 이유다. 개명된 천지하에 모든 정보가 공유되는 우리나라 같은 자유민주주의 국가에도 사이비 종교에 빠지는 수많은 광신도들이 있다. 인간이 합리적인 것 같아도, 꼭 그렇지만은 않다는 것이다. 북한은 이러한 사이비 종교단체보다 더욱 강력하다. 태어날 때부터 국가권력에 의해 의식화 교육을 행한다. 2023년 기준으로 어느덧 휴전된 지 70년이 지났다. 휴전 이후에 태어난 사람이 이제 70대가 되는데, 어렸을 때부터 받은 사상 교육에서 결코 벗어날 수 없을 것이다. 그래서 북한이 무너질 거라고 생각하고 펼치는 대북 정책은 늘 실패했다. 대표적으로 박근혜 정부의 이른바 통일 대박론이 북한 붕괴를 전제하고 있는데, 결국 어떻게 되었는지는 모두가 잘 알고 있다.

그러니 이 현실을 인정하고 대화의 물꼬를 터서 화해·협력으로 나가 긴장을 완화시키는 것이 북한을 대하는 가장 좋은 방법이다. 많은 이들이 간과하지만, 북한도 제 나름대로는 변화하려고 노력한다. 미국 국무부 장관 출신인 마이크 폼페이오의 회고록 《Never Give an Inch: Fighting for the America I Love》에는 자신이 CIA 국장으로, 장관으로 평양을 네 번 방문해 김정은을 만나 대담했던 내용이 자세히 담겨 있다.

이 책에서 송영길이 놀랐던 대목은 김정은이 중국을 견제하기 위해 주한미군이 필요하다는 사실을 인정하는 부분이었다. 사실 김대중 대통령도 김정일 위원장과 회담 당시 김정일 위원장이 주한미군의 필요성을 인정했다고 밝힌 적이 있었다. 그만큼 북한도 중국에 대해 견제와 균형이 필요하다는 점을 인식하고 있는 것이다. 여기서 변화에 대한 북한의 열망을 읽어내야 한다. 다시 말해 북한은 중국에 협력하면서도 중국에 종속되지 않으려는 의지가 있고 중국에 대한 불신과 견제의 심리도 있다. 북한도 아닌 척하지만 물밑에선 미국과 국교를 정상화하려고 발버둥 치는 것이다. 북한도 국제법상 국가이다. 모든 국가가 다 그러하듯이 북한도 우선 목표는 국가 안보와 경제 발전이다. 북한에게 국가 안보는 북·미 간의 평화협정과 외교 관계 수립이다. 북한 경제 발전의 핵심은 미국이 경제 제재를 해제하고 미국 시장에 북한 상품을 개방해주는 데 있다. 중국은 북한의 생존에 필요한 최소한의 지원을 해줄 수 있지만, 북한의 궁극적인 안보와 경제성장을 담보해줄 수 없다. 미국만이 이를 해줄 수 있다. 그래서 북한은 북·미 관계 정상화에 목을 맨다.

2024년 11월, 만약 트럼프가 대통령이 되면 즉각 김정은과의 정상회담이 이뤄질 것으로 본다. 지금 상황에선 한국은 패싱되고, 국제적 '왕따'로 전락할 것이 불 보듯 뻔하다. 지금 윤석열 정부는 바이든의 대북 정책에 완전히 멱살 잡혀 있는데, 만약 트럼프가 당선되어 대북 전략 자체가 바뀐다면 당연히 우리나라는 미국으로부터 버림받을 수밖에 없다.

중국으로부터도 마찬가지다. 윤석열 정부는 지금 거의 미국의 행동대장처럼 활동하면서 중국과의 관계를 파탄 내고 있다. 미국과 중국이 싸운다고 해도 결코 미국이 일방적으로 이길 수 없다. 무역 전쟁이라는 게 그렇다. 어찌 됐건 타협 국면으로 흘러갈 것이 자명하다.

지금 중국이 희토류를 통제하면 미국 첨단산업은 존속이 어렵다. 심지어 중국은 Hand Torn Steel, 일명 Paper Steel이라 불리는 세계에서 가장 얇은 철을 독점하고 있다. 이게 없으면 최신무기 자체를 만들 수 없다. 미국이 앞에서는 중국을 때리는 것 같지만 뒤에선 계속 협상을 시도하는 이유다. 그 증거로 토니 블링컨, 재닛 옐런, 존 케리, 헨리 키신저 등 거물들이 연이어 방중했다. 중국을 향한 미국의 행동대장이 윤석열이라면, 윤석열에게는 김기현 행동대장이 있다. 중국을 냉전시대의 적국쯤으로 생각하는 김기현 국민의 힘 대표의 아무말 대잔치를 듣고 있노라면 중국에 투자하고 중국과의 무역을 업으로 살아가는 수많은 우리 기업인들의 억장이 무너진다. 러시아와 교역하는 사람들, 우즈베키스탄과 교역하는 사람들도 사정은 다르지 않다. 그간 우리나라의 외교 정책을 보면 노태우 정부 이후 30년 이상을 동북아에서 상당히 잘한 편이었다. 한심한 정부가 들어와 30년의 노력을 다 무너뜨렸다. 전임 대통령들의 모든 성과를 '공空'으로, 아니 '꽁'으로 만들고 있다.

게다가 기시다 일본 총리만 해도 나서서 계속 조건없이 김정은과 만나겠다고 얘기하는 실정이다. 실제로 자민당 내부에서 누가 먼저 김정은을 만날 것인지에 대해 기시다 측과 반 기시다 측의 경쟁이 벌어지고 있다. 이런 사실을 통해 일본의 외교 전략을 가늠할 수 있다. 상황이 어떻게 변할지 모르는 만큼 그에 대한 다양한 계획과 대비책을 가지고 있다는 의미다. 이게 우리 입장에선 얼마나 황당한 일인가? 북한 견제한답시고 일본에 다 퍼줬는데 일본과 북한이 대화의 물 꼬를 튼다면 그야말로 닭 쫓던 개 지붕 쳐다보는 꼴이다.

따지고 보면 다른 나라도 마찬가지다. 미국은 한·미·일 동맹을 강조하지만 중국을 만나고, 러시아는 북한과 정상회담을 했지만 여전히 우리나라에 여지를 남긴다. 한국이 원하면 북한과의 정상회담 내용을 다 설명하겠다고 말할 정도다. 일본 입장에서 북한이 자신들에게 줄 수도 있는 이익을 포기하기 싫듯 러시아도 한국이라는 카드를 포기하기 싫은 것이다. 사실 윤석열 정부가 유독 모자라서 그렇지 이런 게 외교의 기본이다. 어떻게든 자국의 이익을 극대화하기 위해 노력하는 태도는 그저 최소한의 상식일 뿐이다.

윤석열 정부는 그런 상식조차 없다. 한국을 향한 러시아의 태도는 우리에게 분명한 기회인데, 윤석열 정부는 오히려 러시아와 더욱 각을 세우고 있다. 아마 이게 기회인지도 모를 것이다. 대체 이 정부는 왜 이렇게 멍청한 외교를 하는 것일까? 이유는 명확하다. 윤석열 대통령의 세계관 안에서는 세상에 오직 적군과 아군만 존재하기 때문이다. 이 세계관은 국내 정치에서든 외교에서든 가리지 않고 공고하게 작동한다. 윤석열 대통령이 자신만의 '뇌피셜'에 빠져 허우적대는 통에 우리나라는 얻을 수 있는 이익을 얻지 못하는 정도에서 끝나는 게 아니라 심각하고 본질적인 안보 위협에 직면하게 될지도 모른다.

이런 상황에서 더불어민주당 의원들의 노력이 절실하게 요구된다. 더불어민주당이 차기 집권 여당을 꿈꾼다면 정당 외교에도 활발히 임해야 한다. 중요한 외교 문제를 해결하기 위해서는 적임자를 임명해 외교단을 만들고 미국과 유럽을 비롯한 중요한 나라들을 순회해야 한다. 문재인 정부의 신남방정책을 계승·발전시키기 위해서는 동남아 국가인 베트남이나 인도도 점검할 필요가 있다. 송영길은 현재 더불어민주당이 국제외교 활동에 너무 취약한 것이 못내 아쉽다. 일본의 입헌민주당이나 사회당 쪽에서 오염수 방류를 강력히 반대하는 만큼 일본의 정당이나 시민단체와도 강력히 연대 투쟁하는 모습을 보여야 한다. 사법 리스크에만 매달려 낑낑대는 방어적 모습이 아니라, 이 대응은 대응대로 하되 대한민국 안보와 외교, 먹고사는 문제를 책임지는 수권 정당의 모습을 보여야만 한다.

송영길 칼럼 5

전술 핵무기 사용의 위험성

핵전쟁으로 치달을 3차 세계대전을 막기 위한 전략적 협상이 시작되어야

핵무기는 상징적이고 정치적인 무기이다. 1945년 히로시마와 나가사키에 투하된 핵무기의 가공할 만한 위력은 인류에게 이중적인 모습으로 다가왔다. 영화 〈빈지의 제왕〉에서처럼 절대무기를 기지려는 욕망과 상대방이 그 절대무기로 자신을 공격할 경우의 공포가 동시에 나타나게 되었다. 1949년 소련의 핵무기 개발, 그리고 영국·프랑스·중국의 핵무기 개발은 냉전 시대에 공포의 균형을 이루게 만들었다. 상호확증적파괴(MAD)라는 공포 속에 서로 전쟁을 자제하게 된 것이다.

핵을 가진 나라들이 UN 안보리 상임이사국이 되어 2차 대전 이후 세계 질서를 관리하면서 핵의 확산을 막기 위해 핵확산금지조약(NPT)을 체결했다. NPT는 대표적인 불평등 조약이다. 핵을 가진 나라의 기득권을 보장하고 다른 나라는 핵을 못 갖도록 하는 것이다. 이런 불평등한 구조를 완화하기 위해 핵보유국의 핵 감축 의무와 종국적 핵 폐기 노력, 핵의 평화적 이용 보장, 그리고 핵을 가지지 않은 나라를 핵무기로 위협·공격하지 않는다는 조항과 공감대가 만들어졌다. 그러나 인도·파키스탄·이스라엘·북한이 NPT 밖에서 사실상 핵보유국이 되었다. 물론 NPT가 그간 무분별한 핵 확산을 저지하는 데 효과적 역할을 해온 것은 사실이다.

그러나 최근 NPT 체제 유지와 효용성에 대한 근본적인 문제가 제기되고 있다. 핵보유국이 핵 감축 노력에 성의를 보이지 않고, 오히려 끊임없이 핵무기가 현대화되고, 다탄두 미사일, 초음속 스텔스, 저위력^{low yield} 미사일 배치 등 핵무기의 종류, 운반 방법, 발사 방법이 갈수록 고도화되고 있기 때문이다. 미·소와 미·러는 그간 주로 대륙간탄도탄을 제한하는 전략무기제한협정(SALT)과 신전략무기감축협정(NEW START)을 통해 상당수의 전략무기를 감축하는 성과를 보였다. 그런데 부시 행정부의 전략방어계획(SDI) 구상 실현을 위해 1994년 북·미 간의 합의가 무효화되고, 미국이 2002년 미사일 방어 구상에 장애가 되는 탄도탄요격미사일(ABM)협정을 탈퇴하였다. 1987년 고르바초프와 레이건 사이에 체결된 중거리핵전력(INF)조약에 따라 2,692기의 중·단거리 핵미사일이 폐기된 바 있다. 이후 미·러 상호 간 조약 위반 주장과 유럽에서는 영국·프랑스 핵무기, 아시아에서는 중국 핵무기가 협정 대상에 포함되지 않은 한계 등 때문에 트럼프 대통령이 2018년 일방적으로 INF조약 탈퇴를 선언했다. 러시아는 최근 NEW START 협정에 따른 핵무기 상호 검증

부담을 거부하면서, 협정 참여 유보를 선언했다. 그러면서 미·러 양국은 소위 저위력 핵무기 개발을 가속화하고 있다.

저위력 핵무기, 전술 핵무기 개념은 핵무기가 공포의 균형을 통한 전쟁 억지 기능을 수행하는 것을 넘어 실제 핵무기를 전쟁에 사용하겠다는 매우 위험한 전략 개념이 아닐 수 없다. 최근 러시아는 노골적으로 우크라이나 전쟁에서 핵무기 사용 가능성을 언급했다. 심각한 위험이 아닐 수 없다. 미국은 1945년 일본 히로시마와 나가사키에 핵폭탄을 투하한 이후, 한국전쟁 때나 대만해협 위협 때 심각하게 핵무기 사용을 고려했다고 시사한 바 있다. 2022년 미국의 핵 전략에 관한 보고서인 《Nuclear Posture Review》(NPR)에도 핵무기 공격이 아닌 재래식 무기 공격에도 심각한 상황이 되면 핵무기가 사용될 수 있음을 시사하고 있다.

현재 UN 안보리 상임이사국인 5대 핵보유국 중 핵무기로 공격받지 않는 한 핵무기를 선제적으로 사용하지 않겠다는 NO FIRST USE 정책을 공표한 나라는 중국이 유일하다. 러시아, 미국 모두 핵 선제공격 가능성을 배제하지 않고 있다. 저위력 핵무기 개발을 가속화하고 있다. 러시아는 2,000여 개의 저위력, 전술 핵무기를 가지고 있는 것으로 알려져 있다. 미국도 공중발사 B61 SLBM용 W76-2 등의 개발 배치를 가속화하고 있다. 저위력이라고 말하지만 20킬로톤이면 히로시마, 나가사키에 투하된 원폭 위력과 같다. 핵무기가 발사되고 폭발하면 그게 저위력인지 전략 핵무기인지는 중요하지도 않고 구분되지도 않을 것이다. 그저 모든 것이 잿더미가 될 뿐이다. 일반 핵무기가 사용되면 보복 핵무기가 발사

될 수밖에 없고, 인류 멸망의 아마겟돈 묵시록의 전쟁이 될 것이다.

미국과 러시아 모두 핵무기 개발이 상대방의 공격을 막기 위한 방어적 목적이라고 한다. 중국의 '모순矛盾'이란 말처럼 창과 방패는 동전의 양면이다. ABM 탄도요격미사일을 방어용이라고 하지만 상대방은 나의 미사일을 방어하고 나는 상대방 미사일을 방어할 수 없으면 공포의 균형은 사라지고 안보 위협에 노출된다. 1914년 오스트리아와 세르비아 간의 발칸전쟁으로 마무리될 수 있었던 국지적 분쟁이, 프랑스·독일·러시아 상호 간의 불신과 방어 전략으로 인해 상대방 위협으로 연결되고, 독일의 슐리펜 계획 같은 전격 선제공격 전략으로 연결되어 아무도 원하지 않고, 예상하지 않았던 1차 세계대전으로 발전했다. 4년간의 전쟁으로 2,000여 만 명이 죽어간 유럽 문명의 자살행위였다. 1차 대전 이후 독일에 대한 가혹한 제재가 히틀러 체제를 탄생시키고 2차 대전으로 연결되었다.

유럽이 다시 3차 세계대전의 발화점이 될 수도 있다. 어두운 그림자가 다가오고 있다. 3차 대전은 1·2차 대전과 질적으로 다른 핵전쟁으로 이어지게 될 것이다. 인류 문명 전체의 치명적인 자살행위로 이어질 가능성이 크다. 최근 그나마 중국이 러시아에 대해 핵무기 사용 금지, 자포리자아 핵발전소에 대한 공격 금지를 촉구하고 신속한 전쟁 중지 협상을 제안한 것은 긍정적인 일이다. 미국·러시아, 미국·중국 간에 즉각적인 휴전을 위한 협상이 필요하다. 핵전쟁을 막기 위한 상호 전략적 대화가 절실히 필요한 시점이다.

3

송영길이 외교부 장관을 하고 싶었던 이유

송영길은 문재인 정권을 생각하면 여전히 아프다. 온 국민의 촛불로 만든 정권을 무능하게 빼앗겼으니 그렇고, 언론 개혁과 검찰 개혁을 제대로 하지 못해서도 그렇지만, 남북 관계를 생각해도 그러하다. 처음엔 기대했던 대로 일관되게 한반도 전쟁 불가, 평화 번영 원칙을 견지하고 추진했다. 2018년 평창 올림픽을 평화 올림픽으로 만들고, 이를 계기로 역사적인 6·12 북·미 정상회담을 만들어냈다. 세 번에 걸친 남북 정상회담으로 판문점선언과 평양공동선언까지 만들어냈다. 그러나 이후 미국과의 관계와 대북 제재의 틀에 갇혀 더 멀리 뻗어가지 못했고, 남북 간의 자주적인 합의에 기초한 실천도 너무 더뎠다. 나중에는 남북연락사무소까지 폭파할 만큼 최악의 사태로 치달았다. 이 책임은 누구에게 있나? 모든 것을 다 미국 탓으로 돌릴 수는 없다.

심지어 이런 일도 있었다. 개성공단이 폐쇄된 이후 기업인들이 공장 상태는 괜찮은지, 혹시 녹이 슬지는 않았는지 한번 보고 싶다고 통일부에 개성공단 방문 신청을 했다. 하지만 문재인 정부 통일부장관 조명균은 네다섯 차례에 걸친 방문 신청을 모두 불허했다. 송영길이 조명균 장관에게 그 이유를 물었다. 장관의 대답은 한미워킹그룹에서 미국이 반대했다고 한다. 송영길은 개성공단 기업인들의 개성공단 방문 문제를 장관이 그냥 전결사인하면 되는 것이지 그것조차 미국에게 물어보아야 하느냐고 반문했다. 분노를 참을 수 없었다. 개성공단을 재개하겠다는 것도 아니고, 자신의 공장을 확인하고 점검하고 싶다는 요청조차도 미국의 결재를 받아야 하고 미국의 눈치를 본다면, 그것을 어찌 주권 국가라고 할 수 있겠나.

송영길은 대학 1학년 때 강만길 교수의 《분단시대의 역사인식》이란 책을 읽고 감동했다. 지금이 일제하라면 우리는 어떠한 직업을 갖더라도 민족해방을 위한 투쟁에 동참하는 삶을 살아야 한다. 마찬가지로 분단 시대를 사는 우리는 분단을 극복하고 민족의 통일에 기여하는 삶을 살아야 한다는 것이 송영길의 지론이었다. 시간이 지나면서 이 지론은 분단을 공고히 하고 지켜야 할 체제로 인식하기보다는 분단을 걷어내고 극복해서 대한민국이 주도하는 민족통일의 시대를 열어야 한다는 확고한 철학으로 확장되었다.

송영길의 선전포고

대학 시절에 학생운동을 하고, 역사를 공부하면서 그가 깨달은 한 가지는 근현대부터 우리나라의 발목을 잡아온 대부분의 문제가 외교에서 시작되었다는 사실이다. 외교를 못하는 바람에 개항이 늦어지고, 왜적의 침입에 시달리고, 남북이 분단됐다.

대원군이 병인양요, 신미양요를 겪은 다음 전국에 세운 척화비에는 이런 문구가 새겨져 있다. "양이침범洋夷侵犯 비전즉화非戰則和 주화매국主和賣國"(서양 오랑캐가 침입하였는데 싸우지 않는 것은 화해를 주장하는 것이고, 화해를 주장하지 않는 것은 나라를 파는 것이다) 여기에는 변화와 개방에 대한 두려움과 완고함이 스며들어 있다.

그 이전의 역사 또한 마찬가지이다. 16세기 들어와 유럽에서는 지리상의 발견이 시작되었다. 그러던 중 1543년에 일본 다네가시마 섬으로 흘러들어온 포르투갈 상인이 처음으로 일본에 조총을 전파했다. 그때 우리나라에는 처음으로 서원이 만들어졌다. 유럽에서는 코페르니쿠스가 지동설을 발표했다. 코페르니쿠스적 전환이 일어난 시대에 붓의 나라 조선, 총의 나라 일본이 극명히 대비되는 사건이 발생한 것이었다. 이후 조총은 발전을 거듭했고, 1555년 일본에서는 조총이 대량 생산되기까지 이르렀다. 결국 1592년 임진왜란이 일어났는데, 송영길은 이것이 단순한 왜적의 침입이라기보다 해양 문명과 대륙 세력의 싸움이 한반도에서 벌어진 것이라고 해석한다. 이런 맥락에서 임진왜란 또한 외교의 영역에서 보는 것이 옳다. 그때 조선은 세계가 어떻게 돌아가는지도, 세상 물정도 몰랐기 때문에 당할 수밖에 없었다.

　이런 역사관을 가지고 있었기 때문에 송영길의 꿈은 외교관이었
다. 결국은 변호사를 거쳐 정치인이 되었지만, 자신의 역사적 사명은
분단이라는 냉전 시대 마지막 잔재를 해결하는 것이라고 생각했다.
송영길은 스스로 여러 번 밝혔듯 주사파에는 단호히 반대하지만 민
족주의자이다. 그런 점에서 남북의 문제는 우리 민족이 반드시 함께
풀어야 할 과업임이 분명하다. 물론 그런 상징적인 의미만 있는 것은
아니다. 남북 문제만 평화롭게 풀린다면 안보, 외교, 경제 등 우리나
라의 많은 문제가 자연스럽게 해결될 뿐만 아니라, 나아가 우리나라
가 세계 최강국, 세계 최부국으로 뻗어나갈 수 있다고 믿는다.

　언젠가 이런 외교적 성과를 만들기 위해 송영길은 오랫동안 준
비했다. 국회의원이 되어서도 외교 문제를 계속 공부했고, 남북통일
을 위해서 4대 강국과의 네트워크를 만들어야 한다는 생각에 20년
넘게 영어, 일본어, 중국어, 러시아어를 공부했다. 송영길은 지금도 평
범의 연속은 비범이라는 말을 좌우명으로 여긴다. 시간과 여건이 되
는 대로 한 문장이든 두 문장이든 외국어를 매일 공부한다. 언어는 송
영길의 좋은 무기가 되었다. 깊이 있는 대화가 가능한 만큼 각 나라의
정치인, 관료들과 종종 메시지를 주고받으면서 다양한 인맥과 네트
워크가 쌓였다. 문재인 정권하에서 좋아지던 남북 관계가 조금씩 악
화할 무렵, 자신이 나선다면 이 방향을 돌릴 수 있을 거라고 판단했
다. 이것은 송영길이 정치에 입문한 목적이기도 했다. 열정과 에너지

가 충만했던 만큼 온몸을 바쳐 해보고 싶었다. 노영민 당시 비서실장을 만나 자신이야말로 외교부 장관의 적임자라고 몇 번이나 부탁했다. '당 대표는 물론이고 총선에도 출마하지 않겠다, 국회의원이고 뭐고 다 포기하겠다, 폼페이오와 고노, 왕이, 라브로프 등 4대 강국의 외교부 장관과 네트워크가 있는 만큼 그들과 직접적인 소통이 가능하다, 임기 말까지 반드시 성과를 만들어 보이겠다.' 백방으로 설득했지만 문재인 대통령은 완강히 강경화 외교부 장관 유임을 결정했고 아무것도 바꿀 생각이 없었다.

그때도 그랬지만 지금도 송영길이 생각하는 북한 문제의 해법은 우선 북핵 문제에 대한 단계적인 협의다. 1994년 제네바기본합의서에 명시한 것처럼 북·미 간 연락사무소도 다시 설치해야 하고, 미국이 자국 국민의 방북을 차단해놓은 조치도 풀어서 가능한 북한을 국제시회로 끌이내야 한디고 본디.

북한은 기본적으로 이슬람 국가와는 다르다. 북한은 유교 사회일 뿐 종교 사회는 아니다. 북한 사람들은 이슬람 사람들처럼 신을 위해 언제든 목숨을 바칠 수 있고, 심지어 빨리 알라신에게 가고 싶다고 생각하지 않는다. 김일성을 수령님으로 떠받든다고 해서 얼른 김일성 장군이 계신 하늘나라로 가야겠다고 마음먹는 이들이 아니다. 김정은을 비롯한 북한의 그 누구도 평양이 잿더미가 되길 원하지 않는다. 그래서 타협이라는 게 가능하다. 북한과 싸울 필요가 뭐가 있나? 아무리 북한을 제재한다고 해도 북한은 결코 스스로 무너지지 않는다. 그러니 최대한 개방하도록 하고, 외부 정보가 많이 들어가도록 해서 내부적인 변화를 이끌어내는 것이 가장 합리적인 전략이다.

북한도 자신들의 안보를 해결하고 경제 발전을 가져다줄 수 있는 나라는 중국이 아니라 미국임을 알고 있다. 중국은 생존에 필요하지만 거기까지일 뿐, 추가 발전에는 결정적인 한계가 있다. 이를 가능하게 하려면 미국의 역할이 절대적이고, 미국을 움직이게 하는 것이 결국 우리나라의 임무일 수밖에 없다.

당시 송영길의 계획은 마이크 폼페이오 당시 국무부 장관에게 '트럼프 재선을 도와주겠다. 방위비 분담금도 인상하겠다. 대신 우리도 먹고살 수 있게 개성공단을 복원시키는 것을 도와달라'라고 하는 것이었다. 폼페이오 또한 트럼프의 재선에 사활을 걸고 있었고, 대북 정책에 관한 부분만 보면 바이든보다는 트럼프가 우리에게 훨씬 도움이 된다. 게다가 북한이 우리와 만날 동기가 없었던 만큼 설득하려면 당근이 필요했다. 개성공단이 재개되었다면 우리나라에도 이익일 뿐만 아니라 북한과 다시 대화의 물꼬를 틀 수 있었을 것이다. 줄 건 주더라도 얻을 수 있는 건 최대한 얻어내는 것. 그리하여 결론적으로는 우리에게 더 많은 도움이 되게 만드는 것. 이런 게 송영길이 생각하는 외교였다. 하지만 문재인 정부에서 이걸 끝내 이뤄내지 못했고, 지금 윤석열 정부가 들어와서 남북 관계는 최악으로 치달고 있으니 안타깝고 통탄스러운 일이다.

문재인 정부 시절 남북 관계 회복의 결정적 기회였던 하노이 북·미 정상회담이 결국 실패로 돌아간 것도 뼈 아프다. 송영길은 비스마르크의 "정치가의 임무는 역사를 통해 행진하는 신의 발자취를 듣고 그가 행진하는 동안 그의 옷자락을 잡으려고 노력하는 것이다"라는 말을 좋아한다. 문재인 정부 시절 싱가포르 북·미 정상회담이 성공하고, 2019년 베트남 하노이에서 북·미 정상회담을 앞두고 있던 그때야말로 신의 옷자락이 잠깐이지만 보였다고 그는 생각한다.

당시 한국은 하노이 회담이 성사될 거라고 확신하고 김칫국부터 마시고 있었다. 이는 북한도 마찬가지였다. 당시 김정은은 65시간 40분 동안 기차를 타고 베트남으로 이동했는데, 그동안 북한은 보안 때문에 언제나 사후에만 동선을 공개해왔다. 평양에서 환송회까지 하고, 사전에 동선을 모두 공개한 것은 하노이 회담이 유일했을 것이다. 하지만 모두가 알다시피 회담은 결렬되었고 김정은은 거기까지 가서 바람맞고 온 것이나 다름없었다.

나중에 송영길은 워싱턴에서 스티브 비건 미 국무부 부장관을 만난 적이 있다. 비건은 폴란드 출신으로서, 폴란드가 우리나라처럼 독일과 러시아로부터 침략당한 역사가 있는 만큼 서로 공감대를 형성하기도 했고 지금까지도 친분을 유지하고 있다. 그때 송영길은 비건에게 북한과의 실무회담은 무조건 평양에서 해야 한다는 말을 건넸다. 북한 협상단은 재량권이 없으므로 그들에게 아무리 얘기해봤자 논의가 안 될 거라는 의미였다. 하지만 평양에서 실무회담을 개최하면 실시간으로 김정은에게 보고되는 만큼 결정을 내리기가 수월해진다.

비건은 자신도 이번 회담 실패로 얻게 된 교훈이었다고 말하며 송영길의 의견에 동의했다. 결국 비건도 북한의 김혁철 대미 특별대표와 실질적 논의를 충분히 하지 못했다는 사실을 알고 있었다. 따지고 보면 사전 조율이 명확히 안 되었으니 회담 성공을 그렇게까지 확신할 만한 상황이 아니었다. 그런 만큼 우리나라에서도 어떻게든 이 회담의 성공을 위해 북·미 중간에서 모든 노력을 다했어야 했다. 서훈 국정원장을 하노이에 보내 비상대기하게 하고, 외교부를 총동원해 트럼프를 설득해서 대북 강경파 존 볼턴을 막고, 만약을 대비한 제3의 안을 만들어 북한 측에도 준비하게 했어야 했다.

그 이후부터 지금까지 많은 것이 망가졌지만, 송영길은 아직 여지는 있다고 생각한다. 물론 그전에 중국, 러시아를 적으로 삼아 동북아판 NATO를 만들려는 미국과 여기에 그저 놀아나기만 하는 한국 정부가 바뀌어야 가능한 일이다. 결국 돌고 돌아 결정은 다시, 국민의 몫이다. 거기서부터 시작해야 한다.

송영길의 선전포고

4

반도세력론

북한과의 협력은 왜 중요한가?

흔히 반도체를 일컬어 IT 산업의 '쌀'이라고 부른다. 반도체가 인류의 실생활에 매우 광범위하게 활용되기 때문이다. 컴퓨터, 냉장고, TV, 카메라, 핸드폰 같은 생활 기기에는 물론 초음파 영상, MRI 같은 의료 기기, 첨단과학의 최고봉인 우주왕복선에까지 모두 반도체 칩이 들어간다. 송영길은 우리나라가 북한과 어떻게 관계를 맺느냐에 따라 한반도가 대륙과 해양을 모두 포섭할 수 있는 거대한 강국이 될 수도 있다고 생각한다. 우리나라가 지금처럼 북한에 막혀 섬과 같은 상황이 아니라 진짜 '반도'가 될 수 있다면, 반도체처럼 우리나라도 세계를 향해 광범위하게 뻗어갈 수 있다. 이를 두고 송영길은 '반도세력론'이라는 새로운 개념을 만들기도 했다.

이를테면 미국은 대륙 횡단 철도를 통해 서부와 동부를 연결하고, 캘리포니아를 개발함으로써 태평양 연안 국가가 되어 세계적 강국으로 발전하게 되었다. 대한민국도 마찬가지다. 북한과 통합되면 대륙으로 연결되면서 세계로 뻗어나갈 수 있는 다양한 길이 열린다.

고대 이탈리아도 그랬다. 남과 북으로 분열되어 있던 이탈리아 반도가 하나로 통합되면서 지중해 무역을 독점함으로써 지중해 해상 세력과 유럽 대륙 세력을 중계했고, 결국 로마 시대 천년의 번영을 이끌 수 있었다. 반대의 예도 있다. 분열되어 서로 싸우면서 어느 한쪽에만 붙어 생존을 도모하려고 했기 때문에 1차 세계대전의 발발지가 되면서 유럽의 화약고라고 불렸던 발칸반도다. 그래서 '벌커나이즈 balkanize'(여러 작은 지역으로 분열시키다)라는 새로운 단어도 만들어졌다. 어쩌면 지금 우리나라는 옛 로마처럼 찬란한 영광의 나라가 될지, 벌커나이즈될지 그 기로에 서 있는지도 모른다.

현재 대한민국 산업 발전의 발목을 잡는 요인은 크게 세 가지이다. 노동력 부족, 토지에 대한 비용, 높은 원자재 가격. 그렇기에 기술이 아무리 좋아도 경쟁력이 떨어질 수밖에 없는데, 북한은 노동력이 넘쳐나고, 부지가 싸고, 원자재가 풍부하다. 다시 말해 북한의 노동력, 땅, 원자재에 대한민국의 자본과 기술을 결합하면 모든 조건이 완벽하게 맞아 떨어진다.

몇 가지 예를 들어보자. 건설 산업에서 모래는 가장 주요한 원자재 중 하나인데 우리나라의 경우 모래가 부족해 베트남에서 수입하는 실정이다. 돌을 일부러 쪼개서 인공 모래자갈을 만들 정도다. 하지만 이렇게 만든 모래는 강도가 낮아서 부실 건축물이 만들어지는 원인이 되기도 한다. 지금 북한의 임진강이나 예성강 같은 곳을 보면 모래가 그냥 쌓여 있다. 강의 순환을 위해선 이렇게 쌓인 모래를 계속 준설해줘야 하는데, 그러려면 비용이 들어가니 이걸 처리하지 못하고 있는 것이다. 남북 교류가 한창 활발했을 때는 우리나라 모래 수요 중 40%가량을 북한에서 수입해 쓰기도 했다. 현재는 이 모든 것이 멈춘 상태인데, 우리나라에서 만약 이 모래를 다시 수입하게 된다면 북한과 우리나라 모두에 큰 이익이 된다.

철강석을 비롯한 북한의 원자재가 중국에 헐값으로 팔려나가는 것도 문제다. 북한 사람들의 불만은, 예전에 한국과 교류할 때는 중국과 한국 두 나라가 서로 경쟁하는 만큼 제값을 받을 수 있었다는 것이다. 그러다 한국과의 교류가 막히니 중국밖에 필 곳이 없고, 이 사실을 잘 아는 중국에서 가격을 '후려치는' 데도 울며 겨자 먹기로 팔 수밖에 없다.

남북이 협력하면 축산 분야에서도 큰 이익이 있다. 우리나라의 돼지고기 자급률은 70% 정도인데, 노동력 부족도 그렇지만, 축산에서 나오는 분뇨 때문에 관련 업자들과 일반 시민 사이에서 벌어지는 갈등도 큰 골칫거리다. 반대로 북한의 축산 산업에서는 비료 부족이 큰 문제로 꼽힌다. 만약 남북이 서로 협력할 수 있다면, 우리나라 축산에서 나오는 분뇨를 북한에서 비료로 쓸 수 있으니 문제가 해결된다. 거기에 우리나라가 북한의 노동력을 활용하고 그 대가의 일부를 북한에 육류로 공급하면 분쟁 없이 모두가 윈윈이다. 장기적인 관점에서도 통일 비용을 줄일 수 있다는 이점이 있다. 현재 북한 어린이들은 영양실조가 심각한 지경이고, 우리나라 국민에 비해 평균 키가 13센티미터 작다고 한다. 그렇다면 나중에 통일이 됐을 때 의료보험료가 얼마나 많이 들어갈 것이며, 이 비용을 어떻게 감당할 수 있겠나. 그러니 축산에서의 협력은 1석 3조의 이익인 셈이다.

지금 윤석열 정부는 마치 냉전 시대 때처럼 멸공 통일, 흡수 통일을 원하는 것만 같다. 명백히 우리나라 헌법과 배치되는 일이다. 박정희 정부 시절의 7·4 공동성명에도 상호 비방 금지, 상호 체제 인정, 자주 평화, 민족 대단결의 원칙이 포함되어 있고, 이후 노태우, 김대중 정부를 거치면서도 상호 체제 인정 원칙은 계속 이어져왔다. 북한의 변화와 개혁은 우리가 개입할 문제가 아니라 북한 주민들의 자주적 판단에 맡겨야 할 일이다.

윤석열 정부는 여전히 철 지난 반공 논리에 빠져 북한을 적이라고 규정하고, 북한을 막기 위해 일본과의 협력이 필요하다고 주장한다. 윤석열 정권이 계속 이어지면 앞으로 주한미군 대신 주한일본군이 들어올지도 모른다. 결코 비약이 아니다. 지금도 계속 일본과의 군사동맹을 주장하는데, 이게 미국도 원하는 바다. 미국은 동북아에서 자신들의 역할을 줄이고, 일본이 그 역할을 대신하게 만들려고 한다.

미국이 일본의 재무장을 부추기고, 자위대를 강화하려고 하는 것이 그 주요한 증거다.

이렇게 반공에 집착하는 무리의 뿌리는 기본적으로 친일에 있다. 일본에 민족을 팔아먹었던 죄를 감추기 위해 반공으로 포장한다. 육군사관학교에서 홍범도 장군의 흉상을 치우려고 하고, 백선엽 같은 자를 옹호하는 박민식 장관의 논리도 그러하다. 친일 민족 반역 행위를 숨기기 위해 반공이 되고 친미가 된다. 이에 송영길은 육군사관학교 정문 앞에서 다음과 같이 기자회견을 열기도 했다.

정권을 빼앗긴 것이 아니라 나라를 빼앗겼습니다. 경술국치 113주년에 '시일야방성대곡'을 외치며 제2의 독립 투쟁의 깃발을 듭시다

2021년 8월 15일, 78년 만에 대한독립군 총사령관 홍범도 장군의 유해가 카자흐스탄에서 고국으로 돌아왔습니다. "홍범도 장군을 모시게 되어 영광입니다. 지금부터 대한민국 공군이 안전하게 모시겠습니다." 대한민국 전투기 조종사의 목소리가 대한민국 상공에 울려 퍼질 때 모든 국민들이 가슴이 벅차 눈물을 흘렸습니다. 1868년 평양에서 머슴의 아들로 태어나 일주일 만에 어머니가 돌아가시고 9살 때 아버지마저 돌아가셔서 천애의 고아가 된 홍범도 장군.

머슴으로 노동자로 살다가 포수가 되어 생계를 이어가면서도 나라를 지키겠다는 애국심으로 1905년 을사늑약에 분노, 의병투쟁을 시작했습니다.

국록을 먹던 이완용, 송병준 등 을사오적과 고관대작들 대부분이 일제에 나라를 넘길 때, 나라로부터 아무런 혜택도 받지 못하고 머슴과 노동자로 천대받던 홍범도 장군이 조국을 지키고자 총을 들었습니다. 하늘을 나는 백두산 호랑이 홍범도 장군, 일본군의 간담을 서늘하게 한 독립군 대장. 장군의 아내 이옥녀도 투옥되어 고문으로 사망하고 홍양순, 홍용환 두 아들도 의병투쟁으로 전사했습니다.

부동시란 석연치 않은 이유로 군대를 기피한 윤석열 대통령과, 자신도 병역을 기피하고 아들들도 병역을 기피한 우리나라의 수많은 고관대작들이 발끝도 못 따라갈 애국자 홍범도 장군과 그 가족입니다.

이렇게 전 가족이 항일투쟁하다 목숨을 잃어도 굴하지 않고 무장투쟁을 주도한 홍범도 장군은 살아 있는 전설이고 우리나라를 지켜나갈 육군사관생도가 배우고 따라야 할 모범입니다.

1920년 봉오동전투, 대한독립군 무장투쟁으로 이룬 최초의 승리. 독립군 4명 전사에 러일전쟁에서 승리한 세계 최강의 육군인 일본군 정규 육군 157명을 사살한 위대한 승리였습니다.

이어지는 청산리전투에서는 김좌진 장군과 함께 일본 사단급 부대와 전투를 벌여 독립군 60명 전사에 일본군 1,200여 명을 사살하였습니다. 청산리전투에서 괴멸적 타격을 입었던 일본군 사단은 훗날 전투력 복원을 위해 본토로 철수할 수밖에 없었습니다.

이는 1919년 보광사 주지 봉성서린 스님, 귤산 이유원의 장자 이석영 선생, 이회영 선생 등이 전 재산을 기부하여 신흥무관학교를 건설하여 독립군 간부를 양성하였기 때문에 가능하였습니다. 우리 할머니 어머니들이 금가락지 은가락지 금비녀 은비녀를 모아 체코슬로바키아 군대로부터 모신나강 소총 및 기관총을 구입하였기 때문에 가능한 승리였습니다.

이 빛나는 승리의 주역이 홍범도, 김좌진 장군 등이었습니다. 놀라운 승리입니다. 길이길이 대한민국 국군의 빛나는 승리의 역사로 기록되어야 합니다. 1937년 김일성 부대가 함경남도 갑산군 혜산진 보천보 주재소를 습격하여 민간인 2명 사망 후 추격하는 일본 경찰 7명을 사살한 정도의 소규모 전투를 한 바 있습니다. 북한은 이를 대대적으로 홍보하여 보천보에 혁명 유적지를 만들고 보천보 악단도 만들어서 성대하게 기념하고 있습니다. 대한민국은 과연 봉오동, 청산리 전투를 북한이 보천보전투 기념하듯이 기념하고 있는가요?

보천보전투와는 비교가 되지 않는 어마어마한 승리를 이룬 봉오동, 청산리 전투의 주역 홍범도 장군을 북한에서 모셔가기 전에 대한민국에 모시고 육군사관학교에 흉상을 세운 것은 우리 대한민국의 외교적 성과입니다. 조국을 지키는 우리 사관학교 생도들에게 귀감이 되는 참군인, 참애국자입니다.

그런데 친일 반민족적인 윤석열 정권과 영혼이 없는 이종섭 국방부 장관이 일제강점기 때 자발적으로 만주군관학교 간부 교육을 받고 일본 괴뢰국의 장교가 되어 간도특설대로 독립군을 토벌하러 다녔던 백선엽이 6 · 25 때 공이 있다고 하여 홍범도 장군을 몰아내고 백선엽의 흉상을 세운다고 합니다.

홍범도 장군은 박정희 대통령 때인 1962년 건국훈장이 수여되고 박근혜 정부 때인 2016년 홍범도 잠수함이 진수되었는데 윤석열 정권은 박근혜 대통령을 구속시킨 사람답게 박정희, 박근혜 대통령의 유산을 정면으로 부정하고 있습니다.

민족을 배반하고 독립군을 때려잡는 일본 제국주의 주구가 되었던 경력은 문제가 없는 것인가요?

1927년 나이 60이 되어 소련 땅에서 독립투쟁을 위한 생존과 부하들을 먹여 살리는 집단농장 운영을 위해 소련 공산당에 가입한 것이 일제의 앞잡이가 되어 민족을 배신한 행위보다 더 큰 잘못이라는 말인가요?

소련 공산당 스탈린의 탄압으로 1937년 카자흐스탄으로 강제 이주되어 고려극장 수위로 어렵게 노후를 보내다가 광복을 보지 못하고 1943년 돌아가신 애국열사에게 무슨 죄가 있는가요?

국립현충원에는 수많은 친일 반민족 행위자들이 안장되어 있는데 대한독립군 총대장을 육사에 모시지 못한다니, 이 무슨 기가 막힌 현실인가요? 이 육사를 신흥무관학교 광복군의 후예가 아니라 만주군관학교, 일본 육사, 미국 웨스트포인트 지부로 만들 생각인가요? 이종섭 장관! 육사생도 시절에 독립군가를 부르면서 광복군의 뒤를 잇겠다고 했던 맹세는 까맣게 잊었는가요?

해양 속에 있는 오염원도 추출하여 바다를 지켜야 할 판에 130만 톤이라는 엄청난 핵 오염수를 인류 전체의 생명줄인 바다에 투척하는 것을 반대하기는커녕 국가 예산을 들여 홍보하고 있는 정신 나간 윤석열 정권, 일본의 항의 때문에 독도 수역 방호를 위한 해군 훈련을 취소한 국방부, 동해를 일본해라고 명명해도 항의조차 못하고 욱일기 관함식에 아무런 문제 제기도 없이 참여하는 국방부, 해병대 채수근 상병의 억울한 죽음을 원칙대로 수사한 박정훈 대령을 오히려 수사하고 있는 미친 국방부, 이제는 민족의 영웅 대한**독**립군 **총**대장 흉상을 제거하려는 국방부, 윤석열 대통령의 지시 없이는 아무것도 못하는 국방부는 이해할 수 없는 행위를 하고 있는 것입니다.

최근 윤석열 정권의 행태는 1905년 을사늑약 전후의 일진회의 모습과 다를 바 없습니다. 나라의 자주와 민주주의 자유를 위해 한 번도 자기를 희생해본 적이 없는 검찰 범죄 카르텔 전체주의 세력들에 대한 심판의 날이 다가오고 있습니다.

민주 세력이 다시 집권하게 되면 즉각 홍범도 장군 흉상은 원상회복될 것이며 홍범도 장군 흉상 철거 작업에 관여한 모든 자들에 대한 정치적·법적 책임을 묻게 될 것입니다. 전 국민 여러분의 제2의 독립운동 참여를 호소드립니다.

_ 2023년 8월 29일, 독립운동가 흉상 철거 규탄 기자회견 전문

북한을 베트남처럼

우리나라 모든 문제의 원인은 분단에 있고, 분단의 한계를 극복하지 못하면 우리나라 발전은 명백한 한계를 맞는다. 송영길의 거대한 비전은 북한을 제2의 베트남으로 만들자는 것이다. 실제로 커트 캠벨을 비롯한 미국과 러시아 정치인들이나 관료들을 만나 기회가 되면 이런 말을 꼭 한다.

"북한은 민족주의적이고, 그래서 중국에든 미국에든 결코 종속될 나라가 아니다. 하지만 베트남을 생각해봐라. 10년 동안 미국과 전쟁을 벌였지만, 공산화가 되고 20년이 지난 뒤에는 국교가 정상화되면서 미국의 실질적 군사동맹 역할을 하고 있지 않나. 북한도 그렇게 만들어야 한다. 휴전협정을 평화협정으로 바꾸고, 북한에 대한 경제 제재를 풀어서 박정희 대통령 시대에 대한민국이 그랬던 것처럼 북한이 15%씩 10년간 성장하면 우리나라에도 그렇지만 미국에도 얼마나 큰 이익이 되겠나?"

이게 허황한 꿈같은 소리로 들리는 것은 우리 정부가 그만큼 외교에서 제대로 역량을 발휘하지 못했기 때문이다. 송영길은 우리나라 정부가 미국에 종속되어 그저 끌려다니기만 할 게 아니라 조금만 현명한 태도를 취하면 못할 게 전혀 없다고 생각한다.

지난 과거를 봐도 그렇다. 그간 수많은 남북 간 협의가 있었던 만큼 대한민국 정부가 미국을 설득해 남북한만의 자주적인 협력 공간을 만들었다면 사태가 이렇게까지 악화하지 않았을 것이다. 그러지 못했기 때문에 대한민국이 미국의 동의 없이는 아무것도 할 수 없는 무력한 존재로 비치면서 북한의 통미봉남通美封南 전략이 강화되었다. 여기에 미국은 미국대로 중국과 러시아를 견제하려는 명분으로 북한의 위협을 과장하려는 측면이 있다. 이렇게 남북의 분열 상태가 계속 이어지고 한·미·일 체제가 굳건해지면, 북한이 중국의 둥베이삼성(지린성, 랴오닝성, 헤이룽장성)에 편입되지 말란 법도 없다. 송영길은 지금 북한이 지기 땅을 중국이니 러시아에 내주지 않는 것을 고맙게 생각한다. 그것은 아직 기회가 있다는 의미이기 때문이다.

송영길은 우리나라에 중국의 주강삼각주지구 같은 것을 만들겠다는 거대한 구상을 가지고 있다. 주강삼각주란 중국의 주강, 시강, 북강 및 동강이 바다로 흘러가면서 조성된 삼각주로 현재 이곳은 전 세계의 영향력 있는 선진 제조업 기지, 현대 서비스업 기지, 중국 경제 세계화 참여 주체, 과학기술 연구 개발 기지 등이 몰려 있는, 중국

경제 발전의 엔진과도 같은 곳이다. 원래 이 일대는 농지와 작은 촌락에 불과했다. 1985년 덩샤오핑이 홍콩을 보며, 우리라고 저렇게 하지 못할 이유가 없다고 하면서 본격적인 개혁·개방이 시작되었는데, 이때 가장 먼저 선전과 광저우를 경제특구로 만들었다. 여기에 대량의 자금 유입, 낮은 임금, 정책적 배려 등을 통해 홍콩으로부터 자본과 공장을 유치하여 거대한 제조업 기지를 건설했고, 이후에도 발전을 거듭하면서 현재에 이르렀다.

송영길은 덩샤오핑이 주강 삼각지역 경제 벨트를 개발하여 중국 개혁·개방의 동력을 만들었던 것처럼, 해주, 개성, 인천의 삼각 벨트로 북한의 경제 개방과 대한민국의 경제 발전, 나아가 한반도 전체의 경제 개혁의 동력을 만들어보고 싶다는 꿈이 있다. 이 프로젝트가 현실화되면 우리나라를 중국과 대등한 경제 강국으로 만드는 것도 결코 꿈은 아닐 것이다.

송영길은 대한민국이 대륙과 해양 세력 어느 한쪽에 줄을 서서 생존에만 급급한 초라한 나라가 아니라, 당당하게 자주적으로 인류의 위기를 해결하는 데 앞장서는 외교 강국이 되길 꿈꾼다. 자신의 손자뻘 되는 아이들이 나중에 군대에 가게 되면 압록강과 두만강에서 경계 근무를 서는 시대를 만들고 싶다. 같은 핏줄인데 총을 쥐여주면서 보이면 쏴서 죽이라고 하고, 그렇게 죽이면 잘 죽였다고 훈장을 달아주는 이 시대는 정상이 아니라고 주장한다. 이런 세상을 만든 비겁하고 무능한 기성 세대의 반성을 촉구한다. 우리 아이들이 귀한 집 자식이듯, 북한 아이들도 역시 귀한 집 자식이다.

김구 주석이 쓴 유명한 글이 있다.

"네 소원이 무엇이냐?" 하고 하느님이 물으시면, 나는 서슴지
않고 "내 소원은 대한 독립이오" 하고 대답할 것이다. "그다음
소원은 무엇이냐?" 하면, 나는 또 "우리나라의 독립이오" 할 것
이요, 또, "그다음 소원이 무엇이냐?" 하는 세 번째 물음에도,
나는 더욱 소리를 높여서, "나의 소원은 우리나라 대한의 완전
한 자주독립이오" 하고 대답할 것이다.
_김구, 《나의 소원》, 〈내가 원하는 우리나라〉 중에서

송영길은 김구 선생을 본떠 누군가 자신에게 소원이 뭐냐고 물
으면 서슴지 않고 "민족의 화해와 통일"이라고 말한다. 세 번이 아니
라 열 번을 물어도 그러하다.

친일 세력은 어떻게 나라를 위험에 빠뜨리나

우익과 민족 반역자

나는 윤석열 정권을 비롯한 우리나라 우익은 유럽의 우익과 다르다고 생각한다. 우리나라 우익은 우익이라고 말하기 어렵다. 우익이라는 것은 민족주의 세력을 말하는 것이다. 국가에 충성하고, 민족을 지키기 위해서 외적과 맞서 싸운 사람들이 우익이다. 그 우익이 잘못 진화해서 쇼비니즘적으로 가 민족 우월주의에 빠지면 다른 민족을 침략하는 소위 극우가 된다. 히틀러의 나치즘이나 무솔리니의 파시즘, 도조 히데키의 군국주의가 그러하다.

물론 나는 나치즘 같은 것으로 변질한 민족주의에 반대한다. 김구 주석의 민족주의, 즉 다른 민족을 존중하고, 한없이 고양된 문화를 꿈꾸는 사상을 지지한다. 그러나 분명한 사실은 우익이든 극우든 모두가 자기 민족을 위해서 다른 민족과 싸우는 사람들이었지 제 이익을 위해 민족을 팔아먹고 외적의 침입 앞에 앞잡이가 되어서 같은 민족을 죽이고 살해하는 세력이 아니었다는 점이다. 이것은 그저 민족 반역 세력일 뿐이고, 아무리 보아도 우리나라 정치 집단에 존재할 자격 자체가 없다. 진정한 우익은 김구 주석이나 의열단같이 왜적을 물리쳤던 사람들이다. 그걸 전제로 내부에서 생산수단의 사회화 같은 경제 정책에 따라 공산주의, 사회주의, 자본주의 시장경제 등으로 구분되는 것이다.

우리나라의 자칭 우익이란 자들은 어떤가? 지금 논란이 되는 백선엽 같은 사람만 봐도 일제강점기 때 만주봉천군간학교에 자원입대해 장교가 되어 만주국 간도특설대에 들어가 중국과 우리나라 독립운동 세력을 척살하고 탄압하는 등의 민족 반역 행위를 했던 사람일 뿐이다. 이런 자가 어떻게 우익이 되나. 해방 이후 역사 청산과 평가만 제대로 이루어졌어도 반민족 행위자로 처단했어야 할 그런 인물이었는데, 남북이 분단되고 6·25전쟁이 일어나면서 준비된 군사력이 없다보니, 이승만 대통령이 일제시대 군 경력을 가진 사람을 대부분 군인으로 갖다 쓴 것이다. 6·25 때 공이 있을지 모르지만, 영어로 소통이 된다는 점 때문에 미국에서 지나치게 홍보된 면이 있고, 실제 백선엽 장군 동기들 말을 들으면 백선엽의 공은 과대 포장된 게 많다는 지적이 있다.

나는 차라리 6·25 당시 6사단 단장을 지낸 김종오 대령 같은 분이야말로 진짜 영웅으로 추대해야 한다고 생각한다. 당시 춘천 전투에서 만 명도 안 되는 병력으로 김광협이 이끄는 조선인민군 제2군단을 3일

동안 막아냄으로써 우리 주력 국군이 한강을 도하해 저지선을 만들 수 있도록 시간을 벌어주었다. 이 전투로 인해서 북한군이 남침을 잠깐 중단했는데, 그 덕분에 대한민국과 미국이 결정적으로 시간을 벌어서 적화통일을 막아낼 수 있었다. 백선엽과는 비교할 수 없을 만큼 참군인이자 전공이 훨씬 크다. 물론 김종오 사단장도 일본군 장교 출신인 것은 사실이다. 그러나 김종오 사단장은 청주 출신으로 일본 중앙대학교에 다니다가 일제 말기인 1944년에 학도병으로 끌려갔다. 자신의 입신양명을 위해, 어떤 권력을 누리기 위해 자원입대하고 일본 육사를 나와 만주국의 장교가 된 백선엽이나 박정희와는 다르다고 봐야 한다.

또 김홍일 장군 같은 분도 계시다. 그는 중화민국 장개석 부대에서 항일투쟁을 하다가 광복군에 결합했다. 김구 주석과 만나 1932년 이봉창 의사와 윤봉길 의사가 사용한 폭탄을 조달했다. 6·25 때는 한강 저지선을 구축하고 일주일 동안 적의 남하를 저지하여 미 24사단 예하 스미스 부대 참전과 UN군 참전의 시간을 벌었던 영웅이다. 1983년 국방부와 육군 본부가 발표한 한국전쟁 4대 영웅은 김홍일 장군, 김종오 장군, 맥아더 장군, 워커 장군이다.

그런데 백선엽은 어떤가? 1932년 4월 29일 일본 천황의 생일인 천장절 행사가 상하이 홍커우 공원에서 열릴 때 윤봉길 의사가 물통 폭탄을 던졌다. 그때 사망한 일본 관동군 대장이 시라카와 요시노리이다. 백선엽은 나중에 일본 이름으로 창씨개명했는데 그 이름이 시라카와 요시노리라고 한다. 백선엽, 즉 시라카와 요시노리는 1919년 일본 육군사관학교 교장을 역임했다. 그런 자를 영웅으로 추대해 대한민국 육군사관학교 교정에 흉상을 세우면 육사가 신흥무관학교 뿌리를 버리고 일본 육사와 조선경비대로 바뀌는 비극이 발생한다.

그런 점에서 나는 지금 불거지는 좌우 논쟁이란 것 자체가 그저 황당할 따름이다. 우익이 아니라 민족 반역자를 영웅으로 대접하려는 윤석열 대통령 또한 다른 형태의 민족 반역자일 뿐이다. 대한민국의 주권을 부정하는 것이고, 대한민국 대통령으로서의 헌법적 의무를 방기하고 있는 것이다.

대한민국의 항일투쟁

간혹 오해하는 사람들이 있는데 나는 주사파가 아니었고, 지금도 그렇다. 노동운동할 때도 노회찬 의원과 함께 인천 지역 민주노동자연맹에 소속되이 주체사상을 비판하고 자주적인 진보 운동을 고민했던 사람이다. 이후 변호사 시절에 한총련 학생들을 앉혀놓고 강의를 한 적이 있었는데, 그때 이런 얘기를 했다.

"여러분들께서는 근현대사를 공부하면서 우리 대한민국은 친일 분자들이 만든 나라이고 그래도 북한은 항일투쟁한 사람들이 만든 나라이기 때문에 북한이 오히려 민족의 정통성이 있다고 생각할지 모르겠습니다. 어쩌면 그래서 북한을 동경하고 주체사상에 대해서 호의적인 생각을 가졌을 수도 있겠지요. 마치 김일성이 태어나기 이전에는 사대매국事大賣

國의 나라였고 김일성이 주체사상을 주장하면서 주체의 나라가 된 것으로 오해할 수 있습니다.

그러나 여러분, 우리가 중국에 복속되지 않고 단일민족으로서 정체성을 유지해왔던 것은 김일성 때문이 아니라 아주 오래전 연개소문, 을지문덕, 강감찬, 이순신 등 수많은 장군들을 비롯한 우리 선조들의 피어린 투쟁의 역사가 있었기 때문입니다. 그렇기에 수천 번이 넘는 왜적의 침입을 막아낼 수 있었고, 오늘날의 대한민국도 있는 것입니다."

항일투쟁도 마찬가지다. 김일성 부대가 항일투쟁을 한 것은 사실이다. 그러나 이것은 수많은 항일투쟁 중 하나일 뿐이다. 가장 널리 알려진 게 보천보전투인데 실상을 알고 보면 그렇게까지 치켜세울 만큼 대단한 업적은 아니다. 1937년 압록강을 넘어 함경남도 혜산진 옆 갑산군 보천보 쪽 주재소를 습격해 민간인 2명을 사살하고 유인물을 뿌리다가 추격하는 일본 경찰 7명을 사살한 게 전부였다. 1937년 중일전쟁을 앞두고 국내외 독립운동이 위축됐을 때 벌어졌기 때문에 실제보다 과장되게 입소문이 난 것이지 전투 자체는 대단히 소규모였다.

나는 대학교 들어와서 한국 근현대사를 깊이 있게 공부해보고 깜짝 놀란 적이 있다. 우리 대한민국 민족주의 세력이 생각보다 규모가 훨씬 크고 장구한 항일투쟁을 해왔기 때문이었다. 일본의 조선 침략은 1894년 갑오농민전쟁 때다. 매국노 민영휘가 동학농민군 진압을 위해 청군 파병을 요청했으나, 1885년 체결된 텐진조약을 악용하여 일본군이 청군보다 먼저 인천에 상륙했다. 7월 23일 경복궁을 침략하여 조정을 장악한

때로부터 일본과 전쟁이 시작된 것이다. 그때부터 1945년까지 51년간 한・일 간 전쟁이 이어졌다. 갑오농민전쟁 때 우금치 마루에 시산혈해를 이루었던 수만 명 동학농민군의 희생도 대단했다.

이후 1907년, 대한제국 군대가 해산되었다. 그때 대한제국 군사가 3만 명이었으니 만만치 않은 병력이었다. 박승환 대장이 분노해서 권총으로 스스로 목숨을 끊었다. 남대문에서 해산된 군인들과 일본군의 치열한 교전이 일어나기도 했다. 해산된 대한제국의 3만 정규 군대가 의병과 결합하게 되었다. 애국심은 넘쳐났지만 조직적이지는 못했던 의병과 훈련된 대한제국 군대가 만남으로써 제대로 된 광복군의 역사가 시작된 것이다.

대한제국 군대가 해산된 1907년 8월 1일부터 1911년 6월까지 4년간 국민군(대한제국 군인과 민군) 총 14만 1,815명이 2,852회 일본군과 교전했고, 전사자가 1만 7,840명이었다. 이것은 일본의 통계이고 실제로는 30~40만 명의 진사자와 피해지기 발생했을 것으로 학계는 추정한다. 엄청난 전투를 한 것이다.

1920년부터 우리 독립군은 홍범도 장군을 중심으로 엄청난 전과를 만들기 시작했고, 1919년 민중의 힘을 고스란히 보여준 3・1운동도 있었다. 이 3・1운동을 계기로 블라디보스토크, 상하이, 한성 세 군데에 임시정부가 만들어지고 그게 합쳐져서 대한민국 임시정부가 상하이에 설립되었다.

그래서 정진석 국민의힘 의원이 페이스북에 쓴 "조선은 왜 망했을까? 일본군의 침략으로 망한 걸까? 조선은 안에서 썩어 문드러졌고, 그래서 망했다. 일본은 조선왕조와 전쟁을 한 적이 없다. 총 한 번 쏘지 않고 일본에 나라를 갖다 바쳤다"는 글은 사실관계도 틀렸을 뿐 아니라 그야말로 망발이다.

이렇게 가열찬 투쟁을 초·중·고등학교 시절 가르치지 않는다. 그러니 정진석 같은 이들이 자꾸 나타나고, 이런 사람이 국회의원까지 되는 비극이 일어난다. 빛나는 독립투쟁의 역사를 가르치면 우리 사회를 지배하는 친일 세력들의 행각이 뚜렷하고 선명하게 대조되어 드러날까 봐 두려운 것이다. 그런 세력들이 보이지 않게 우리 독립운동의 역사를 왜곡하고 숨기려 한다.

이런 역사를 알고 모르고에 따라 나라를 보는 관점이 달라진다. 윤봉길 의사가 폭탄을 던졌을 때 관동군 대장이 죽고 그 옆에 일본 총영사로 서 있던 시게미쓰 마모루 외무대신의 오른쪽 다리가 날아갔다. 시게미쓰 마모루는 1945년 9월 2일, 미주리 호에서 항복 선언문에 서명할 당시 의족을 끼고 있었다. 처음엔 나도 그 이유를 몰랐다. 국회의원이 되고 나서 혼자 공부한 뒤에야 이유를 알았고, 윤봉길 의사의 의기가 서려 있는 이 사진을 다시 보고 독립투사들의 헌신에 감동하지 않을 수 없었다. 아는 만큼 보이는 법이다. 나는 좋은 교육의 필요성을 다시금 깨닫게 되었다. 결국 우리의 독립은 미국이나 소련에 의해 그냥 얻어진 게 아니다. 시게미쓰 마모루 일본 외무대신의 오른쪽 다리는 윤봉길 의사의 목숨과 바꾼 것이다. 이 의족에 우리 선조들의 피맺힌 투쟁의 역사가 담겨 있음을 안

항복문서에 서명하는 시게미쓰 마모루

다면, 대한민국에 자부심을 가질 수밖에 없을 것이다.

앞서 말했던 보천보전투에서의 승리는 매우 협소했음에도 북한에선 보천보를 혁명 순례지로 만들어 전 학생들에게 답사시키고 보천보 악단까지 만들어 김일성의 항일투쟁을 홍보하고 있다. 과연 대한민국은 어떤가. 김원봉, 윤세주를 비롯한 13인의 의열단 단원 동지들은 단 한 명의 배신자도 없이 조국을 위한 뜨거운 열정과 의로움으로 적의 심장부인 조선총독부에 폭탄을 던졌다. 그 엄혹한 1920년대에 10여 년간 적의 간담을 서늘하게 만들었다. 중국에서는 40만이 살해된 난징대학살을 겪었음에도, 4억 5,000만 명의 중국 민중이 시도하지 못했던 일을 우리 대한의 청년들이 해왔다. 이런 의열단의 행적을 우리는 제대로 가르치고, 자랑스럽게 공부하고 있는가. 아니, 지금 와서 윤석열 정부는 그런 선조들의 투쟁을 지우지 못해 안달이다. 부끄럽고 참담한 마음을 금할 수가 없다. 우리 아들딸들이 자랑스러운 우리 투쟁의 역사를 공부하고 배워야 한다. 그래야만 지금의 우리 대한민국이 누구한테 의존해서 살아야 하는 국가가 아니라 자주적인 나라로, 자주적인 힘으로 대한민국이 중심이 되어 남북 화해의 시대를 열어 갈 수 있다는 그런 정신적 자산을 얻어갈 것이다.

건국절 논란의 실체

다른 곳은 몰라도 대한민국을 지킬 간부를 양성하는 육군사관학교에서는 이런 우리 영웅들의 역사에 대해 반드시 배우고 익혀야 마땅하다. 그런데 윤석열 대통령은 캠프 데이비드에 가서 기시다 총리한테 무슨 내락이라도 받고 왔단 말인가. 일본군과 싸웠던 독립운동가들을 다 빨갱이로 몰아서 없애기로 기시다와 이심전심 합의라도 하고 온 것인가.

나는 오히려 홍범도 장군을 북한에서 모셔갈까 걱정했다. 북한 평양 출신인 만큼 만약 홍범도 장군을 평양에 모셨다면 외교의 완전한 패배였을 것이다. 대한민국이 홍범도 장군을 모셔온 것은 우리 외교의 승리이자, 민족의 정통성을 확립한 중요한 요소였다. 그런 점에서 자칭 우익들, 태극기 부대들도 이 문제에 대해 올바로 보고 분명히 문제 제기해야 한다. 우리 태극기가 어떻게 만들어졌는지 한번 생각해보시라. 대한제국 때부터 공식 국기였고. 1882년 조미수호통상조약 때 이미 태극기가 걸렸다. 친일 분자 박영효가 만든 게 아니다.

삼한일통三韓一統, 즉 마한, 진한, 변한이 통합되어 '대한'이 되었고 '민유방본 본고방녕'이라는 《서경》의 가르침에 따라 왕의 나라가 아닌 민의 나라 대한제국이 만들어지고 대한민국이 만들어졌다. 태극기는 조선 공산당이 만들어지기 훨씬 이전부터 한반도 전체를 통합하는 우리의 상징이다. 제헌 헌법에서부터 아홉 차례에 걸쳐 개정된 지금의 헌법에 이르기까지 대한민국이 3·1운동으로 건립된 임시정부의 법통을 계승한다고 한 번도 빠지지 않고 명시하는 이유가 무엇이겠는가. '대한민국'이라는 말이 고종 황제 때부터 숙성이 되었기 때문에 이론이 없이 대한민국 임시정부로 이름이 붙여졌고 태극기가 국기로 채택된 것이다.

그런데 이 친일 세력들, 민족 반역 세력들은 왜 그렇게 1948년 8월 15일을 건국절로 하자는 소리를 계속하고 있는 것일까? 이유는 분명하다. 그전에는 나라가 없어야 하기 때문이다. 그때는 우리나라가 일본 식민지였고, 우리가 천황 폐하를 모시는 황국신민이었고, 그러므로 내선일체內鮮一體 동조동근同祖同根을 구현하여 우리나라가 대동아공영권이어야 하기 때문이다. 그래야 나라를 배신하고, 신사참배하고, '덴노 헤이카 반자이'(천황 폐하 만세)를 외치고, 서정주, 모윤숙, 김활란, 노천명, 이광수, 최남선처럼 "우리 조선의 청년들이여, 천황 폐하 은덕에 보답하기 위해 반도의 청년으로서 황국의 신민으로서 영미귀축을 몰아내고 대동아공영을 지키기 위해서 성전에 나가 싸우다 죽자! 사쿠라처럼 가미가제에 가서 싸우다 죽자" 라고 선동해도 옳은 일이 되기 때문이다. '그때는 대한민국이 존재하지 않은 채 오직 일본만 국가였으니, 일본에 충성한 게 무엇이 잘못이냐? 대한민국은 1948년 8월 15일에 건국됐으니까 당연한 일이다. 건국 이후부터 대한민국에 충성하면 된다' 라는 미친 논리가 성립하기 때문이다.

이렇게 되면 민족 반역 세력이 건국의 영웅으로 위장할 수 있다. 일본의 모든 범죄 행위도 정당해진다. 일본이 우리나라였다는 논리가 성립되는데 강제징용이나 위안부 배상 문제가 무슨 소용이 있나. 을사늑약도 다 합법이 되고, 일본의 일관된 주장처럼 1910년 한일합병조약도 강제로 한 것이 아니라 이완용 내각총리대신이 도장 찍은 합법적인 조약으로 둔갑한다.

미국 역시 강제 합병 건에 대해 사실상 일본 편에 서 있다. 극동 국제군사재판 때 A급 전범인 도조 히데키 등이 처벌되었는데 조선에 대한 범죄 행위 때문이 아니었다. 난징대학살이나 9·18 만주사변 같은 중국에 대한 범죄 행위 그리고 1941년에 하와이 진주만을 공습하고 미군 포로들을 필리핀에 잡아다가 학대한 행위들 때문이었지 대한민국에 대한 범죄 행위는 공소장에 기재조차 되어 있지 않았다. 정말 우리나라의 건국절이 1948년 8월 15일이 된다면 우리의 모든 독립운동의 역사는 부정당하고, 아직도 사과받지 못하고 배상받지 못한 일본의 범죄는 정당화된다. 결단코 용납할 수 없는 일이다. 이것을 막지 못하면 이 나라에 미래는 없다. 이승만 대통령이 주도했던 제헌 헌법에도 이런 표현이 있다.

유구한 역사와 전통에 빛나는 우리들 대한국민은 기미 삼일운
동으로 대한민국을 건립하여 세계에 선포한 위대한 독립정신
을 계승하여 이제 민주독립국가를 재건함에 있어……

국회 본관 로텐더 홀 벽 동판에 제헌 헌법 전문이 새겨져 있다. 이승만
대통령을 영웅시하고 추앙하는 자칭 보수 우익들은 국회 본관에 와서 동판
에 새겨진 제헌 헌법 전문을 꼭 확인해보기 바란다. 분명히 삼일운동으로
대한민국을 '건립'하여, 민주독립국가를 '재건' 했다고 명시되어 있다.

우리 안보가 위험하다

대통령 한빈 잘못 뽑았다가 니리가 이렇게끼지 망기질지 몰랐다. 독
도를 우리 땅이라고 말하는 여당과 관공서가 사라지고 경상도 지자체 의
회, 강원도 의회에서는 민주당 의원들이 오염수 방류 반대 결의안을 읽
었다고 단상에서 끌려 나갔을 뿐 아니라 징계까지 논의하고 있다고 한
다. 갑자기 조선총독부 나라가 됐다. 이 모든 것이 미국의 세계 전략에 철
저히 종속되었기 때문이다.

국가 안보는 위험해졌고 한반도가 3차 세계대전의 발화점이 될 가
능성은 높아졌다. 김정은·푸틴 정상회담을 통해 상호 간 군사 협력이

강화된 만큼 한반도는 일촉즉발의 군사적 대치 상황이 될지도 모른다.

어떤 국제학자는 지금의 한반도 상황이 1962년 10월 16일부터 10월 28일까지 소련이 쿠바에 미사일을 배치하는 문제를 둘러싼 미·소 간 핵전쟁 위기의 13일을 슬로모션으로 보여주는 것과 비슷하다고 평가한다. 나도 동의한다.

이 일련의 사태는 1910년 대한제국이 강제 합병당하기 이전, 1905년 을사늑약으로 일진회가 만들어지고, 가쓰라·태프트 밀약이 만들어지고, 영일동맹이 만들어지면서 일본이 국제적으로 대한제국을 손아귀에 집어넣기 위해 외교적 노력을 다해놓았던 그때를 떠올리게 한다. 캠프 데이비드 협상으로 인해 한·미 동맹이 미·일 동맹처럼 대등한 동맹이 아니라 미·일 동맹의 종속변수로 위치하게 함으로써, 나중에 미국이 빠지고 한·일 군사동맹으로 연결되면 일본 자위대의 해군과 공군이 우리나라 동해 해역을 마음대로 드나들고, 독도 주변에서 훈련하고, 자위대 항공기가 우리 카디즈를 침범하고, 마침내 북한과 중국을 막아준다는 구실로 일본 육군이 상륙해 일본군 기지가 다시 한반도에 만들어지지 말란 법이 없다. 그래서 윤석열 정권과 맞서는 것은 검찰 독재 정권에서 민주주의를 수호함과 동시에 국민의 안전과 대한민국의 안보를 지키는 일이다.

PART 4

주거・경제

소멸 중인 대한민국

대한민국은 16년째 세계 최저의 출산율을 기록하고 있다. 어느새 1년 신생아 수가 25만 명 아래로 떨어졌다. 이런 추세라면 조만간 20만 명 아래로 떨어질지도 모른다. 내가 어렸을 때 종종 들려오던 '60만 대군, 100만 학도'는 오래전에 옛말이 되었고, 모든 산업이 축소 지향으로 전환될 상황이다. 지방은 점점 소멸할 것이고, 대학은 반 이상이 문을 닫을 것이다. 유치원과 초등학교도 마찬가지이다. 아이 1명이 출산하면 12억의 부가가치와 1.2명의 고용 효과가 발생한다고 한다. 그런 기대를 하기가 어려워졌다. 이렇게 출산율이 줄어드는 와중에 노인빈곤율과 자살률은 경제협력개발기구(OECD) 평균의 2배가량으로 압도적 1위이다. 한 해 무려 1만 4,000여 명이 자살로 생을 마감한다. 특히 지방은 급속도로 노인 마을이 되어가고 있다. 그런 곳에는 이제 추석 연휴가 되어도 초등학교 동문 체육대회 현수막이나 고향 방문 환영 현수막도 보이지 않는다. 현수막을 게첩할 젊은 사람이 없기 때문이다.

〈라이온 킹〉이라는 디즈니 영화를 보면 나쁜 동생인 스카가 라이온 킹이었던 형 무파사를 함정에 빠뜨려 죽게 만들고 그 책임을 아들 심바에게 뒤집어씌운 다음 그 핑계로 심바를 쫓아내고 왕이 된다. 이후 하이에나들과 밀림을 지배하고 다른 동물을 착취하는 스카의 시대가 열렸다. 그렇게 밀림은 음울한 회색빛이 되었다. 스카 같은 대통령이 하이에나 같은 검찰들을 데리고 지배·군림하고 있는 이 나라를 보면 회색빛의 우울한 밀림과 다르지 않다는 생각을 한다. 그런 곳을 어떻게 무지개가 떠오르는 푸른 초원으로 만들어 다시 생육하고 번성하게 만들지를 우리 정치는 화두로 삼아야 한다.

인구절벽은 어떤 문제를 야기하는가

우리나라는 1955년부터 1965년까지 매해 평균 100만 명 정도가 태어났다. 그 수가 점점 줄어들면서 인구 수도 자연 감소하고 있다. 통계에 따르면 2020년 출생아 수는 272,337명, 사망자 수는 약 305,100명으로 3만 명가량의 인구가 자연 감소했다. 2021 출생아 수는 260,562명이며, 자연 감소한 인구 수는 약 5만 7,300명에 달했다. 2022년에 들어와서는 출생아 수가 더 줄어 24만 9,000명이 되면서 세계 최초로 국가 단위 출산율이 0.7명대에 진입했다. OECD 회원국 중에 최하위가 아니라 196개국 중 196위를 달리고 있다.

사실 많은 이들이 출산율에 대해 중요한 문제라거나, 자신의 일이라고 생각하지 않는 경향이 있는 것 같다. 물론 일반 국민이라면 그럴 수 있다. 하지만 현재의 문제를 풀되 미래를 준비해야 하는 정치인이라면 그래서는 안 된다. 출산율이 감소를 넘어 인구절벽Demographic Cliff에 도달한 지금, 이 문제를 계속 방치하면 국가의 존속이 위태로워질 수도 있는 상황이다.

인구절벽이란 미국의 경제학자 해리 덴트가 제시한 개념으로 15~64세의 생산가능인구 비율이 급속도로 줄어드는 현상을 말한다. 한국의 생산가능인구는 2016년에 3,704만 명으로 정점을 찍은 후 급속히 그리고 꾸준히 감소하는 추세다. 이런 인구절벽 현상이 이어지면 국가는 심각한 타격에 직면한다.

우선 경제성장 문제를 꼽을 수 있다. 현재 우리나라 경제는 70% 이상이 대외무역으로 이루어진다. 우리나라 인구가 많지 않기 때문에 기업의 생존과 성장을 위해서는 세계시장으로 나가야만 하는 실정이다. 만약 지금처럼 계속 인구가 감소한다면 지금 유지되고 있는 30%의 내수시장이 무너질 수밖에 없고, 국내 생산품의 판매량은 더욱 감소하면서 기업의 경영난은 가속화된다. 특히 자동차, 조선, 철강 같은 분야에선 아무리 경쟁력이 있어도 노동력 확보에 어려움을 겪는다. 이런 내수시장의 축소는 우리나라 경제의 대외 의존도를 더욱 높이는 악순환을 야기한다. 만약 외수시장 의존도가 90% 이상까지 올라가게 될 경우 우리나라는 경제

성장을 포기하거나 혹은 경제구조 자체가 크게 바뀌어야 한다.

나아가 내수산업에서 경제활동을 하는 모든 사람들도 문제를 겪게 된다. 처음에는 출산과 육아 관련 산업이 타격을 입겠지만 나중에는 아이가 성인으로 성장하는 과정과 관련한 모든 산업으로 타격이 이어진다. 관련 업체들은 점점 심한 경쟁에 시달릴 것이고, 때로는 폐업의 위기도 겪게 될 것이다. 두말할 나위 없이 이는 국가의 성장과 유지에 그대로 마이너스가 된다.

이 문제는 돌아서 다시 국가 자체의 경쟁력 상실로 이어진다. 이는 해외 국가와 교섭하거나, 국가 간 자유무역협정을 맺을 때 명확하게 드러날 것이다. 상대 국가의 입장에서 우리나라와 협정을 맺으면 분명한 이익이 있어야 하는데 인구가 적으면 그만큼 메리트가 떨어지고, 그것은 우리나라의 교섭력 자체가 약해짐을 의미한다. 자연스럽게 우리나라는 경제적인 협상에서 열세에 놓인다. 미국과 패권 경쟁을 벌이는 중국이 결코 쉽게 무너지지 않는 이유 중 하나가 14억 4,000어만 명이라는 압도적인 인구 수다. 인구가 곧 국가 경쟁력이라는 말이 괜히 나온 것이 아니다.

두 번째로는 국방력의 문제다. 현재 우리나라 군인은 간부와 장병을 포함해 55만 명가량인데, 2040년이 되면 군인의 수가 현재의 65% 수준이 될 것이라고 전망한다. 인구 감소라는 이 분명하고 중요한 상수 앞에서 어떤 것도 해결책이 될 수 없다. 군사 전문가들 사이에선 아무리 신무기가 나오고, AI가 발달하고, 4차 산업혁명이 일어난다 한들 사람이 없으면 이게 다 무슨 소용이냐는 말까지 나오고 있는 실정이다.

세 번째로, 정부 입장에서 인구가 감소한다는 것은 세금 낼 사람이 줄어든다는 의미이다. 나라의 빚은 쌓이고, 무역은 적자를 거듭하는데, 국민연금을 비롯한 복지 비용은 국민의 세금으로 충당할 수밖에 없다. 그런 와중에 생산가능인구가 감소하면 그만큼 걷을 수 있는 세수가 절대적으로 부족해진다. 국민의 입장에서도 한 사람이 부담해야 하는 연금이나 보험료, 기타 공공요금이 더욱 올라간다. 관련하여 가장 먼저 눈앞에 닥친 문제가 국민연금 고갈이다. 납부하는 인구는 줄어드는데 수령하는 인구는 증가하니 어찌할 방법이 없다. 한 사회의 노인 인구(65세 이상)가 전체의 7%를 넘어서면 고령화사회, 14%를 넘어서면 고령사회, 20% 이상일 때 초고령사회로 분류하는데, 우리나라는 2000년에 고령화사회에 진입했고, 이후 2017년에 고령사회가 되었다. 통계청은 2026년, 초고령사회 진입을 전망하고 있다.

마지막으로 지방 소멸과 부동산 문제다. 2022년 서울의 출산율을 보면 가장 낮은 종로구는 0.47명, 그다음 강남구는 0.49명에 불과하다. 경제학자들은 이 정도면 없어지는 도시라고도 말한다. 물론 그럼에도 서울은 버틸 거라고 전망하는데, 그렇다면 이렇게 낮은 출산율로 인한 인구 부족이 어떻게 채워지고 있는지에 대해 생각해봐야 한다. 두말할 필요 없이 지방에 사는 사람이 서울로 오는 것이다. 이는 필연적으로 지방 소멸 문제로 이어진다. 출산율이 떨어지는 문제나, 많은 것이 수도권에 집중되어 있는 문제는 외국도 마찬가지라며 심각하지 않게 보는 이들도

송영길의 선전포고

있다. 하지만 우리나라는 출산율이 떨어지는 속도가 너무 빠르고, 수도권 집중으로 인한 양극화의 정도가 너무 심각하다. 이런 지점을 간과해선 안 된다.

지방 소멸은 곧장 지방 부동산 붕괴로 연결된다. 만약 인구가 계속 유지되거나 감소세가 급격하지 않다면 부동산 가격은 하락하더라도 그 정도가 그리 빠르지 않을 테니 충격이 덜하다. 그러나 인구절벽이 발생하면 수요의 급감으로 그 하락세는 더욱 빠르고 가팔라진다. 대한민국 부동산 경제를 심각한 충격에 빠뜨릴 수도 있는 일이다. 현재 우리나라의 가계부채에서 주택담보대출이 차지하는 비중이 50%에 달한다. 2008년 세계를 뒤흔든 서브프라임 모기지 사태의 핵심이 바로 부동산임을 기억해야 한다.

이런 문제들에 여야의 구분이 있어선 안 된다. 자고로 국가의 미래는 아이의 울음소리와 사람들의 책 읽는 소리에 있다고 한다. 지금 이 나라에 그런 소리는 없고, 죽은 이를 위한 곡소리와 먹고살기 힘들다는 아우성만 울려 퍼진다. "안 낳아서 망하는 게 아니라, 망할 세상이니까 안 낳는 것"이라는 어느 20대 청년의 일갈을 나 역시 아프게 새긴다.

이 나라가 지금 당장 해야 하는 것. 근자열 원자래

이런 문제들을 해결하기 위한 근본적인 대책은 '근자열 원자래近者悅 遠者來'(가까이 있는 사람을 기쁘게 해야 먼 사람이 찾아온다)라는 공자의 말씀에 있다고 생각한다. 앞서 말했듯 출산율 문제의 핵심은 내가 살기 좋아야 아이를 낳는다는 데 있다. 나 살기도 바쁜데 아이를 낳으라고 하는 것만큼 어불성설이 어디 있으며, 낳은 아이도 사고로 무참히 죽어나가는 판에 무슨 자격으로 출산율을 말할 수 있을 것인가.

우리는 이태원 참사를 다시 떠올릴 수밖에 없다. 도심 한복판에서 축제를 즐기다가 159명의 청년들이 사망하는 사고가 일어났는데도 이 나라의 행정안전부 장관은 버젓이 자리를 지키고 있다. 2023년 7월에는 장마로 인해 전국에서 48명의 사망자가 발생했다. 폭우가 쏟아지는 와중에 우리의 대통령은 한국의 상황은 나 몰라라 한 채 우리에게 큰 실익도 없는 우크라이나 방문에만 열중했다. 대선 후보 시절 "산불이 나면 청와대에 있더라도 헬기를 타고 오겠다"고 한 것이 무색하게 대통령실 고위 관계자는 "지금 당장 대통령이 서울로 뛰어간다고 해도 상황을 크게 바꿀 수 없다"고 말했다. 이에 질세라 김영환 충북도지사는 오송 지하차도 참사 당시 늑장 대처 논란에 "거기(사고 현장)에 (일찍) 갔다고 해서 상황이 바뀔 것은 없다고 생각한다"라는 발언을 통해 그 대통령에 그 도지사임을 여실히 보여주었다. 최근 북한의 김정은 위원장이 수해 피해 대비 소홀 문제로 김덕훈 내각 총리를 강하게 질타했다고 한다. 만일 평양 시내에서 159명의 청년들이 사망한 사고가 발생했다면 김정은은 어떤 조치를 취했을까? 대통령 무책임의 국가가 되고 있다. '책임'은 영어로 response와 ability의 합성어이다. 즉 반응하는 능력이다. 국민의 아픔과 호소에 반응하는 능력이 곧 책임인 것이다. 권한과 책임은 비례한다.

송영길의 선전포고

책임을 지기 싫으면 높은 자리를 맡지 말아야 한다. 맨날 전 정권 책임만 거론할 거라면 차라리 사표를 내는 편이 모두에게 좋지 않겠나.

낮은 출산율은 진보 보수의 문제가 아니다. 문재인 정부 때인 2018년 출산율 1.0이 무너졌다. 문재인 대통령 직속 저출산대책위를 구성하여 활동하였지만 아무런 성과를 내지 못했다. 일본은 출산율이 하향하다가 한 번 반등한 적이라도 있는데 우리는 지속적으로 하향하고 있다.

또 하나 착목해야 할 지표가 자살률이다. 현재 우리나라의 자살률은 OECD 회원국들 중 압도적인 1위다. 2022년 기준으로 10만 명당 24.4명이 스스로 생을 마감했다. 일본보다 약 1.5배 높고 중국, 홍콩과 폴란드, 미국보다 2배 높으며 바레인이나 그리스보다는 10배 높다. OECD 회원국 평균치가 11.5명이니, 그것과 비교해도 2배 이상 높다. 우리나라는 가장 많이 스스로 죽고, 가장 적게 낳는 나라다.

"대한민국에서 태어난 이상 가장 중요한 미션은 살아남는 것"이라는 이느 네디즌의 농담이 농담처럼 들리지 않는 이유다. 자살률은 1위이고, 연간 노동시간은 남미 국가들을 제외하면 여전히 최고 수준이며, 한 해 직접적인 노동재해로 인한 사망자가 800명, 그 외 산업재해로 인한 질병 등을 모두 포함하면 연간 2,000명이 넘는 사람들이 죽어나간다. 아이는커녕 스스로를 돌볼 시간도 없는 나라에서 어떻게 아이를 낳을 수 있겠나. 짐승도 살아갈 환경이 위험하면 새끼를 낳지 않는데, 사람은 오죽할까. 내 고통은 나로 끝내자는 분위기가 만연하면 출산율은 결단코 높아지지 않는다. 국가가 나서 국민을 안전하게 지키고, 그들의 삶을 돌보아야 한다. 출산을 논하기 전에 이 문제부터 제대로 해결해야 한다.

대한민국 헌법 제34조는 인간답게 살 권리 등에 대해 규정하고 있다.

1. 모든 국민은 인간다운 생활을 할 권리를 가진다.
2. 국가는 사회보장·사회복지의 증진에 노력할 의무를 진다.
3. 국가는 여자의 복지와 권익의 향상을 위하여 노력하여야 한다.
4. 국가는 노인과 청소년의 복지 향상을 위한 정책을 실시할 의
   무를 진다.
5. 신체장애자 및 질병·노령 기타의 사유로 생활 능력이 없는
   국민은 법률이 정하는 바에 의하여 국가의 보호를 받는다.
6. 국가는 재해를 예방하고 그 위험으로부터 국민을 보호하기
   위하여 노력하여야 한다.

윤석열 대통령을 비롯한 모든 공직자, 모든 정치인은 이 조항을 외우고, 묻고, 돌아보아야 한다. 과연 지금의 이 나라는 그러한가에 대하여.

송영길 칼럼 7

프랑스와 한국의 출산 정책

아이 낳고 키우기 좋은 프랑스

파리에는 프랑스 남성과 결혼해 아이들을 낳고 사는 한국 여성들이 많다. 내가 파리에 머무를 때 그분들을 직접 만나기도 하고 가정을 방문해 인터뷰를 해보기도 했다. 그중에는 한국 같으면 다둥이 부모기 될 엄두를 못 낼 텐데 프랑스여서 아이를 2~3명 낳게 되었다는 분들이 많았다. 출산, 보육, 교육, 취업에 이르기까지 전 과정을 촘촘하게 지원해주기 때문에, 국가를 믿고 아이를 낳을 수 있다는 의견이 많았다. 특히 가족 정책을 우선순위에 놓고 이를 중심으로 맞물려 돌아가는 경제나 사회 환경이 무엇보다도 중요하다고 강조했다.

프랑스는 결혼하지 않고 아이를 낳아도 사회적으로나 제도적으로 차별하지 않는다. 2020년 기준 프랑스의 혼외출산율은 62.2%로 유럽에서도 가장 높으며, OECD 평균인 42%와 비교해도 20% 이상 높다. 2.5%에 불과한 우리나라의 혼외출산율과 비교하면, 문화적 차이를 감안하더라도 엄청나게 높은 수치임이 분명하다. 사실상 프랑스의 출산율은 비혼 출산이 떠받치고 있다고 해도 과언이 아니다. 출산 및 육아 휴가나 아빠 육아 휴가 등도 회사에서 꺼리거나 눈총을 주는 문화가 아예 존재하지 않는다. 출산 가정의 당연한 권리이며 사회적으로도 배려해야 한다는 분위기가 깊게 뿌리내려 있기 때문이다.

프랑스는 유로존Eurozone 국가 중에서도 출산율이 높은 나라에 속한다. 우리나라와 프랑스의 출산율은 1995년에 같은 선에서 출발하였으나, 이후 30년 동안 점차 격차가 벌어지기 시작했다. 2022년 기준 프랑스의 출산율은 1.8명으로 우리나라(0.78명)와 2배 이상 격차가 벌어진 상태다.

프랑스 출산 정책의 본질은 아이는 가정과 국가가 함께 키운다는 믿음과 신뢰다. 잘 정비된 가족 정책의 틀 안에서 현금성 지원 정책(아동수당, 양육비, 세제 혜택)을 구축하고, 아이와 관련한 일련의 경제활동(취업, 주거 등)을 국가 차원에서 지원·관리한다. 이를 통해 가족 정책이 부처별 지원 업무로 분산되는 것을 방지하고, 결혼·출산·양육을 중심에 놓고 관련 업무가 결합하도록 정책을 추진하고 있다. 저마다 처한 환경이나 기초 여건은 달라도 프랑스의 출산 정책은 자세하게 들여다볼 가치가 있다.

우리나라에서도 전남 영광군은 전국에서 출산율이 가장 높은 지역으로, 4년 연속 출산율 1위를 기록했다. 작년 출산율은 1.81명으로 OECD 평균보다도 높고 고출산 국가인 프랑스와 비슷한 수준이다. 프랑스와 전남 영광군의 출산 정책을 관통하는 키워드는 일자리, 주거 안정, 결혼, 육아 분담이다. 일과 가정이 양립해야 출산율이 올라간다는 당연한 사실을 영광군이 다시 한번 확인해준 것이다.

또 하나, 유럽에 한국인 입양아들이 많다는 사실과 관련해 하고 싶은 이야기가 있다. 우리나라가 아기 수출국으로 불리던 70~80년대는 불명예스러운 시절이었다. 1958년부터 작년까지 65년간 한국이 해외로 보낸 아동은 공식 통계로만 17만명에 달한다. 최근들어 예전보다는 많이 줄었지만 여전히 높은 숫자를 기록하고 있다. 2020년에만 해도 266명을 해외로 입양 보내 콜롬비아(387명), 우크라이나(277명)에 이어 세계 3위를 기록했다. 지금도 입양아 모임 대표들이 파리에서 매달 모임을 갖는데, 나는 매번 참석해 저마다 아픈 사연들을 들어보고 격려해주고 있다. 자신들의 아이들이 18세가 넘어도 프랑스와 우리나라 국적을 더 가질 수 있게 해달라는 의견이 가장 많았다.

그런 이야기들이 나오면 화두는 자연스럽게 이민 정책으로 넘어가곤 했다. 선진국의 경우 이민 정책이 저출산 대책의 한 축을 담당하고 있다. 저출산 함정에 빠지지 않기 위해서는 그 공백을 이민 정책을 통해 메워야 하기 때문이다. 프랑스는 이민자의 나라로 불릴 정도로 이민자 비율이 높다. 작년 프랑스의 이민자 비율은 전체 인구의 13%로 G7 평균인 13.3%와 비슷한 수준을 유지하고 있다. 우리나라는 이민자 비율이 2.6%

정도로 이들 국가와 비교하면 턱없이 낮은 수준에 머물고 있다. 최근에는 산업구조 변화 등으로 외국인에 대한 노동 수요가 급증하면서 외국인 취업자가 늘어나는 추세다. 국내 외국인 취업자 수를 보면, 2013년 67만 명에서 2022년 84만 명으로 최근 10년간 꾸준히 증가하고 있다. 인구 및 출산 정책의 관점에서 이민 정책의 새 틀을 마련해야 할 시기임이 분명하다. 우리나라에서 복수국적을 허용하는 것에 대해서도 검토할 필요가 있다.

한국, 각자도생의 바다를 표류하는 2030

우리나라는 여전히 자살 공화국이라는 오명에서 벗어나지 못하고 있다. 젊은 세대(10~30대)의 사망 요인 중에서 자살로 인한 사망이 압도적인 1위를 차지하고 있다는 사실이 더욱더 충격적이다. 경제성장에 힘입어 질병 등으로 인한 사망은 세계 최저 수준인데, 유독 청년 세대의 자살률이 이처럼 높은 이유는 무엇일까? 아이들은 학교에 들어가자마자 학원 돌려막기 경쟁을 시작하고, 청년들은 치열하게 경쟁해 일자리를 얻어도 저녁 없는 삶을 강요당하는 피로 사회가 주범일 것이다.

우리 아이들은 학교에서 경쟁하는 법을 배우고, 부모는 등골이 휘어도 공교육 밖에서 사교육 지출을 늘려야 한다. 역대 모든 정부가 공교육 정상화를 국가 단위의 교육 의제로 삼아 강력하게 추진해왔으나, 결국 사교육 시장이 더욱 기승을 부리는 부작용만 초래하곤 했다. 가정경제가 지출한 총 사교육비는 2020년 19.4조 원에서 2022년 26조 원으로 급증했다. 학생당 매달 41만 원(참여 학생당 52만 원)을 사교육비로 지출하는 셈인데, 가정경제가 공교육의 공백을 메우기 위해 GDP의 1.3%를, 초중고 교육 예산의 32%를 사교육비로 지출하고 있는 것이다. 이처럼 부모의 경제력에 따라 교육력이 결정되는 환경에서 아이 낳기를 기대하는 것은 어리석은 일이다.

일과 가정이 양립할 수 없는 보육 환경도 저출산 요인이다. 지금처럼 출산이 여성의 경력단절로, 경력단절이 경제적 충격으로 전이되는 상황에서, 정부가 아이 낳기를 기대하는 것은 무책임한 처사다. 문재인 정부는 국공립 어린이집 이용 비율을 40%까지 확대하겠다고 발표했으나 결국 이를 달성하지 못했다. 2017년 12.9%에서 2021년 22.7%로 2배 가까이 증가한 게 사실이나, 여전히 턱없이 부족한 실정이다. 상대적으로 출산율이 높은 OECD 국가들과 비교하면 더욱 명확해진다. 2016년 기준 국공립 보육 시설 비중은 OECD 평균 67%, EU 평균 74% 등으로 국가의 보육 기여도가 우리나라보다 압도적으로 높다. 프랑스는 이보다도 훨씬 높은 87%로 사실상 정부가 아이를 키우는 것이나 다름없다. 과감한 정책 전환을 통해 아이를 낳기만 하면 국가가 기른다는 믿음을 심어주어야 추락하는 출산율을 돌려세울 수 있다.

결혼과 출산의 전제조건인 청년 세대의 일자리와 주거 문제도 저출산 대책과 분리해서 접근할 수 없다. 혼인 건수를 보면, 2012년 32.7만 명에서 2022년 19.2만 명으로 최근 10년간 절반 이상 줄어들었다. 누구도 괜찮은 청년 일자리가 최고의 저출산 대책임을 부인하지 않는다. 하지만 현실은 만성적 청년 실업 문제로 청년들이 노동시장에 진입하기조차 쉽지 않다. 2022년 기준 청년 실업률은 6.4%로 전체 실업률(2.9%)보다 2배 이상 높고, 청년 고용률은 45.9%로 전체 고용률(68.5%)보다 현저하게 낮다. 설령 어렵게 일자리를 잡는다 해도 높은 노동 강도로 인해 저녁 없는 삶을 강요받기 일쑤다. 세대 간 고용 격차 문제가 심각한 사회 문제임을 보여준다.

외국 언론에서 우리나라를 '과로사Kwarosa'의 기원으로 소개할 만큼 청년 세대가 직면한 근로 환경은 여전히 녹록지 않다. 주당 최대 69시간 뼈대에 기초해 몰아서 일하고 몰아서 쉬게 한다지만, 이는 저출산 촉진 대책으로 보는 게 맞다. 우리나라는 연평균 1,915시간(2021년)을 일하는 장시간 노동 국가다. 멕시코나 콜롬비아 등 중남미 개도국들을 제외하면 단연 세계 최고 수준이다. 매년 OECD 평균보다 199시간, 일본보다 314시간, 독일보다 무려 566시간을 더 일하는 셈이다. 연애할 시간이 없을 뿐만 아니라, 아이를 낳고 키울 시간은 더더욱 없다.

정규직과 비정규직 간 임금 격차 문제는 더 심각한 저출산 원인이다. 2022년 기준 비정규직 근로자는 816만 명으로 전체 임금 근로자의 38%를 차지한다. 즉 우리 청년들은 10명 중 4명이 비정규직인 시대에 살고 있다. 문제는 비정규직 월평균 임금(188만 원)이 정규직 임금(348만 원)의 54% 수준에 불과하다는 것이다. 해묵은 '동일노동·동일임금' 원칙을 소환하지 않더라도, 비정규직 노동의 가치가 정규직 노동의 가치의 절반 정도인 이상 선뜻 받아들이기 어려운 현실이다. 비정규직 임금 격차 문제는 출산 정책의 틀 안에서 풀어내야 할 시대정신과도 같다.

청년 주거 정책 역시 기존의 실패한 청년주택 정책을 답습하기보다는 저출산 문제를 중심에 놓고 재설계하는 담대한 접근이 필요하다. 최고의 저출산 대책은 청년 공공주택을 청년이 원하는 곳에 원하는 방식으로 '더 많이, 더 빨리, 더 좋게' 공급하는 것이다. 모든 신혼부부나 사회 초년생에게 조건 없이 공공임대주택을 공급하되, 출산 시 넓은 평수로 옮길 수 있도록 출산 연계 주택 공급 정책을 추진해야 한다. 일례로, '출산 연계 평수' 제도를 도입해 아이가 늘면 넓은 평수로 옮길 수 있도록 정책을 설계한다면 주거 및 육아 환경의 질을 획기적으로 개선할 수 있다. 또한 주택 공급 방식과 주택 금융 정책을 청년의 눈높이에 맞게 재설계해야 한다. 정부가 청년에게 저리로 전·월세 자금을 100% 지원하고, 출산과 연계해 이자 부담을 덜어주는 '이자 감면 프로그램'을 가동할 수 있다. 출산에 따라 대출이자를 낮춰주고 '셋째 아이' 출산 시 '무이자 대출'로 전환해 주거비 부담을 온전하게 해소하는 방안도 검토할 수 있다. 잘 정비된 금융 정책이야말로 저출산 대책이다.

청년 공공임대주택 정책은 임대로 살면서 내 집 마련의 꿈을 실현할 수 있도록 재설계할 필요가 있다. 임대주택만 공급하는 지금과 같은 방식으로는 내 집 마련을 위한 주거 사다리를 제공하기 어렵다. 임대주택에 '임대 후 최초의 분양가로 분양' 옵션을 탑재한다면, 살면서 주거 안정과 자산 증식이라는 두 마리 토끼를 잡을 수 있다. 최초의 분양가로 10년 후에도 분양받을 권리를 가진 임차인이라면 아무리 집값이 상승해도 염려할 필요가 없다. '영끌'로 주택을 매수하는 현상이 발생하지 않는다. 월세를 내고 사는 사람이나, 전세금을 대출해서 대출이자를 내고 사는 사람이나, 주택담보대출을 해서 대출이자를 내면서 자기 집에서 사는 사람이나 동일한 비용을 부담하는 세상을 만들 수 있다. 신용등급에 따라 이자율을 차별하는 세상을 없애겠다는 것이 나의 꿈이다. 내가 일관되게 주장해온 '누구나 보증 시스템'이다. 적어도 집 관련한 대출에서만이라도 신용등급에 따라 이자율을 차별하는 계급사회를 없애겠다는 것이다.

집은 단순한 주거 공간이 아니라 생산과 소비의 포털이 될 수 있다. 이것이 내가 주장하는 '누구나 집 프로젝트'다. 집을 일자리와 에너지를 만드는 공간으로 전환시켜나가야 한다. 주택을 망으로 연결하여 협력적 소비를 조직하고 가사를 산업으로 만들어 일자리를 창출할 수 있다. '누구나 집 프로젝트'는 아파트와 호텔의 기능을 결합하는 아파텔로서 일자리를 만들 수 있다. 도시 농업과 주거를 결합하고 교육과 주거를 결합하는 형태로 진화·발전할 수 있다. 이와 관련해서는 다음 장에서 더 자세히 이야기하겠다.

1

주거의 혁명, '누구나 집 프로젝트'

거주 형태에 상관없이 모두에게 같은 이자를

아마 먹고사는 문제에서 가장 많은 비용이 들어가고, 역대 그 어느 정부도 뾰족한 해결책을 내놓지 못한 부분이 바로 주거 문제일 것이다. 송영길은 이 문제를 해결하기 위해 굉장히 오랫동안 연구했고, 공부했고, 실제로 정치를 하면서도 다양한 정책들을 추진해왔다. 그런 과정을 거쳐 주거 문제를 해결하기 위한 나름의 해법을 구상하게 되었는데, 일명 '누구나 집 프로젝트'이다.

누구나 집 프로젝트의 첫 번째 핵심은 거주 형태에 상관없이 모두가 같은 이자를 낼 수 있도록 하는 것이다. 우리나라의 거주 형태를 보면 대부분 자가, 전세, 월세 셋 중 하나다. 또 월세가 아닌 이상 100% 자기 자금만으로 주거 문제를 해결하는 사람은 많지 않다. 예를 들어 서울의 8억 원짜리 아파트에 사는 사람이 있다면, 그 사람은 전세든 자가든 3~4억 원 혹은 그 이상 대출을 받기 마련이다. 이때 문제는 대출을 받을 때 거주 형태 혹은 개인의 신용등급에 따라 이자율이 다르다는 데 있다.

송영길은 현존하는 모든 대출의 이자율을 다 똑같이 맞출 수는 없겠지만, 적어도 주거에서만큼은 거주 형태나 신용등급과 무관하게 이자율을 똑같이 맞춰야 한다고 주장한다. 개인마다 다르게 발생하는 '이자의 불평등'은 곧 삶의 무게의 불평등이다. 사람이 물속을 걸어갈 때 수심이 10미터인지 20미터인지에 따라 느끼는 수압이 다르다. 마찬가지로 이자율에 따라 살아가는 삶의 무게가 다르다. 돈이란 혈액과 같다. 혈액이 돌아야 인간이 살아갈 수 있듯이 돈이 돌아야 삶을 계속 영위할 수 있다. 가난할수록 이자의 부담이 적어야 하는데, 돈이 많고 신용이 좋은 사람은 아주 적은 이자를 내고, 그렇지 못한 사람은 많은 이자를 내야 한다. 신용이 6등급, 7등급 이하일 경우 이자율이 높아지는 만큼 살아가기가 너무 힘들다.

따지고 보면 보증금은 없어지거나 생활비로 소모되는 돈이 아니다. 임대차 계약이 끝나면 반드시 돌려받는다. 이 보증금을 떼일 수 있는 거의 유일한 경우는 임대차 보증금 반환 채권을 제3 채권자가 압류해서 나눠 가질 때뿐이다. 그런 점에서 송영길은 국가나 지방자치단체에서 서울주택공사(SH)나 한국주택공사(LH) 같은 '누구나 집' 특수목적법인(SPC)을 만든 다음, 여기서 임대차 보증금 반환 채권을 양도받아서 가지고 있고, 임차인이 이걸 담보로 보증금을 빌리는 방법을 고안했다. 그렇게 하면 내 신용등급이 7등급이든 그 이하든 똑같은 이자를 낼 수 있는 구조가 가능해진다. 다시 말해 개인의 신용등급을 보고 이자율을 책정하는 것이 아니라, 채무의 성질을 보고 이자율을 책정하게 하는 것이다. 이 제도를 확장하면 누구나 낮은 이자로 돈을 빌릴 수 있을 뿐 아니라, 최근 뜨거운 이슈로 부상하면서 많은 서민들을 피눈물 나게 만든 전세 사기도 막을 수 있다는 큰 장점이 있다.

최초 분양 가격으로 누구나 집을 살 수 있도록

전세든 월세든 임대로 사는 사람들의 가장 큰 걱정은 뭐니 뭐니 해도 집값 상승일 것이다. 예를 들어 서울의 10억 원짜리 아파트에서 6~7억 전세로 살고 있는데 몇 년 사이 집값이 15억 원으로 오른다면 어떻게 될까? 그 몇 년 사이에 상승한 집값만큼의 보증금을 구할 수 없을 가능성이 매우 크다.

송영길은 누구나 집 프로젝트를 구상했을 때 이런 문제를 반드시 해결해야 한다고 생각했다. 그래서 나온 누구나 집 프로젝트의 두 번째 핵심은 임차인에게 최초의 분양대금으로 집을 살 권리를 부여하는 것이다. '누구나 집'과 관련한 SPC에 임차인이 집값의 10%를 내면, 그때부터 임차인은 단순한 임차인이 아니라 언제든 최초의 분양대금으로 이 집을 살 수 있는 권리를 가질 수 있다.

조금 쉽게 비유해보자. 우리가 결혼하고 혼인신고를 하면 그때부터는 법적으로 부부가 되고, 서로 간에 배타적 관계가 형성된다. 약혼은 조금 다르다. 연애와 결혼의 중간 단계에 가깝다. 호적에 오르거나 법적으로 인정받지는 않지만, 단순한 연애 관계라고도 할 수 없다. '누구나 집'이 이런 개념이라고 볼 수 있다. 내가 부동산의 소유권자는 아니지만 그렇다고 단순한 임차인이라고 할 수는 없다. 임차권인 채권과 물권인 소유권 사이에 있는 권리, 일종의 물권적 기대권을 부여받는 것이다.

보증금을 대출받아야 한다면 앞서 말했던 '누구나 집' 보증을 통해 신용등급에 상관없이 동일한 이자를 내고 보증금을 대출받아 임대인에게 지급하고 그 집에서 산다. 만약 그 집의 최초 분양가가 3억 원이었다면 보증금으로 분양가의 10%인 3,000만 원을 낸다. 이후에 집값이 하락해 이사를 가고 싶으면 보증금을 돌려받으면 그만이고, 만약 상승했다면 최초 분양가인 3억 원으로 그 집을 매수하면 된다. 이렇게 되면 내가 전세로 살든, 월세로 살든, 집값이 오르든, 내리든 아무런 문제가 없다. 누구나 집 프로젝트가 좀 더 널리 퍼진다면 집값이 오름세에 있을 때 소위 막차를 타기 위해 '영끌'을 해서라도 집을 사려는 사람들이 이어지면서 발생하는 문제를 막을 수 있다. 그렇게 되면 결국 주택시장 전반의 안정으로 이어질 수 있을 것이다.

그런데 이런 혁명적 시스템이 '어떻게 가능하다는 것일까?'라는 의문이 남는다. 취지가 좋다는 것이야 인정하지만 여기엔 당연히 비용이 들어갈 수밖에 없다. 과연 엄청난 국가 예산을 투입하지 않고도 할 수 있는 일일까? 송영길의 정책이 매력적인 이유가 여기에 있다. 오로지 국가 재정이나 지방자치단체 예산을 통한 공공임대주택 확대만을 외치는 일반 진보 정치인들과 달리, 공공 예산을 쓰지 않고 민간 투자로 문제를 해결한다는 점이다.

주택을 생산과 소비의 포털로

송영길은 SH 공사와도 다양한 논의를 이어가며, 실제로 누구나 집 프로젝트를 시도해보려고도 했다. 그러나 LH나 SH는 임대주택을 짓고, 임차인을 모집한 다음 그 임대료로만 운영하기 때문에 누구나 집 프로젝트를 진행하기엔 자금이 턱없이 부족했다. 다시 말해 수익 구조의 한계가 명확하다는 것이다. 결국 신용등급에 상관없이 누구나 같은 이자를 내고, 최초 분양 가격으로 언제든 집을 살 수 있게 하겠다는 누구나 집 프로젝트를 성공시키기 위해서는 임대료 이상의 수익을 낼 수 있는 시스템이 만들어져야 한다. 여기에 바로 누구나 집 프로젝트의 세번째 핵심이 있다.

이를 해결하기 위한 송영길의 비책은 협력적 소비를 조직해 부가 수익을 극대화하는 것이다. 자동차를 예로 들어보자. 우리나라는 1년에 약 150만 대의 차량이 팔리는데 그중 절반 이상은 리스 아니면 렌트로 사용된다. 보통 수입 중형차 한 대를 리스 또는 렌트하면 한 달에 150만 원 정도의 비용이 들어가는데, 카 셰어링을 할 경우 60~70만 원 선에서 운영이 가능하다. 자차를 이용하는 사람이라고 해도 보통 자동차를 종일 운행하는 사람은 거의 없다. 통계를 보면 24시간 중 2시간 30분 정도 운행하고, 나머지 21시간 30분은 주차되어 있다. 그렇기 때문에 이론적으로만 보면 카 셰어링은 꽤 효율적인 측면이 있다. 물론 현실과 이상은 다르다. 과거 박원순 서울시장도 그랬고 송영길도 그랬지만, 시 단위에서 카 셰어링을 운영해보려는 시도가 생각만큼 잘되지 않았다. 그 결정적 원인은 이용하는 소비자와 주차 장소가 다 흩어져 있었기 때문이다. 이를테면 누구는 롯데 아파트에 살고, 누구는 현대 아파트에 사는데 자동차는 자전거처럼 바로바로 빌리고 아무 데나 갖다놓을 수가 없다. 주차 비용과 차를 이동시키는 비용이 너무 많이 들어서 전반적인 운영 비용이 높아지고, 그러니 소비자 입장에서도 카 셰어링 비용이 비약적으로 줄어들지 않으면서 메리트가 떨어지는 것이다.

그런데 만약 집을 분양할 때부터 카 셰어링에 가입하는 조건을 달면 어떨까? 예컨대 '누구나 집'을 분양받은 사람은 모두 카 셰어링 업체의 회원이 되는 셈이다. 그러면 기존 카 셰어링 방식이 가진 많은 문제를 해결할 수 있다. 우선 아파트 주차장을 카 셰어링 주차장으로 활용할 수 있다. 또 카 셰어링을 이용하는 사람이 다 같은 아파트 주민이니 차를 빌리고 갖다놓기 위해 멀리 이동할 필요가 없다. 요즘은 한 가정에 두 대 정도 자동차를 보유하는 경우도 많으니 원한다면 한

대는 독자적으로 쓰고, 한 대는 카 셰어링 업체에 회원 등록을 하는 방식도 가능하다.

송영길은 이 프로젝트의 현실성을 검증하기 위해 BMW와 협의해보았는데, 만약 한 번에 500대를 리스하면 리스 비용이 25~30%까지 할인이 가능하다는 답을 들었다. 누구나 집을 중심으로 자동차 회사와 연결해 500대 이상의 자동차를 한 번에 리스하면 1차 비용이 줄어들고, 이렇게 리스한 차량을 카 쉐어링으로 활용하면 추가로 또 비용이 줄어든다. '누구나 집'에 입주한 주민들은 이렇게 저렴한 비용으로 차량 이용이 가능하다는 계산이 나온다. 또 이 정도 규모가 되면 아파트 지하에 자동차 정비 업소를 둘 수도 있다. 당연히 정비 비용은 내려가고 새로운 일자리 창출도 가능해진다. 카 셰어링 하나를 예로 들었지만, 이런 식으로 범위를 무궁무진하게 확장할 수 있다. 모두가 이동통신사를 LG 유플러스로 쓴다면? 요즘 아파트 단지에 있는 도서관이 500권 정도의 책을 보유하고 있다는데, 만약 1,000개의 아파트 단지에서 함께 사용하는 도서관을 조직할 수 있다면? 통신비는 비약적으로 내려가고, 아파트에 무려 50만 권의 서적을 갖춘 공간이 만들어진다. 지하에 대규모의 도서관을 만들고 앱을 사용해 누구나 50만 권의 책을 공유할 수 있다.

지금까지의 아파트를 보면 그 주민들의 구성 성분이 비동질적이었다. 수요가 특정이 안 되니 맞춤형 공급이 가능하지 않았다. 누구는 반려동물을 가족처럼 사랑하지만, 누구는 강아지와 고양이를 무서워하거나 싫어한다. 누구나 집 프로젝트는 처음 건설할 때부터 거주자의 특성에 따른 아파트를 짓는 것을 추진한다. 예를 들어 처음부터 펫 전용 아파트를 만든다면 이에 따라 맞춤형 서비스가 가능해지는 식이다. 동물병원, 반려동물 뷰티샵, 반려동물 호텔 등 다양한 펫 부가 서비스 기능이 갖춰진 아파트가 생기고, 입주민은 이것을 저렴한 가격으로 이용할 수 있다. 입주민들을 신혼부부나 맞벌이 부부로 동질화하면 아파트 1층 전체를 어린이집으로 설계할 수 있다. 비용도 저렴하지만 유괴될 염려도 없고, 픽업의 부담도 없다.

결국 누구나 집 프로젝트의 결정적인 차이는 아파트를 단순한 주거 공간이 아니라 하나의 네트워크로 묶는데 있다. 만약 1,000세대를 하나의 협력적 소비 단위로 조직하면 소비자는 소비자 파워를 통해 교섭력을 갖게 되고 그만큼 저렴한 가격에 서비스를 이용할 수 있다. 아파트 시행사는 엄청난 부가 이익을 얻어 집값 자체를 거의 0원에 수렴하게 만들 수 있다. 국가나 시 단위에서 운영한다면 이 부가 이익을 복지 사업에 다시 환원하는 방식을 통해, 주거 형태에 상관없이 같은 이자율을 책정하고, 집값이 올라도 최초 분양가로 집을 살 수 있는 혁명적 프로젝트가 가능해지는 것이다.

최근 송영길이 구상하는 것은 '누구나 집'을 중심으로 한 도시 농업이다. 현재 우리나라 식량자급률은 약 40%이고, 사료까지 모두 포함하는 개념인 곡물자급률은 18% 정도에 불과하다. 소고기, 돼지고기, 닭고기도 절반 이상을 수입에 의존한다. 1인당 경지면적은 고작

0.7헥타르 정도이다. 2013년 우리나라 전체 경지면적은 171만 1,000헥타르였는데 2022년 기준 152만 8,000헥타르로 갈수록 줄어드는 상황이다. 송영길은 이런 식량 문제를 해결하기 위한 대안으로 도시에 팜 팩토리를 만들겠다는 계획이다.

좀 더 구체적으로 설명하자면 아파트를 육각형으로 짓고, 그 가운데 원통형으로 팜 팩토리 빌딩을 세운다. 이렇게 하면 공간도 비약적으로 활용할 수 있고, 아파트에서 사용하는 물을 팜 팩토리에서 정수해 바로바로 공급하는 방식이 가능하다. 팜 팩토리는 자연스럽게 사람이 살아가는 생활 환경과 같은 온도로 맞추게 되는 만큼 온도 조절도 용이하다. 농촌에서 자주 사용하는 비닐하우스는 한 번 만들어도 2년이면 교체해야 하고, 온도 조절도 쉽지 않은데다가, 폐기물도 많이 나온다. 육각형의 아파트 가운데 짓는 이 팜 팩토리는 일종의 주농 복합 시스템으로, 비닐하우스가 가진 모든 문제를 해결할 뿐 아니라 작물을 키우는 데 드는 유지 비용도 줄일 수 있다.

비슷한 예로 주교 복합 시스템을 구축하는 것도 생각해볼 수 있다. 갈수록 학교가 없어지는데 아파트 1층 전체를 교실, 지하를 수영장을 비롯한 체육관, 옥상을 운동장으로 만들고, 교실 건물 위에 아파트를 만드는 방식이다.

결론적으로 누구나 집 프로젝트는 지금까지 잠만 자는 용도였던 주거를 생산과 소비의 포털로 탈바꿈해 이를 통해 이익을 만들고, 일자리를 만들고, 여러 부가 서비스를 만들어낼 수 있다. 주거 문제뿐 아니라, 양육 문제, 식량 문제, 교육 문제까지 해결할 수 있는 주거 혁명이라 할 수 있다.

보통 우리나라를 둘러싼 문제들의 해결책으로 진보는 늘 공공을 이야기하고, 보수는 늘 민영을 이야기한다. 공공임대주택은 물론 필요하긴 하지만 슬럼화되는 것을 막을 수 없다. 임대와 임대가 아닌 곳이 완전히 분리된다. 민영화는 시민의 이익이 아니라 기업의 이익만 극대화한다. 새로운 길을 찾기 위해선 이 공공과 민영이라는 양분의 논리에서 벗어나야 한다.

송영길이 처음 누구나 집 프로젝트를 기획하고, 10년에 걸쳐 계속 수정 보완한 이유는 결국 청년들을 위해서였다. 국가나 지자체의 세금을 쓰지 않고 민간 자금으로 주택을 공급하고 청년들에게 싼 가격으로 자기 집을 가질 수 있게 해주는 누구나 집 프로젝트는 수많은 우리나라 청년들의 고단한 현실을 직접적으로 바꿔줄 수 있는 대안이 될 것이다.

2

일자리가 아닌 일감이 우선

문재인 정부 경제 정책의 명과 암

송영길이 생각하는 일자리와 경제 정책에 관해 이야기하기 전에 먼저 문재인 정부의 경제 정책에 대해 짚고 넘어가겠다. 문재인 정부 시절 송영길은 문재인 대통령이 주재하는 경제 회의에 두 번 참석했다. 그때 대통령 비서실 정책실장이었던 장하성이 추진했던 정책이 소득 주도 성장이었다. 소득 주도 성장의 핵심 개념은 노동자의 소득이 올라가면 유효 소비, 즉 구매력이 높아지고 이렇게 소비가 늘어나면 생산이 활성화되면서 결국 경제가 선순환한다는 것이었다.

이에 송영길은 소득 주도 성장에 대해 최저임금 상승이 아니라 근로장려세Earned Income Tax Credit를 우선적으로 추진할 것을 강조했다. 사실 조금의 경제 상식만 있었어도 이 정책이 허점이 많다는 사실을 알았을 것이다. 더불어민주당 의원들 또한 이 정책에 대해 문제의식을 가지고 있었다. 하지만 마치 '임금님 귀는 당나귀 귀'처럼 아무도 제대로 말하지 못했다. 그런 와중에 소득 주도 성장 드라이브에 비판적이었던 김동연 경제부총리와 장하성 실장 간에 갈등이 발생했고 송영길 또한 에둘러서 비판의 목소리를 냈다.

흔히 생산의 3요소로 토지, 노동, 자본을 꼽는다. 이 요소들이 결합해 생산이 이뤄지고 이윤이 발생하면 토지에는 지대로, 자본에는 이자로, 노동에는 임금으로 나눠준다. 이 기준은 생산에 얼마나 기여했는지가 되어야 한다. 생산 기여도를 따지지 않은 채 노동자한테만 임금을 올려주면 생산이 늘어나고, 심지어 이게 지속 가능하다는 건 말도 안 되는 주장이다. 경제성장과 소득 간의 인과관계가 바뀌었을 뿐 아니라, 임금 인상이 수요에 미치는 효과만 고려했을 뿐 공급에 미치는 효과는 고려하지 않았다. 결국 소득 주도 성장은 생산성이 높아졌을 때 그 결과물로 나오는 것이지, 그 자체로는 생산성을 높이는 데 한계가 있다.

또한 소득 주도 성장에는 우리나라 진보주의 학자들의 고질적인 문제점이 고스란히 드러나는데, 이들 대부분이 우리나라를 폐쇄경제, 단일경제로 상정하고 논리를 전개한다. 우리나라에서 만든 생산품 중 우리나라 국민이 소비하는 것이 반도 안 된다는 사실을 간과한 것이다.

이미 이명박 정부 때도 비슷한 관점을 견지하다가 큰 실책이 나온 바 있다. 당시 기재부 장관이었던 강만수는 가격 경쟁력을 높이면 수출을 증대할 수 있을 거라는 계산으로 고환율 정책을 쓴 적이 있었다. 송영길은 대정부 질문에서 강만수를 강하게 비판했다. 우리나라는 이미 개방경제 체제가 되었다. 원자재·중간재를 수입해 완제품을 만든 다음 다시 수출하는 구조다. 환율이 올라가면 수입 물가가 증대되어 그만큼 비용이 많이 들어가는 만큼 수출에서의 이익이 상쇄되어버린다는 것이 그 이유였다. 예전 박정희 시대처럼 수입은 별로 없고 수출은 많이 할 때 같았으면 모르겠지만 우리나라 경제는 그때와는 달라졌다. 실제로 이 고환율 정책으로 인해 환차손만 수조 원이 발생했다. 소득 주도 성장론도 양상은 다르지만 현실을 오판했다는 점은 비슷하다. 내수시장의 한계가 명확한 만큼 노동자의 임금을 아무리 올려봤자 일정 이상 성장할 수 없다. 또 하나, 우리나라 노동시장을 떠받치고 있는 것은 이제 외국인 노동자들이라고 봐야 한다. 그들은 일급의 70·80%를 자국에 송금하는 실정이다. 그런 와중에 어떻게 소비 진작이 일어나겠나. 현실을 제대로 바라보았다면 결코 시행하지 말았어야 할 정책이다. 이 정책으로 괜히 최저임금만 무리하게 올린 탓에 자영업자들만 다 죽어나갔다.

이 외에 문재인 정부가 밀어붙인 경제 정책이 혁신 성장과 공정 경제였는데, 이것이 소득 주도 성장과 함께 문재인 정부의 3대 경제 슬로건이었다. 당시 기획재정부(기재부)에서 이와 관련해 브리핑을 하길래 송영길이 물었다. "혁신 성장이란 게 대체 뭡니까? 너무 추상적입니다. 우리가 박근혜 정부 때 창조 경제를 추상적이라고 비판했는데 그와 다를 게 없습니다."

그러자 기재부는 혁신 성장의 대상으로 8개의 산업, 미래 차(자율주행 자동차), 드론, 재생에너지, 인공지능, 핀테크, 스마트 시티, 스마트 팜, 스마트 공장을 들었다. 기재부 주장에 따르면 소득 주도 성장이 국민의 소득을 늘려 경제성장을 주도하는 '수요'에 초점을 맞춘 정책이라면, 혁신 성장은 기업의 혁신을 촉발해 경제 발전을 꾀하는 '공급' 중심 정책이라고 볼 수 있다.

이것도 얼핏 보면 꽤 대단한 내용 같지만 하나하나 따져보면 매우 이상하다. 자율주행 자동차가 발전하면 택시기사를 비롯한 운전기사들이 일자리를 잃는다. 드론은 조종사, 스마트 공장은 노동자, 스마트 팜은 농민, 스마트 시티는 관리자, 핀테크는 은행원들의 일자리와 각각 연관되어 있다. 물론 소프트웨어 관련 일자리는 새로 생기겠지만 서민들의 전통적 일자리를 위협하는 산업인 셈이다. 즉 소득 주도 성장과 혁신 성장은 서로 상충한다. 하나는 브레이크이고 하나는 엑셀인데 이걸 동시에 밟으면 차가 어떻게 되겠나? 기재부의 이 모순된 정책을 문재인 대통령도, 이낙연 총리도 제대로 지적하지 못했다.

그런 와중에도 송영길은 문재인 정부에서 해운 산업을 다시 부흥시킨 것만큼은 아주 큰 업적이라고 평한다. 이것은 송영길의 친구인 김영춘 해양수산부 장관의 강력한 주장과 추진에 의해서 가능했다. 같은 맥락으로 박근혜 정부 시절의 가장 큰 실책은 한진해운을 망하게 한 것이라고 본다. 한진해운은 그 자체로 우리나라 수출의 핵심이었다. 3면이 바다로 둘러싸여 있는 지리적 조건에서 우리나라 화물의 99%는 배로 연결된다. 항공 화물은 1% 정도에 불과하다. 우리나라는 해운이 없으면 고립된 나라이고 굶어 죽기 십상이다. 그래서 해운 산업은 국가기간 산업이고, 우리의 전략 사업일 수밖에 없다. 그 중심에는 세계 5대 해운사였던 한진해운이 있었다. 심지어 한진해운은 우리나라의 주요 수출국이었던 유럽이나 미국으로 연결되는 노선을 주도하고 있었다.

사실 해운은 일종의 네트워크 산업이라고 보아야 한다. 정기성과 정확성이 담보되어야 생존이 가능하기 때문이다. 기업 입장에서 보면 해운사가 정해진 날짜에 정해진 물량을 싣고 들어와서 중간 원자재를 공급해주어야 재고를 많이 쌓아둘 필요가 없으니 그에 대한 비용이 내려가고, 투명성과 예측 가능성이 생긴다.

대부분의 수출 산업에서 가장 중요한 것은 신용이다. 계약된 수량을 계약된 날짜에 시장에 공급해야만 한다. 원자재가 없으면 애초에 생산을 하지 못하는 만큼 수출 산업의 가장 첫 번째 단계는 해운이고, 이렇게 만들어진 완제품을 해운을 통해 정해진 날짜에 납품해야 하는 만큼 수출 산업의 가장 마지막 단계도 해운이다. 이런 신용은 하루아침에 만들 수 있는 것도 아니고, 한 번 무너지면 복원도 어렵다. 수출로 먹고사는 나라에서 한진해운은 무조건 유지시켜야만 하는 사업이었다. 박정희 정부 시절에 만든 이 한진해운은 결국 박근혜 정부의 무능함으로 인해 파산을 맞이하고 말았다.

한진해운의 파산을 결정할 때 기재부 위원이었던 송영길은 국토교통부 장관 유일호, 금융위원장 임종룡에게 물었다. "대통령에게 보고했습니까? 이 정도 사안이면 대통령 주재로 경제 장관 회의를 진행해야 하는 거 아니오?" 알고 보니 회의는커녕 대면 보고조차 하지 못한 상황이었다. 소위 문고리들에게만 전달하고 끝난 것이다.

대체 한진해운이 어떤 회사인데 이렇게 파산하게 만든단 말인가. 송영길은 불같이 화를 내며 말했다. "마사지할 시간은 있고 회의할 시간은 없습니까? 한진해운이 어떤 기업이오? 애국가가 흘러나오는 그 영상에도 컨테이너를 싣고 태평양을 가로지르는 한진해운의 배가 나옵니다. 한진해운은 그 자체로 수출입국 대한민국의 자부심을 보여주는 회사 아니오. 그런 회사를 이렇게 파산하게 둔단 말입니까?"

당시 상황을 보면 극심한 세계경제 침체로 인해 우리나라의 대표 해운사였던 한진해운, 현대상선(현 HMM)이 모두 위기를 맞았던 것은 사실이다. 하지만 정부에선 실적과 브랜드 가치가 좋고, 자산이 더 많았던 한진해운이 아니라 현대상선의 손을 들어주었다. 결국 정부가 한진해운에 3,000억 원을 지원해주지 않아서 파산한 와중에 현대상선은 살리려고 몇조 원을 쏟아부었다. 김영춘의 말에 따르면 자신이 해수부 장관이 된 이후 국제회의에 나가면 많은 전문가들이 왜 현대상선을 파산시키지 않고 한진해운을 파산시켰느냐는 질문을 워낙 많이 해서 대답하기가 곤란할 정도였다고 한다.

송영길은 훗날 조양호 한진그룹 회장과 만나 술잔을 기울이며 한진해운이 왜 파산할 수밖에 없었는지에 대한 저간의 사정을 들을 수 있었다. 당시 K스포츠재단과 미르재단에서 한진그룹에 돈을 낼 것을 강요했다. 그때 100억 원을 요구했는데 대한항공이 10억 원밖에 내지 않았고, 그 때문에 '누군가에게' 찍혀 한진해운이 날아갔다는 것이다.

박근혜 정부도 한심하긴 마찬가지였고, 그런 정부가 제대로 돌아갈 리가 없었다. 이후 문재인 정부 들어와 김영춘 해수부 장관이 대통령에게 강력히 건의해 8조 원가량의 해양 발전 기금 조성을 재가받았다. 정부는 이 돈을 현대상선에 투자했고, 현대상선은 대우, 중앙해양, 삼성, 현대 중공업 등에 2만 4,000TEU급 선박 12척과 1만 6,000TEU급 8척을 발주했다. 수주에 어려움을 겪던 우리나라 3대 조선 업체가 보릿고개를 넘는 데 큰 도움이 되었다. 이렇게 건조된 20척의 배를 현대상선에 현물 투자한 것이 조선 산업과 해운 산업을 살린 신의 한 수였다.

현대상선은 이 공적 투자 덕분에 미리 준비되어 있었고, 한진해운 역할을 대신하면서 코로나 정국에서 크게 살아날 수 있었다. 코로나19로 인해 사람이 오가지 못하는 대신 해외 직구가 늘면서 물동량이 많아졌고, 운임도 4배 상승한 것이 주요한 이유였다. 이 흐름을 타고 현대상선은 세계 8위의 해운 업체로 성장했다. 그때 문재인 정부가 해양 발전 기금을 투입하지 않았다면 우리나라는 배를 못 구해서 수출길이 완전히 막혔을 수도 있다. 만약 그랬다면 이 나라가 어찌 되었을지 생각만 해도 아찔하다.

송영길 경제 정책의 핵심 – 일감, 일감 그리고 일감

이런 맥락에서 송영길은 우리나라 경제의 한 축은 수출이고, 또 한 축은 '질 좋은 성장'이 되어야 함을 늘 주장해왔고, 국회의원으로서 인천시장으로서 그런 경제 정책을 펼치기 위해 많은 노력을 기울였다. 일례로 송영길이 처음으로 문재인과 대립했던 것도 경제 정책 때문이었다. 송영길은 문재인 대통령이 대선 후보 시절에 선거대책위원회 총괄본부장을 맡았는데, 그때 공공 일자리 81만 개를 만들겠다는 문재인 후보의 주장에 의문을 표시했다. 국민 세금으로 나누어주는 일자리는 누가 못 만들겠는가? 그런 일자리가 무슨 지속 가능성이 있겠는가? 당시 문재인 후보는 이를 이해하지 못했다. 언론이 집중적으로 질문했다. "송영길 선대위 총괄본부장의 발언이 문재인 후보의 81만 개 공공 일자리 정책과 충돌하는데 후보의 의견은 어떠한가?" 문재인 후보의 유명한 답변이 "후보는 접니다"였다. 그래서 송영길의 아들딸은 아빠를 놀릴 때 "후보는 접니다"라고 조크를 했다고 한다. 아빠는 후보도 아닌데 뭘 그렇게 죽을 둥 살 둥 열심히 선거운동을 하냐고.

결국 문재인식 공공 일자리 창출 공약의 성과는 초라했다. 보통 일자리는 크게 세 종류로 구분할 수 있다. 첫 번째는 공공 일자리이다. 고용 위기가 왔을 때나 국민들이 굶어 죽게 생겼을 경우, 혹은 노인 빈곤 문제 등을 해결하기 위한 긴급 대책의 성격이다. 공짜로 돈을 나눠줄 수 없으니 이런 공공 일자리를 통해 구제해야 한다. 두 번째는 사회적 일자리이다. 탈북자나 외국인, 장애인 등 사회적 약자들을 고용해서 일자리를 주는 보충적 시장의 성격이다. 이 두 종류의 일자리는 반드시 필요하긴 하지만, 이런 일자리로 국가의 미래를 도모할 수는 없는 노릇이다.

그래서 세 번째인 민간 일자리를 주력으로 삼아야 한다. 여기서 말하는, 정부가 주력해야 하는 민간 일자리란 새로운 산업을 말한다. 산업을 일으켜야 일자리가 생긴다. 다시 말해 일자리가 먼저가 아니라 일감이 먼저다. 일감이 있어야 일자리가 생기고, 그것이 다시 고용으로 이어지는 구조가 가장 이상적이라는 얘기다. 대표적으로 자동차 산업을 예로 들 수 있다. 하나의 자동차를 만들기 위해선 무려 1만 개에서 2만 개의 부품이 들어간다. 자연스럽게 부품을 공급하는 하청 기업이 많아질 수밖에 없고, 산업의 전·후방으로 연관 효과가 커진다. 건설업이나 바이오산업도 마찬가지로 일자리 창출 계수가 높은 산업에 속한다.

송영길은 비슷한 관점에서 T-50 골든 이글에도 관심이 많았다. T-50 골든 이글이란 한국항공우주산업(KAI)이 제작한 초음속 고등 훈련기를 말한다. KAI와 록히드 마틴이 연합된 합작 투자사에서 만들었는데, 2005년 10월부터 양산에 들어가 2005년 12월에 1호기가 납품되었다. 2008년에 25대 도입이 모두 완료되어 기존의 T-38 탤론의 역할을 대체했고, 현재 납품된 기체는 제1전투비행단 189, 216 비행교육대대로 편성되어 있다. T-50 한 대에 들어가는 부품이 무려 30만 개다. 엄청난 일자리 창출 효과를 기대할 수 있는 산업인 셈이다. 송영길은 직접 인도까지 가서 T-50 판촉 활동을 하기도 했다. 문재인 정부 시절 미국 국방부에서 초음속 고등 훈련기 40대를 제작할 업체를 공모한 적도 있었는데, 그때 KAI와 보잉사가 유력한 후보였다. 그런데 보잉사가 반값을 써내는 바람에 KAI가 떨어지고 말았다. 아쉬운 지점이 아닐 수 없다.

송영길은 이것도 정부의 안이한 대처가 묻어나는 사례였다고 본다. 이때 보잉사보다 더 낮은 가격을 써서라도 반드시 수주를 따냈어야 한다는 판단이다. 당장은 적자가 나더라도 펜타곤에 T-50 40대가 들어갔다는 사실이 알려지면 그 자체로 엄청난 홍보 효과를 거두면서 그다음부턴 판촉할 필요도 없이 전 세계로 팔려나갔을 거라고 보기 때문이다. 만약 KAI 사장이 마음대로 가격을 내렸다가는 배임죄로 구속될 수도 있었기 때문에 반드시 대통령이 나서서 해결했어야 할 문제였다. 당시 외교부는 T-50의 중요성에 대한 인식이 없었다. 그래서 송영길은 박근혜 정부 때 외교부에서 통상교섭본부를 분리시킨 것을 일관되게 비판해왔다. 반드시 다시 통합시켜야 한다고 주장하고 있다.

정부 차원에서 그런 세밀한 설계가 필요하다. 성장이라고 해서 다 같은 성장이 아니다. 고용 없는 성장도 있고, 고용을 줄이는 성장도 있다. 장기적으로 보면 이런 성장은 독이다. 고용 연계 지수가 높은 성장, 고용이 늘어나는 질 좋은 성장이 필요하다. 성장의 과실이 국민에게 돌아가는 성장이야말로 진정한 성장이다. 그런 대표적인 산업이 일명 BBC라 불리는 배터리, 바이오, 칩(반도체) 산업이다. 윤석열 정부 들어와서 이 BBC를 미국에 빼앗기고 일본에 빼앗기고 있으니 나라의 미래가 우울하기 그지없다.

다음 장에서 구체적으로 다루겠지만, 송영길이 인천시장 시절 송도에 삼성바이오로직스를 유치하기 위해 미친 듯이 뛰어다녔던 것도 그런 산업을 일으키는 것이 지역 발전에 결정적 영향을 미친다고 믿었기 때문이다. 유능한 정부라면 이런 전략적 판단이 필요하다. 송영길은 자신의 경제 철학에 대해 다음과 같은 말을 덧붙인다.

"국가 예산, 시 예산 나눠주는 행정을 누가 못합니까? 세금에 의존해 공공 예산을 무작정 나눠주는 행정은 무능한 행정입니다. 없는 자금에 좋은 아이디어와 기획으로 땅의 가치를 올린 다음 매각해 재정수입을 늘리거나, 해외 기업이 우리나라에 투자하게 하거나, 일자리가 많은 기업을 유치해서 성장도 늘리고 세수도 늘리는 행정을 해야 합니다. 그게 아니라면 혁신을 통해 예산을 절감하든지요. 그게 창조 행정이고 유능한 행정입니다."

3

미래의 산업을 준비하는 길

　송영길이 변호사이다보니 법대 출신으로 아는 사람들이 많은데, 연세대 상경대학 경영학과 출신이다. 그런 만큼 경제에 늘 관심이 많기도 하고, 대학 선후배 대부분이 기업의 최일선에서 일하고 있어서 보고 듣는 것도 많았다. 특히 파리 소르본 대학교 경제학 박사 출신이자 경제 외교관을 지냈던 송영길의 큰형 송하성은 동생에게 종종 세상에 존재하는 많은 문제의 내면을 파고들면 대부분 경제적인 부분이 존재한다는 것을 강조했었다.

　초선 의원 시절에는 이해찬 의원이 송영길, 김민석, 임종석 의원을 불러놓고 가급적이면 초선 의원 때 경제 관련 상임위에 가서 공부를 하라는 조언을 해준 적도 있었다. 지도자가 되려면 결국 경제를 알아야 하는데, 재선이나 3선 의원이 되어 당직을 맡게 되면 상임위에서 공부에만 충실하기 힘들다는 이유였다. 그 조언을 듣고 김민석은 정무위원회로 가고 송영길과 임종석은 재정경제위원회로 갔다. 송영길은 6년 동안 재경위에서 활동했다. 그 과정에서 경제 현안에 관한 지식을 쌓아 외환파생상품 KIKOKnock In Knock Out 공동대책위원회, 한미 FTA 특별대책위원회 등을 맡기도 했고, 노회찬 의원과 함께 상가임대차보호법을 제정하는 데 앞장서기도 했다.

이식위천以食爲天(밥이 하늘이다), 항산恒産이 있어야 항심恒心이 있다, 경제적 자주성은 정치적 자주성을 담보한다는 등의 말을 금과옥조로 여겼다. 식량자급률 40%, 곡물자급률 18%에 불과한 대한민국의 미래 먹거리는 무엇이 되어야 하는가? BBC를 기반으로 살아온 대한민국 산업구조를 어떻게 변화시킬 것인가 하는 문제는 언제나 송영길의 주요한 고민이었다.

미래 산업을 준비한 우리나라 대통령들

우리나라의 역대 대통령들을 보면 이런저런 과오들이 분명 있었지만, 동시에 국가의 미래를 준비하고, 새로운 산업을 발굴해서 성장시켰던 분들이 있었다. 그들의 그런 노력과 안목 덕분에 우리는 좀 더 나은 오늘을 살고 있는지도 모른다. 그런 맥락에서 송영길은 박정희 대통령을 뛰어난 분이라고 본다. 독재를 했지만 포항제철을 만든 업적만큼은 인정해야 한다는 것이다.

박정희는 만주군관학교와 일본 육사를 졸업하고 간도특설대에 있었다. 당시의 만주라는 지역은 아주 독특한 성격을 지닌 곳인데, 박경리 선생의 소설 《토지》에도 관련한 내용이 나온다. 그 시절의 우리나라는 아직 봉건적 질서에 얽매여 있었다. 하지만 만주는 이른바 기회의 땅이었다. 평민도 실력 있으면 성공할 수 있고 돈 벌 수 있는 곳이었다. 그때 만주는 남만주철도주식회사(만철)의 주도하에 한창 철도를 부설하고 있었는데, 철도의 원료인 철을 공급하는 곳이 중국의 안산제철소였다. 일본 기타큐슈에 있는 야하타제철소를 본떠 만들었는데, 제철을 하려면 지진이 나면 안 되는 만큼 일본에서 지반이 가장 안정된 곳에 세워져 있다. 야하타제철소는 우리나라 입장에서는 강제징용의 아픔이 서린 곳이지만, 일본 입장에서 보면 2차 대전의 주요한 기반인 군함과 항공모함 등을 만들어내는 데 결정적 역할을 했던 곳이다. 그래서 야하타제철소는 일본 공업화의 심장이자 엔진이었다.

박정희는 만주와 일본에서 이런 현장을 고스란히 보고 느꼈다. 그리고 대통령이 된 이후 반드시 제철소을 만들겠다고 결심했다. 그것이 이 나라가 살길이라고 보았다. 나중에 박정희가 대통령이 되어 제철소를 만들겠다고 했을 때 모두가 반대했다. '농업 국가에서 무슨 수요가 있다고 거대한 제철소를 만드냐?', '식민지 배상금 2~3억 달러 받아서 이걸 만드는 게 말이 되냐?' 등등의 이유였다. 일본도 반대하고, 미국도 반대하고, 우리나라 야당도 반대했다.

하지만 박정희 대통령은 끝까지 이 거대한 프로젝트를 밀어붙였고, 결국 포항제철을 만들어냄으로써 우리나라는 농업 사회에서 공업 입국으로 나아갈 수 있었다. 비로소 우리나라도 철의 시대를 맞았다. 이 포항제철이라는 바탕 아래에서 현대자동차가 가능했고, 대우조선이 존재할 수 있었다. 이것이 우리나라 산업의 터닝 포인트가 되었음은 물론이다.

송영길은 박정희가 대통령으로서 모든 것을 잘했다고 생각하지 않는다. 분명 독재는 잘못됐고 친일 행적에 대해서도 냉정하게 평가받아야 한다. 그렇다고 해서 그가 이뤄낸 것을 모두 폄훼해서는 안 될 일이다. 노무현 정치의 요체가 배짱이라면, 송영길 정치의 요체는 과거에 잘못한 것은 버리고, 잘한 것은 받아안아 더 발전시키는 것이다. 박정희 대통령이 포항제철을 세운 것은 이 나라의 미래를 위한 위대한 일이었다.

박정희의 포항제철을 전두환, 노태우가 이어받았다. 전두환은 김재익이라는 뛰어난 경제 관료를 발탁해 "임자가 경제 대통령"이라고 칭하면서 경제에 관해서만큼은 하고 싶은 것을 다 밀어주겠다고 할 정도였다. 이때 김재익이 발탁한 경제 비서관이 오명이었다. 육사를 다니다 그만두고 컴퓨터 공학 전문가가 된 천재. 바로 이 사람 손에서 우리나라의 현재 먹거리인 삼성 반도체가 시작됐다. 1984년의 일이었다.

이후 오명 비서관은 노태우 정부 들어와 체신부 장관이 되었는데, 이때만 해도 체신부 장관은 한직이라 관료들 사이에서 체신부 장관한테는 술도 안 따라준다는 말이 있을 정도로 무시당하기 일쑤였다. 오명 장관은 체신부의 이름을 정보통신부로 바꾸었다. 그러한 전환을 기반으로 KT를 만들었고, 데이콤을 만들었고, 우리나라 IT 산업의 시발점이라고 불리는 전全전자 교환기 TDX를 만들었다. 그전까지만 해도 장거리 전화를 하려면 교환원이 전화를 연결해줘야 했는데, 오명이 800억 원을 투자해 전전자 교환기 개발에 성공하면서 우리나라는 세계에서 여섯 번째로 교환원 없이 전화가 가능해졌고, 전국의 전화요금이 단일 체제로 바뀌었다.

나중에 오명 장관은 전화선을 통해 음성뿐 아니라 데이터도 오갈 수 있도록 허용하면서 IT 산업의 토대를 구축했다. 전두환, 노태우 정부에서 오명 장관이 세운 이 바탕 위에 비로소 김대중 대통령이 꽃을 피웠다. IT 벤처 붐을 일으키고, 정보산업 사회를 이룩한 것이다. 이때 김대중 대통령이 했던 말이 있다. "산업화는 늦었지만, 정보화는 앞서가자." 그것을 결국 현실로 이루면서 이 나라는 IT 강국으로 거듭났다. 많은 이들이 이것을 김대중 대통령의 업적 중 하나로 꼽는다. 송영길도 동의하는 바지만 역사적인 맥락을 살펴보면 김대중 혼자 이룬 업적이라고 볼 수는 없다. 박정희의 포항제철, 전두환·노태우가 깔아준 판이 있었기에 가능했다는 사실을 알아야 한다.

미래의 먹거리는 생명공학과 기후변화 산업에 있다

송영길은 2010년에 인천시장이 되었다. 과거 인천은 항구를 중심으로 수입 산업이 발전한 곳이었다. 주로 밀이 수입되던 곳이라 삼화제분, 대한제분, 대한제당으로 대표되는 소위 '삼백三白 산업'이 발전했다. 목재가 들어오던 곳이라 선창산업, 한양목재, 이건산업으로 대표되는 가구 산업, 합판 산업, 목재 산업이 발전했다. 고철이 수입되던 곳이라 인천제철, 동국제강 등 철과 관련한 산업도 발전했다. 구로의 1·2·3 수출산업공단에 이어 부평 4공단, 주안 5·6공단이 70년대 경제성장의 동력이었다. 하지만 대부분 저부가가치 산업이었다. 대구의 섬유 산업, 부산의 신발 산업이 한때는 전성기를 맞았지만 새로운 신성장 동력 산업 전환에 미흡했기 때문에 지역 경제가 낙후되었다는 사실을 송영길은 보고 느꼈다.

김대중을 보고 정치에 입문하고, 그에게서 많은 걸 배운 송영길은 인천을 위해 고부가가치 첨단산업을 찾는 데 사활을 걸었다. 박정희-전두환-노태우-김대중으로 우리나라 미래 산업이 이어져온 것처럼 시민을 위해 인천의 미래 먹거리를 준비하는 것이야말로 자신의 주요한 역할이라고 생각했다.

송영길은 앞으로 세계는 의료 및 의약 산업과 같은 생명공학(BT) 산업과 기후변화 관련 산업으로 갈 거라는 사실을 확신했다. 그러던 중에 이건희 전 삼성전자 회장의 신수종 사업 발표를 찾아보게 되었는데, 이건희 회장은 신수종 사업으로 바이오제약, 의료 기기, 태양전지, 자동차용 전지, 발광다이오드를 제시했다. 송영길은 바이오산업 유치를 결심하였다. 감사원 출신이었던 이종철 경제자유구역청장을 영입해 다짜고짜 김순택 삼성그룹 신사업 추진단장과 접촉했다. 삼성은 이미 경기도 모처에 삼성 바이오 공장 건설을 위해 설계도까지 만들어놓은 상태였다. 김순택 단장은 당시 김병일 대구시장과 경북고 동기였다. 대구 역시 삼성 바이오 공장을 유치하려고 총력을 다하고 있을 때였던 만큼 어려운 여건이었다.

송영길은 열정을 가지고 설득했다. 삼성 바이오 공장이 인천으로 오면 어떤 이익이 있는지를 조목조목 짚어가면서 합리적으로 설득했고, 자신의 열정을 고스란히 내보이며 정성을 다해 설득했고, 새 술을 새 부대에 담아야 하듯 새로운 미래 산업인 바이오 공장을 새롭게 미래로 뻗어갈 인천에 설립해야 한다고 간곡하게 설득했다.

결국 김순택 단장은 송영길을 인정했다. 대신 사전에 정보가 새 나가지 않도록 3개월의 협상 기간 동안 비밀을 유지했다. 박근혜 정부에서 야당 시장인 송영길에게 도움을 주어선 안 된다는 정치적 논리로 인해 다 된 밥에 코 빠뜨리는 우를 범하지 않기 위함이었다.

이런 모습을 보면서 김태한 삼성바이오로직스 대표 또한 송영길의 열정에 감동했고, 삼성바이오에피스에 이어 삼성바이오로직스도 송도에 공장을 건설하기로 했다. 이것이 일종의 리딩leading 효과를 불러왔다. 마치 '소 팔러 가니 개 따라온다'는 속담처럼 동아제약, SK바이오사이언스, 롯데바이오로직스 등이 속속 송도에 투자했다. 그렇게 송도는 세계적인 바이오산업 단지가 되었다. 2023년 현재 삼성 바이오로직스의 직원은 4,000명이 넘었고, 평균 연봉 1억 원에 매년 500~600명씩을 신규 채용한다. 직원들의 평균 연령은 29세이며 남녀 직원의 비율은 비슷하다. 지난 2022년 이재용 삼성전자 회장은 반도체와 바이오에 450조 원을 투자하고 향후 5년간 8만 명을 추가 고용할 것이라고 발표했다.

국제기구인 녹색기후기금(GCF)을 송도에 유치한 것도 마찬가지 이유였다. 송영길은 이곳이 기후 위기 시대의 IMF가 될 것이라고 보았다. 지금까지 우리나라에는 30~40개 정도의 국제기구가 들어와 있는데 모두 지점, 지사, 지국, 지부 정도의 규모이고, 본부가 들어온 것은 GCF가 유일하다. 여기에 현재 500여 명이 근무하고 있는데, 기후 위기가 가속화하는 시대인 만큼 GCF는 점점 커지고 성장할 것이라고 본다.

포항에서 시작된 공업화 에너지기 수원에 있는 삼성 반도체로 간 다음 인천에 있는 BT 산업과 기후변화 산업으로 와 인천국제공항을 통해 세계로 뻗어간다. 박정희와 김대중이 준비한 미래의 먹거리가 있었고, 그걸 송영길이 받아안았다. 정치란, 행정이란 이런 것이다. 대한민국이 여기까지 올 수 있었던 데에는 많은 요소가 있겠지만, 그중에는 분명 미래를 고민하고 준비했던 우리나라 지도자들의 각고의 노력이 있었다는 사실을 기억해야 한다. 전 정부의 성과를 받아안아 더 나은 미래를 만들어가는 사람과, 자신의 무능함을 감추기 위해 틈만 나면 전 정부 핑계나 대는 사람. 누가 우리나라에 필요한 리더인지는 자명하다.

송영길은 자신을 싸우는 사람이라기보다 일하는 사람에 더 가깝다고 말한다. 지금은 어쩔 수 없이 무도한 윤석열 검찰 독재 정권과 맞서고 있지만, 그보다는 국민을 위해 좋은 정책을 공부하고, 연구하고, 구상하고, 그걸 현실로 이룰 때 행복감을 느낀다. 그래서 송영길의 투쟁은 더 나은 미래로 나가기 위한 발판이다. 이 싸움에서 승리하고, 송영길에게 맞는 역할이 주어질 때, 외교와 경제와 기후와 식량과 교육에서 자신이 하고 싶은 일을 마음껏 할 때, 송영길의 진가는 그때 비로소 드러날 것이다.

PART 5

기후 위기

기후 위기 시대, 우리는 얼마나 준비되어 있나

기후 위기의 배경

이제는 모두가 기후 위기를 말한다. 지난 몇 년간 지구는 폭발하듯 신음했고, 우리나라도 그 변화를 몸소 체험하고 있다. 혹자는 이를 '기후 변화'라고 표현하기도 하는데 나는 기후 위기가 맞는다고 생각한다. 기후 변화란 말에는 트럼프를 비롯한 보수주의자들의 주장처럼 기후라는 것이 원래 추웠다, 더웠다 하면서 순환하는 거라는 안이한 생각이 내포되어 있다. 사회현상과 관련한 말은 그 자체만으로 어떤 입장을 담고 있는 경우가 많다. 원전 '오염수'와 원전 '처리수'는 그 자체로 천지 차이이다. 또 다른 예로 미군이 이라크전 등에서 오폭하여 무고한 민간인이 사망한 경우를 '부수적 피해collateral damage'라고 말한다. 이러한 표현은 도덕적 책임, 긴장감을 삭제해버리고, 전쟁으로 인한 민간인의 피해를 불가피하게 감수해야 할 위험으로 인식되게 만든다. 그래서 우리는 늘 용어 선택에 신중해야 한다. 하여 나는 이 책에서 기후변화가 아닌 기후 위기라는 말을 쓰고자 한다.

실제로도 대다수 과학자들은 지금의 지구가 단순한 기후변화가 아니라 기후 위기로 가고 있다고 입을 모은다. 2018년 내가 인천시장 시절 유치한 GCF 본부가 있는 인천 송도 경제자유구역에서 '기후변화에 관한 정부 간 협의체'(IPCC) 제48차 총회가 열린 바 있고, 여기서 지구 온도를 1.5도 이하로 유지하자는 송도 선언을 채택했다.

인간의 체온을 예로 들어보자. 코로나19로 인해 건물이나 식당, 항공기나 선박 등에 출입할 때 체온을 측정한 경험이 다들 있을 것이다. 이때 체온이 37.5도를 넘으면 출입을 제한했다. 체온이 오른 것만으로 코로나19에 걸렸다고 확신할 수 없지만, 몸에 무언가 문제가 있다고 판단하는 것이다. 지구도 마찬가지다. 지구의 온도가 이렇게 빠른 속도로 올라가고 있다는 건 무언가 문제가 생겼다는 뜻이다.

그 원인은 역시 인류 문명이 배출하는 온실가스라고 보아야 한다. 지구의 평균온도는 산업화 이전 시기인 1850년부터 1900년까지 섭씨 13.9도였다고 한다. 이를 기준으로 온도 상승 폭을 2도 이하로 유지해야 한다는 논의가 계속되고 있다. 그사이 기후 싱크탱크인 미국의 비영리 환경 데이터 제공 단체 버클리 어스Burkeley Earth에 따르면, 사상 여섯 번째로 뜨거웠던 2021년에 지구의 기온은 이미 1.3도 올랐다고 한다. 매년 0.1도 이상 상승하는 지금의 추세가 이어진다면 2025년 즈음에 상승 폭이 1.5도를 넘어설 것으로 보인다. 코로나19 감염 시 사람을 자가격리했던 것처럼 이제는 인간으로부터 지구를 자가격리해야 할지도 모른다.

2018년에 마크롱 프랑스 대통령이 미국 의회를 방문했을 당시 상하원 합동 연설을 했던 것이 기억난다. 그때 마크롱 대통령은 파리기후변화협약Paris Agreement에서 탈퇴해버린 트럼프 대통령을 우회적으로 비판했다. "미국을 다시 위대하게Make America Great Again"라는 트럼프 대통령의 구호에 빗대어 "지구를 다시 위대하게Make Our Planet Great Again"라는 말로 일침을 가한 바 있다. 그가 "지구를 대체할 다른 행성은 없다There is no Planet B"라고 호소할 때 상하 양원들로부터 기립박수를 받았는데, 나 역시 그때의 감동을 지금까지 간직하고 있다.

장회익 서울대 명예교수는 '온생명'과 '낱생명'이라는 개념을 통해 태양과 지구의 생태계를 하나의 온생명으로 표현했다. 인간 개개인의 낱생명을 보호장비 없이 지구 밖 우주 공간에 내보내면 바로 사망하게 된다. 태양과 가까우면 불지옥 금성이 되고, 태양과 멀어지면 얼음 지옥 화성이 될 것이다. 지구는 절묘하게 태양과 멀지도 않고 가깝지도 않아 적당한 위치와 궤도를 따라 공전하고 있다. 이러한 골디락스 존Goldilocks Zone에 존재하는 지구는 현재까지 알려진 유일한 생명의 별이다. 핵보다 무서운 기후 위기에서 지구를 지켜야 하는 이유다.

지금도 해양 기후변화로 태풍, 폭염, 가뭄, 홍수, 산불 등이 일상화되고 있다. 지난 2023년 7월 UN 사무총장은 "지구온난화global warming의 시대는 끝났으며 지구가 끓는global boiling 시대가 도래했다"고 말했다. 만

송영길의 선전포고

약 지구 온도가 1.5도 상승하면 그 이후 2도까지는 통제가 어렵다는 전망이 지배적이다. 그렇게 되면 지구는 브레이크 없는 차가 되어 질주할 것이다. 지구 전체가 아열대 기후로 바뀌면서 빙하가 녹아내리고 해수면이 높아지고 멸종 생물이 급격하게 늘어날 것이다. 지금보다 더한 이상기후가 일상화될 것이고, 가난한 나라는 더욱 가난해질 뿐 아니라 일부 국가는 생존 자체가 불가능한 수준까지 도달할 거라고 전망한다. 그야말로 위기 상황이 아닐 수 없지만, 너무 많은 사람이 여전히 이 기후 위기가 먼 일이라고 생각한다.

물이 천천히 데워지면 물속에 있는 개구리는 밖으로 뛰쳐나오지 못하고 거기서 죽어버리고 만다. 기후 위기의 시대를 살고 있는 우리는 어쩌면 지금 물속에 있는 개구리와 같은 꼴인지 모른다. 아직 죽을 만큼 뜨겁지 않기 때문에 외면하는 것이 현실이다. 대중이 이 기후 위기를 지금 당장의 위험이라고 생각하지 않더라도 정치권에 있는 사람들, 대통령이니 국회의원이라면 이 심각한 문제를 올바로 보고 그 원인을 파악하고 미래를 준비해야만 한다.

NDC, RE100, CBAM… 아무런 준비 없는 대한민국

지구 온도를 높이는 핵심 원인으로 꼽히는 것이 온실가스다. 대기 중에 있는 CO_2를 중심으로 한 온실가스가 밖으로 빠져나가려는 지구의 열기를 막아버리면서 지구의 온도가 계속 높아지는 것이다. 국가와 인종을 넘어 모두에게 당면한 이 지구의 위기 앞에서 온실가스를 줄이는 것은 이제 전 세계가 공감하는 주요한 목표가 되었다. 그래서 세계의 여러 나라들은 2050년 탄소중립 달성을 목표로 삼고, 그 중간 단계로 '국가 온실가스 감축 목표'(NDC)를 세웠다. 나는 더불어민주당 대표 시절 교섭단체 대표 연설을 통해 2030년까지 국가 온실가스를 2018년 정점 대비 40% 감축하는 '2030 NDC 40%'를 처음으로 제안했다. 이에 따라 문재인 대통령도 2050년 탄소중립화 목표를 선언한 바 있다. 우리나라의 2030년 온실가스 감축 목표는 2018년 7억 2,000만 톤의 온실가스 발생을 기준으로 40%까지 축소하는 것이었고, 이에 맞춰 산업별로 다양하고 구체적인 계획을 세웠었다. 나의 제안이 국가의 핵심 탄소중립 정책으로 채택된 것은 의미 있는 일이지만, 문제는 2030년까지 이제 채 8년도 남지 않았다는 것이다. 에너지 믹스energy mix, 제조업, 건설, 교통 등의 생산 분야, 그리고 소비 분야의 온실가스 감축 등 에너지경제 전반에 걸친 정책 전환이 요구된다. 갈 길은 먼데 해는 떨어지는 느낌이다. 게다가 윤석열 정부가 들어서면서 문재인 정부 때 수립했던 모든 계획을 원점으로 돌려세웠다.

이를테면 산업 분야, 에너지 분야, 농업 분야, 도로교통 분야 등 저마다 CO_2 발생 비율이 있다. 이런 비율에 따라 CO_2 발생을 어떻게 줄여갈 것인가에 대한 명확한 전략을 세웠다. 우리나라가 발생시키는 7억 톤 이상의 CO_2 중 제철 산업에서 발생하는 CO_2가 1억 톤가량을 차지한다. 포스코만 해도 7,000만~8,000만 톤의 CO_2를 발생시키는데, 이를 줄이

송영길의 선전포고

기 위해 석탄을 가공해 만드는 연료인 코크스를 쓰지 않고 수소를 통해 철강석에서 선철을 뽑아내는 수소환원제철법의 실용화를 위한 연구 개발이 계속되고 있다. 지금이라도 정부에서 이런 식으로 분야별 탄소 발생을 점진적으로 줄일 수 있는 방법을 적극적으로 마련해야 한다.

또 하나는 RE100 문제이다. RE100은 'Renewable Electricity 100%'의 약자로 기업이 사용하는 전력을 100% 재생에너지로 충당하겠다는 캠페인을 말하는데, 현재 대부분의 세계적 기업들이 RE100을 선언하고 있는 상황이다. 우리나라에서는 대통령 선거 당시 후보 토론회에서 이재명 후보가 관련한 질문을 던졌는데, 윤석열 후보가 대답을 못하면서 RE100이 이슈로 떠오르기도 했다. 개인적으로 RE100을 모른다는 건 있을 수 없는 일이라고 생각한다. 대한민국 대통령이 되고자 하는 사람이라면 온실가스를 줄이고, 재생에너지 비율을 높이는 것이 가장 핵심적인 고민이 되어야 한다. 백번 양보해서 그때는 몰랐다 치더라도 대통령직인수위원회 때든 대통령이 되고 나서든 공부하고 준비해야 힐 텐데, 그런 모습이 전혀 보이지 않으니 지구의 미래를 위해서든 우리나라를 위해서든 걱정이 이만저만이 아니다.

현재 우리나라는 7대 CO_2 배출국이다. OECD 국가 중에서 1인당 온실가스 배출량이 가장 높고, G20 국가 중에서는 두 번째로 높은 수준으로 기후 악당이라는 오명을 뒤집어쓰고 있다. 세계 평균에 견줘도 3배 이상 높은 수치다. 전력 생산에서 태양광, 풍력 등 낮은 재생에너지 비중과 높은 석탄 발전 비중이 그대로 지표에 반영된 결과다.

이게 큰 문제인 이유가 있다. 2026년부터 탄소국경조정제도(CBAM)가 시행되면서, 온실가스 배출 규제가 느슨한 국가에서 생산된 제품을 EU로 수출할 경우, 해당 제품 생산 과정에서 나오는 탄소 배출량 추정치에 따라 세금을 부과하기 때문이다. 우리나라 재생에너지 생산 비율은 기준에 따라 조금씩 다르지만 아무리 높게 잡아도 5%가 채 안 되는 상황이다. OECD 국가 중에서도 최하위일 정도로 우리나라 경제는 탄소 의존적이다. 이 구조를 전환하지 않으면 탄소국경세로 인해 우리나라의 산업 경쟁력이 다 무너질 수밖에 없다. 현재 국내 생산 재생에너지가 총 43TWH 정도인데, 우리나라 30개 기업이 써야 할 재생에너지가 약 103TWH에 달한다. 현재로서는 5대 기업이 사용해야 할 전기 에너지 양도 충당하지 못하는 실정이다. 앞으로는 이 재생에너지를 국내에서 공급하지 못하면 꼼짝없이 탄소국경세를 내야 한다.

예를 들어보자. 2020년 기준으로 선철 가격이 톤당 약 310달러다. 만약 RE100을 이루지 못하면 2029년 기준으로 유상 할당 관세가 약 42달러에 육박한다. 선철 한 톤 수출에 대한 영업이익을 8%로 잡으면 25~26달러인데, 탄소국경세로 42달러를 내면 어떻게 될까? 당연히 유럽 시장을 포기해야만 한다. 이를 해결할 유일한 방법은 기업들이 재생에너지가 공급되는 해외로 이전하는 것인데, 그렇게 되면 우리나라는 산업공동화가 될 뿐 아니라 그나마 있는 일자리마저 없어진다. 탄소국경세는 추상적이고 먼 미래에나 올 기후변화 문제가 아니다. 머지않아 닥칠 우리나라의 먹거리 문제이고, 우리 자녀들의 일자리 문제이며, 우리나라

산업구조의 문제다.

나는 프랑스에 있을 때 벨기에 브뤼셀에 가서 유럽의회 관계자들을 만나 탄소국경세와 관련해 얘기를 나눈 적이 있었다. 이 제도의 필요성에 대해 공감하는 분위기가 지배적이었고, 아주 예민하게 받아들이고 있음을 느낄 수 있었다. 과연 우리나라는 이 문제에 대해 얼마나 대비가 되어 있나 싶어 등골이 서늘했던 기억이 있다. CBAM은 2023년 10월 1일부터 보고 시행에 들어간다. 유럽 시장에 물건을 수출하려는 기업은 이 물건을 생산하는 데 얼마만큼의 탄소가 들어갔는지를 보고해야 한다는 것인데, 우리나라는 지금 보고에 대한 준비도 제대로 되어 있지 않다.

이제 탄소중립화는 그냥 하고 말고의 문제가 아니다. 세계적 추세이기 때문에 따라가지 못하면 무조건 낙후될 수밖에 없다. 국제 에너지 싱크탱크인 엠버Ember에 따르면, 2015~2020년 우리나라 평균 1인당 탄소배출량은 3.18톤으로 미국(2.33톤), 일본(1.82톤)보다도 높다. 중국이 탄소 비출랑이 많은 것 같아도 같은 기준으로 보면 3.06돈이니, 중국보다도 높은 셈이다. 이걸 절감해야 하고, 어떻게 줄일지 공부해야 하고, 치열하게 고민해야 한다. 우리나라 산업은 수출로 유지되는데 이걸 해결하지 못하면 수출이 막힌다.

이런 상황에서 윤석열 대통령은 대체 뭘 준비하고 있는지 묻고 싶다. 지금 우물쭈물할 시간이 없다. 대한민국에 산적한 문제가 정말 많다. 이런 기후 위기와 대응에 관한 이야기가 귀찮고, 공부하는 거 싫을 거 안다. 본인이 정 못하겠으면 관련 부처에라도 힘을 실어주어야 한다. 산업

통상자원부 장관에게 '언제까지 방안을 만들어내라' 지시하고 관심 갖고 체크해야 한다. 〈오징어 게임〉의 명대사인 "이러다 다 죽어"가 현실에 도래했다. 이제는 정말 야당 의원들과 협력해서 지혜를 모아야 할 때다. 지금 검찰총장 놀이할 때가 아니다. 수사만 하고 압수수색만 해서 나라가 어디로 가겠나.

1

원전 – 무조건 짓는다고 그만이 아니다

원전과 재생에너지를 통해 석탄과 가스를 줄여야

윤석열 정부는 2023년 1월 '제10차 전력수급기본계획'을 내놨다. 원전은 대폭 늘리되 재생에너지는 크게 줄이겠다는 것이 그 골자였다. 과거 문재인 정부기 내놓은 '2030 NDC' 목표치와 비교하면 원자력 비중은 23.9%에서 32.8%로 늘었고, 재생에너지 비중은 30.2%에서 21.5%로 줄었다. 눈길을 끄는 건 석탄 발전 비중을 20% 수준으로 유지한다는 점이다. 재생에너지로 얻을 수 있는 전력 부족분을 석탄 발전으로 충당하겠다는 포석으로 읽힌다.

송영길은 우리나라가 궁극적으로는 탈원전으로 가야 하지만 지금 당장은 시기상조라는 생각이다. 그런 점에서 탈원전 정책을 펼친 문재인과도, 원전은 늘리면서 석탄 발전은 줄이지 않는 윤석열과도 다른 해법을 제시한다. 현실적으로 지금 당장 모든 전력을 재생에너지로 대체할 수는 없다. 바람은 늘 불지 않고, 태양은 항상 내리쬐지 않는다. 이런 재생에너지의 간헐성 문제를 해결하기 위한 에너지 저장 기술, 수소경제 활성화 등 해결해야 할 문제가 아직 많다.

따라서 최소한의 기저 전력인 원전과의 협력은 지금의 에너지 문제뿐만 아니라, 나아가 통일에 대비한 안정적인 에너지 공급 능력 확보에도 도움이 될 수 있다. 그래서 원전은 재생에너지의 대체 발전원이 아니라 당분간 짝을 이뤄야 할 상호보완적 발전원이다. '꿈의 에너지'로 불리는 핵융합 발전이 상용화되기 전까지는 원전과 재생에너지 간의 상호 협력이 불가피하기 때문이다. 물론 이 과정에서 '원전 만능주의'는 경계해야 한다. 탈석탄 없는 '탄소중립 2050'는 선언적 문구로 끝나버릴 수 있다.

대신 원전 확대는 재생에너지와 원전을 결합해 석탄과 가스를 조기에 퇴출시키는 것을 그 목적으로 삼아야 한다. 가스 발전은 석탄 발전에 비해 CO_2를 적게 배출하지만, 가격이 비쌀 뿐만 아니라 CO_2보다 더 무서운 메탄을 배출하는 한계를 갖고 있다. 브릿지 에너지로 활용하기 어렵다는 얘기다. 결국 우리나라는 원전과 재생에너지 비율을 늘리되 동시에 화석연료 발전의 비중도 크게 줄여야 지속 가능성을 담보할 수 있다.

원전만 짓는다고 될 일이 아니다

지금 윤석열 정부는 무작정 원전만 소리 높여 외치고 있는데, 매우 무책임한 태도이다. 우선 원전을 짓기 위해선 한·미 원자력협정 개정을 통해 핵연료 재처리 권한을 따내야 하는데 미국이 허용해주지 않고 있는 실정이다. 참고로 과거 일본은 나카소네 총리가 레이건 대통령과 같은 우익으로서 서로 긴밀한 협력과 로비 등 노력을 통해 결국 미국으로부터 핵연료 재처리 동의를 받아냈다. 현재 북동부 지방의 도카이촌과 아오모리현의 롯카쇼무라에 거대한 핵연료 재처리 시설이 있고 플루토늄이 40톤 이상 축적되어 있다. 그래서 일본은 준핵보유국으로 불리고, 언제든 핵무기를 만들 수 있는 나라이다.

이렇게 핵연료를 재처리할 경우 핵폐기물이 10%로 줄어든다. 우리나라는 경주에 저준위·중준위 핵폐기장은 있지만 고준위 폐기장은 만들지 못해서 핵폐기물을 전부 발전소 안에 쌓아놓고 있는데, 곧 한계에 다다를 전망이다. 지금으로선 고준위 핵폐기장이 아니라 연구소도 못 만들고 있다.

송영길은 일찍부터 이 문제의 심각성을 느끼고 있었고, 프랑스에 있을 때 뷔르 지방에 있는 고준위 핵폐기장 설치를 위한 실험 시설을 돌아본 적이 있었다. 여기서는 지하 500미터 아래에 고준위 핵폐기물을 보관하는데 거기까지 들어가서 실험 시설의 메커니즘을 파악했고, 관련 정치인들을 만나 이 처리 시설을 어떻게 준비했고, 어떻게 주민들의 동의를 끌어낼 수 있었는지 상세한 과정을 듣기도 했다. 주민들을 설득하는 데 무려 30년 이상이 걸렸다고 한다.

우리는 이와 관련하여 얼마나 알고 있고, 어떤 대책이 있나. 윤석열 대통령은 문재인 정부를 향해 탈원전했다고 욕하면서 자신은 원전 중심으로 가겠다는데, 원전 중심으로 가려면 해결해야 할 문제가 많다. 그런 사전 작업은 하지 않은 채 원전을 정치적으로 활용하는 것은 책임 있는 지도자의 모습이 아니다. 윤석열은 친일하지 못해 안달만 할 게 아니라 일본이 핵연료 재처리 권한을 어떻게 따냈는지나 배울 일이다. 이런 준비도 없이 원전만 짓겠다는 건 쓰레기 소각장 없는 도시를 건설하는 것과 같고, 화장실 없는 아파트를 짓는 것과 마찬가지이다. 이렇게 하다가 나중에 대체 어쩌려고 그러나.

또 하나 짚고 넘어가야 할 문제가 있다. 우리나라는 APR1400이라는 국내 기술로 개발한 원자력발전소가 있다. 향상된 원자로를 사용하는, 현재로선 세계에서도 최고 기술의 원자력발전소라고 할 수 있다. 이명박 대통령이 APR1400을 두바이에 수출하기도 했는데, 현재는 이에 대해 원전 기업 웨스팅하우스가 딴지를 걸고 있는 상황이다. 웨스팅하우스는 2022년 APR1400에 사용한 기술이 미국 수출입통제법에 따른 수출 통제 대상이니 수출을 제한해달라며 지식재산권 소송을 제기했다. 다시 말해 지적소유권을 침해했다고 기술 로열티를 내놓으라는 것이다. 송영길은 이건 라이트 형제가 비행기 만들었다고 지금의 항공기 회사에 돈 내놓으라는 것과 같은 식이라고 본다.

하지만 지금 이 문제 때문에 발목이 잡혀 있는 상황인 만큼 어떻게든 해결해야만 한다. 송영길은 웨스팅하우스를 우리가 인수할 수도 있었는데, 그 기회를 놓친 것이 못내 아쉽다. 물론 이런 문제를 윤석열 대통령이 현명하게 대처했을 리 없다. 원래는 2008년에 두산중공업이 웨스팅하우스를 인수하려고 했다. 당시 두산중공업에서 인수금으로 약 2조 원을 써냈는데, 일본의 도시바가 4조 원가량을 써내는 통에 결국 웨스팅하우스는 도시바의 품으로 들어갔다. 이후 도시바는 웨스팅하우스를 캐나다 사모펀드에 팔았는데, 캐나다 사모펀드는 2022년에 우라늄 회사에 다시 팔았다. 그사이 우리가 인수전에 뛰어들 기회가 있었던 것이다.

송영길은 윤석열 대통령이 이거라도 인수했다면 기꺼이 박수를 쳐줬을 거라고 말한다. 만약 그랬다면 웨스팅하우스의 지적소유권을 우리가 가져올 수 있으니 더 이상 시비 없이 전 세계의 원전 시장을 우리가 주도할 수 있었다. 또 앞서 말했듯 원전에서는 폐기 기술도 중요한데, 원전 폐기 시장의 노하우를 가진 유일한 업체가 웨스팅하우스였다. 우리나라 대통령이라면 이런 여러 사정에 관해서 공부를 하고 최소한 바이든 대통령을 구워삶아서라도 웨스팅하우스 문제를 정리했어야 한다. 그런데 바이든·윤석열 정상회담 합의문에서 양국이 지적소유권을 존중하고 IAEA 추가 의정서를 준수하기로 합의하고 왔으니, 웨스팅하우스의 지적소유권 주장을 사실상 승인해주고 온 셈이다. 황당한 일이다. 이 합의가 무엇을 의미하는지 윤석열 대통령이나 외교부, 산자부 대통령실 관계자들이 알고나 있는 것일까?

대통령은 한·미·일 협력이 대폭 강화되었다며 자화자찬이나 늘어놓을 일이 아니다. 한쪽에서 일방적으로 퍼주기만 하면서 아무것도 얻어내지 못하는 관계를 두고 그 누구도 형제라고 부르지 않는다. 지금 하는 꼴을 보면 한국은 속국에 가깝다. 언제까지 미국과 일본의 속국을 자처하며 산적한 문제는 모른 척할 것인가. 아니, 그전에 모른 척인지, 아니면 정말 모르고 있는지조차 알 수 없는 지경이니, 문제는 넘쳐나는데 희망은 없고, 걱정은 쌓이는데 기대는 난망이다.

2

재생에너지 - 지옥으로 향하는 고속도로에서 벗어나기 위하여

재생에너지를 어떻게 확대할 것인가?

최근 세계 여러 나라들의 에너지 관련 대책을 보면 원전을 기저에너지로 활용하면서도 재생에너지 확대에 사활을 걸고 있는 추세다. 전력 다소비 기업들이 앞다퉈 RE100 가입을 선언하는 만큼 재생에너지를 구하지 못하면 백약이 무효인 상황에 직면할 수 있다. 재생에너지 선도 국가인 유럽은 2030년까지 재생에너지 비중을 기존 40%에서 45%로 상향하는 '리파워 EU' 정책을 발표했다. 신축 건물에 대한 태양광 발전 설비 설치 의무화, 재생에너지 설비 확충 등의 내용을 담고 있다.

그렇다면, 우리나라의 현실은 어떠한가? 2021년 기준 우리나라의 재생에너지(태양광·풍력 발전 등) 비중은 고작 4.7%에 불과하다. OECD 평균인 31.3%에 비교해도 그렇지만 중국(28.8%), 미국(21.1%), 일본(21.8%) 등과 비교해도 턱없이 낮은 수준이다. 그 기준을 신재생에너지로 확대해 비교해도 결과는 마찬가지다. 국제에너지기구(IEA)가 발표한 국가별 신재생에너지 발전 비중에서 한국은 6.7%로 OECD 37개국 중 꼴찌인 37등을 차지했는데, 이 정도면 국가 비교가 별 의미가 없어 보인다.

우리나라가 글로벌 기후 위기 리더로 도약하기 위해서는 원전과 재생에너지가 손잡고 석탄과 가스를 덜어내는 연합작전을 펼쳐야 한다. 이는 거스를 수 없는 세계적 추세이기도 하다. 2021년 IEA의 보고에 따르면, 2026년까지 세계 재생에너지 생산 설비는 2020년에 비해 60% 증가할 것으로 예상된다. 2026년이면 재생에너지의 생산 능력이 현재의 화석연료와 원전의 생산능력을 합친 것보다 커진다는 의미다. 우리도 이런 글로벌 스탠더드에 맞추려는 노력이 필요하다.

송영길은 지금 단계에서는 점진적으로 재생에너지 비율을 높이면서, 이 높아지는 비율만큼 석탄 에너지와 LNG 에너지를 줄이고, 가장 마지막으로 원전을 줄이는 것이 기후 위기에 대처하는 가장 합리적인 방안이라고 생각한다. 그와 동시에 재생에너지 생산의 간헐성 극복을 위해서는 에너지저장장치(ESS) 기술을 발전시키려는 노력도 필요하다. ESS 기술은 현재 엄청난 비용이 들기 때문에 당장 가시적인 성과를 내기 쉽지 않다. 그런 점에서 현재를 위해 원전을 기본값으로 삼되, 미래를 위해 ESS 기술 개발에도 총력을 기울여야 한다.

재생에너지 확대를 위해 고려해야 할 지점이 하나 더 있다. 보통 재생에너지 시설은 도심이 아니라 지방 소도시나 촌락에 짓는 경우가 많다. 그렇다면 정부에서 재생에너지를 늘리는 만큼 그 이익을 마을 사람들에게 나눠줘야 정부와 지역 간 갈등을 막을 수 있다. 미국 바이든 정부는 인플레이션 저감 법안에 따라 환경을 위해 400억 달러를 투입했고, '저스티스 40 이니셔티브Justice 40 Initiative'를 통해 연방 자원의 40%를 소외된 지역사회를 위해 사용한다. 덕분에 뉴욕의 약 28만 가구가 전기요금 감면의 혜택을 누린다. 우리나라도 이런 식으로 해상·풍력 등의 에너지를 지역 주민들에게 지분으로 나눠주든, 전기요금을 감면하든 하는 식으로 혜택을 주어야 한다. 이렇게 궁극적인 목표를 세우고, 그 목표를 현실로 이루기 위한 단계적인 스텝을 충실하게 밟아도 될까 말까 한 에너지 전환이라는 이 대업에 윤석열 정부는 너무 무관심하고, 무신경하다.

꿈의 에너지 핵융합 발전

그다음으로 우리가 나가야 할 부분은 핵융합 발전이다. 원리를 보면 태양이 핵융합 현상을 통해 지구에 보내주는 에너지를 발전에 이용하는 방식이다. 핵융합 발전은 핵폐기물을 발생시키지 않기 때문에 꿈의 에너지라고 불린다. 김대중 정부 때 시작한 핵융합 발전 프로젝트를 노무현 정부가 받아안아 현재 대전 대덕에 한국핵융합에너지

연구원을 만들었다. 전 세계도 핵융합 에너지야말로 인류의 미래를 위한 에너지임을 절감했고, 결국 여러 나라들이 모여 거대 국제 과학 프로젝트인 국제핵융합실험로(ITER) 공동 개발 사업을 진행하기에 이르렀다. 현재는 우리나라를 포함해 EU, 미국, 러시아, 일본, 중국 그리고 인도까지 7개 회원국이 총 30조를 투자해 프랑스 프로방스 지방에 ITER을 개발하고 있다.

송영길은 파리에 있을 때 프로방스에도 방문해 ITER 건설 현장도 둘러보고 베르나르 비고 ITER 사무총장을 만나 앞으로의 계획에 대해서도 자세히 들을 수 있었다. 여기서 핵융합 발전을 이루어 2050년 상용화 시대를 목표로 하고 있다. 핵융합 현상이 발생하려면 1억 도의 온도가 필요한데 얼마나 적은 비용으로 1억도의 조건을 만들어 낼 것인지가 관건이다. 여러 방식으로 개발되고 있으니 그리 머지않은 기간에 충분히 실현될 수 있으리라고 본다. 그때가 되면 이 핵융합 발전을 주도하는 나라는 세계 산업을 제패할 수도 있을 것이다.

그나마 다행인 것은 김대중 대통령이 핵융합 발전에 선견이 있어 비교적 빠르게 개발을 시작할 수 있었다는 점이다. IMF 때 개발이 무산될 뻔한 위기도 있었지만 끝까지 밀어붙인 덕분에 한국핵융합에너지연구원을 착공했고 노무현 대통령 때 완공했다. 송영길은 윤석열 대통령이 반드시 핵융합 발전 시설에 방문해보길 간곡하게 권한다.

핵전쟁보다 더 무서운 기후 위기가 시한폭탄처럼 째깍거리며 다가오고 있다. 우리 정부는 RE100, CBAM 등 제대로 준비된 것은 하나 없이 그저 이념 타령만 하고 있다. 대통령은 5년 하고 끝이지만 국민의 삶은 계속된다. 나라 망쳐놓고 나 몰라라 하면 안 된다. 반드시 대가를 치른다. 그 대가를 혼자 짊어지면 모르겠는데 이 땅의 모든 국민이 함께 치러야 한다. 고작 대통령 하나 잘못 뽑은 대가 치곤 너무 가혹하다.

이런 와중에도 최근 윤석열 대통령은 "반국가 행위에 대해 정치 진영에 관계없이 모든 국민과 함께 단호하게 대응해야 한다"라고 말하며 정치 공세를 이어가는 데만 열중이다. 여전히 무엇이 중요한지 모르는 모양새다. 하지만 송영길 또한 이 말에 동의한다. 다만 우리는 무엇이 반국가 행위인지 생각해보아야 한다.

무능이 반국가 행위이다. 대통령으로서 다가오는 위협이 무엇인지 모르는 것이 반국가 행위이다. 국민의 삶을 돌보지 않는 것이 반국가 행위이다. 미래를 준비하지 않는 것이 반국가 행위이다. 송영길은 누구보다 대통령과 정부가 반국기 행위를 멈추길 바란다.

지난 2022년 11월 이집트 샤름엘세이크에서 열린 제27차 UN기후변화협약 당사국 총회(COP27)에서 안토니우 구테흐스 UN 사무총장은 이렇게 말했다. "인류는 아직도 기후 지옥으로 향하는 고속도로에서 액셀러레이터에 발을 올려놓고 있다." 우리나라도 사정은 다르지 않다. 당장 브레이크를 밟아야 한다. 차를 멈추고 시동을 꺼야 한다. 그것이 우리나라는 물론 인류가 살 수 있는 유일한 길이다.

3

식량 – 진짜 위기는 여기에 있다

식량 문제는 왜 중요한가?

우리나라를 둘러보면 위기가 아닌 것이 없지만, 식량 문제는 지금 당장에라도 우리나라를 위험에 빠뜨릴 수 있을 정도로 심각한 지경이다. 우선 우리나라 1인당 경지면적량이 0.7헥타르 정도로 미국이나 일본에 비해 턱없이 적다. 2013년 우리나라 전체 경지면적은 171만 1,000헥타르였는데 2022년 기준 152만 8,000헥타르로 갈수록 줄어들고 있다. 이렇다보니 식량자급률 40%도 언제 무너질지 모르는 아슬아슬한 상황이다. 특히 쌀과 보리같이 사람이 직접 먹는 식용 곡물만을 의미하는 식량자급률이 아니라 사료까지 모두 포함하는 곡물자급률은 고작 18%에 불과하다. 사료로 사용하는 콩이나 옥수수의 경우 무려 90%를 수입에 의존한다.

과거에는 우리나라 쌀 소비량이 1인당 연간 80킬로그램가량이 될 때도 있었다. 2021년 1인당 연간 쌀 소비량은 56.9킬로그램으로 연간 60킬로그램 선도 무너진 상황이다. 대신 밀가루와 고기 소비량이 1인당 40킬로그램 정도로 올라왔다. 결국 우리나라 국민의 식생활 양상을 보면 쌀 소비량은 급격히 줄고, 밀과 육류 소비량은 늘어나는 추세인데, 이 육류를 키우는 데 필요한 사료와 비료를 대부분 수입한다는 얘기이고, 이 수치는 점점 늘어날 수밖에 없다. 만약 식량을 수입하지 못하는 일이 발생할 경우, 한 달도 제대로 버티지 못하는 상황이다.

　　게다가 불가항력적인 기후 위기는 앞으로 점점 심해질 것이다. 100년에 한 번 올까 말까 한 폭우가 매해 집중적으로 쏟아질 것이고, 수량은 급격히 불어날 것이다. 이렇게 되면 아무리 배수구를 크게 만들어도 빠져나가는 물의 양보다 쏟아지는 물의 양이 많아지는 만큼 도시가 잠기는 현상이 발생할 수밖에 없다. 이런 국지성 집중호우와 폭염, 한파, 가뭄이 일상이 되면 지금처럼 무능한 정부에선 더더욱 말할 것도 없고, 제아무리 유능한 정부라도 버텨낼 재간이 없다. 이런 이상기후 현상이 우리나라뿐 아니라 전 세계를 덮치고 있다. 중국, 호주, 캐나다 등에서 발생한 산불이 몇 달 동안 꺼지지도 않는다.

　　이렇게 되면 바로 식량 위기에 직면할 수밖에 없다. 농업에 대한 혁신이 오늘을 살아가기 위한 매우 중요한 과제로 부상하는 것이다. 하지만 우리나라는 역대 대통령 선거에서 농업 문제가 집중적으로 논의된 적조차 없었다. 늘 쌀 직불제 같은 쌀값 얘기만 하지 농업의 구조적인 문제를 어떻게 바꿀 것인지, 어떻게 식량자급률과 곡물자급률을 높일 것인지, 우리 국민을 위해 식량을 어떻게 안정적으로 확보할 것인지에 대한 고민은 없다. 앞으로는 식량이 석유보다 중요한 시대가 올 것이다. 석유는 없어도 살지만, 식량은 없으면 바로 죽는다.

네덜란드에서 대안을 찾다

네덜란드는 우리나라로 치면 경상남북도와 전라남도 면적을 합한 크기인 4만 1,000제곱킬로미터 정도에 불과하지만 미국에 이어 세계 두 번째 농업 수출국으로 급부상했다. 송영길은 네덜란드를 방문해서 농업 관련자들을 만나기도 했고, 농업 선진국으로 거듭날 수 있었던 노하우를 배우기도 했다. 네덜란드의 농업 혁명에 대해 벤치마킹이 필요한 시점이다.

송영길은 현재 우리나라 식량 문제를 크게 세 가지로 본다. 농민의 문제, 농촌의 문제, 농업의 문제이다. 이 각각의 영역에서 장기적이고 또 혁신적인 대안을 마련하지 않으면 식량 문제는 결코 해결할 수 없다.

우선 농민들은 고령화와 복지 그리고 후대와 관련한 문제에 직면한다. 이를 해결하기 위해선 농업을 부가가치가 높은 산업으로 만들어 새로운 인구가 농업에 유입되도록 해야 한다. 원인을 따져보면 가장 큰 문제는 농업이 '돈'이 안 된다는 데 있다. 게다가 농업은 진입 장벽 자체가 높다. 식당이나 카페를 차리는 것처럼 쉽게 시작할 수 있는 영역이 아니다. 영세 소농들 입장에서 보면 아무리 일해봤자 생산력의 한계가 명확하고, 수익의 한계도 명확하다. 그러니 이 일에 쉽게 뛰어들려고 하지 않는다. 송영길의 주장은 농민들을 조합으로 묶고, 유통의 주주로 참여하게 해 생산과 유통의 이익 모두를 가져갈 수 있도록 하자는 것이다.

네덜란드의 농업도 비슷한 측면이 있다. 조합을 근간으로 하는데, 이 조합은 여러 농가로 구성되어 있지만 동시에 서로 긴밀하게 협력한다. 다른 농가들과 정보를 공유하고 전문가로부터 해결책도 함께 배운다. 이렇게 되면 조합의 힘이 커지면서 유통자가 생산자를 함부로 쥐락펴락할 수 없다. 그런데 우리나라는 거대 유통회사가 생산자를 지배하는 방식에 가깝다. 생산자 조합이 유통회사의 주주가 되어 유통의 이익이 생산자의 이익과 배치되지 않도록 구조를 개편해야 한다. 이렇게 하면 농업이 지금보다 훨씬 매력적인 산업이 될 것이다. 청년들도 혼자 맨땅에 헤딩하는 것이 아니라 조합에 가입함으로써 다양한 인프라를 제공받을 수 있으니 실패의 확률을 줄이고, 훨씬 안정적으로 농업을 시작할 수 있다. 정부에서도 발맞춰 농업에 뛰어들려는 청년들에 대한 적극적인 지원책을 마련해야 한다. 모든 산업이 다 그렇지만 아무리 기술이 발전한다 하더라도 핵심은 사람이다. 사람을 키우는 것이 가장 중요하다. 정치도 그렇고, 농업도 그렇다.

두 번째로, 농촌의 문제를 해결하기 위해서는 어떻게든 농촌을 도시와 연결해 더 많은 사람이 북적이며 살 수 있는 곳으로 만들어야 한다. 송영길은 농촌 문제와 관련한 문재인 정부의 대표적인 실책이 1가구 1주택 원칙이었다고 생각한다. 이건 소련 공산당도 하지 않는 행태이다. 대통령 비서실장이던 노영민이 강남 집과 청주 집 2주택이 되어 어느 집을 팔 것인가 논란이 된 적이 있다. 자승자박이고, 웃지 못할 촌극이었다. 서울 사람들이 농촌에 주택 하나 가지는 게 뭐가 문제란 말인가. 오히려 장려해도 모자랄 판에 왜 세금을 물린단 말인가. 시대를 역행하는 정책이었다고밖에 말할 수 없다. 농촌에 사람들이 오지 않으면 집은 폐가가 되고, 이 정도가 심해지면 결국 지역이 죽는다. 송영길은 저출산 문제를 해결하기 위해서는 이중국적도 허용해야 한다고 보고, 농촌을 살리기 위해서는 투기 지역이나 관리 지역 등의 예외를 제외하고는 1가구 2주택을 허용하는 것은 물론 이중 주민등록제도의 도입까지 주장한다. 그래서 주 4일은 도시에 있더라도 나머지 3일은 농촌에 머무르게 하고, 일정 기간이 지나면 지방에서 주는 혜택도 누릴 수 있게 해야 한다. 이렇게 정주 인구가 아니라 이동 인구를 확보해야 농촌이 살아난다.

마지막으로 농업 자체를 살리기 위해서는 정부 차원에서 중요성을 절감하고 다양한 방식으로 농업에 투자해야 한다. 네덜란드의 사례를 보면 정부에서 농업의 전반적인 방향을 제시한다. 이것이 민간으로 이어지면서 주도적인 혁신으로 발전하는 식이다. 그런데 지금 우리 정부는 농업에 대해 아무런 방향을 제시하지 않는다. 네덜란드의 농업 연구 책임자는 이제는 첨단 기술을 농업에 접목하는 시기이며, 이는 전 세계가 마찬가지라고 말한다. 우리나라도 농업 기술력으로만 보면 10위권 안에 드는 나라다. 1980년대만 해도 일본에서 농업 기술을 배워 와야 하는 수준이었지만 이제는 충분히 따라잡았다. 그런 만큼 정부에서 조금만 지원하면 충분히 발전할 수 있을 텐데, 양곡법마저 거부하고 있으니 대체 무슨 생각으로 국가를 운영하는지 도무지 이해할 수 없다.

앞에서 말한 누구나 집 프로젝트의 일환이었던 팜 팩토리도 식량 확보를 위한 좋은 방법이 될 수 있다. 주거 공간과 팜 팩토리 건물을 결합해 도시형 농업을 만드는 방안이다. 도시 사람들을 농촌으로 올 수 있게 하고, 도시의 공간을 잘 활용해서 농업의 대안을 마련한다면 식량자급률을 비약적으로 올릴 수 있을 것이다.

정부에서 이런 정책을 구상하고, 그에 따른 제반 사항을 마련해야 한다. 그게 가장 우선이다. 그래야 연구자와 농민이 이걸 받아안든, 더 발전시키든 할 수 있다. 정부가 시작하지 않으면 결코 앞으로 나가지 못한다. 좋은 정부, 유능한 정부, 국민을 위하는 정부가 필요한 이유다.

맺음말

다시, 제2의 독립을 외칠 때

최근 발목을 다쳐 수술을 받기 전까지만 해도 매일 아침마다 108배를 했다. 나는 절을 할 때 늘 대한민국의 현대사를 되새긴다. 1배에 1901년 우리나라 경부선 착공, 2배에 1902년 영일동맹 같은 식이다. 1903년 라이트 형제의 최초 동력 비행, 1904년 러일전쟁 발발, 1905년 을사늑약, 1907년 정미칠조약, 헤이그 밀사 파견과 대한제국 군대 해산, 1908년 친일 미국인 스티븐슨 암살, 1909년 안중근 의사가 하얼빈에서 이토 히로부미 암살…… 그러다 1930년대를 넘어가면 숨이 막힌다. 만주사변, 중일전쟁, 태평양전쟁을 통해 국내 대부분의 지식인들이 친일 분자로 바뀌었다. 이광수가 그랬고, 최남선이 그랬고, 서정주가 그랬고, 김활란이 그랬다. 그럼에도 의열단을 생각하면 가슴이 벅차오르기도 한다. 이 나라는 그렇게 나라를 위해 목숨을 걸고 싸운 이들 덕분에 지금까지 왔다. 그걸 생각하면 지금 윤석열 정권은 조족지혈이다. 5·18도 겪었는데 고작 이 정도와 제대로 싸우지 못할 게 뭐가 있나. 이깟 검찰 독재 정권 따위는 분명히 이길 수 있고, 반드시 넘어설 수 있다. 나는 그렇게 지난 역사를 통해 오늘의 투쟁 의지를 불태우는 것으로 하루를 시작했다.

송영길의 선전포고

어쩌면 지금이 우리가 나라를 빼앗겼던 1930년대와 크게 다르지 않을지도 모른다. 우리나라를 둘러싼 외교적 상황이 그러하고, 매국노 세력이 나라를 일본에 바치지 못해 안달하는 모습 또한 그때와 닮았다. 정치·외교·국방에 대한 아무런 경험 없이 검찰생활만 하다가 대통령 된 사람이 잘못된 이념 전쟁에 빠져 철 지난 소리만 해대는 것도 모자라 자신이 진실의 결정자라는 독선으로 가득하다. 그리하여 민생 무능, 외교 파탄, 안보 위협에 시달리고 있다. 안보란, 곧 안전이다. 그래서 자연재해, 식량 위기, 기후 위기 등으로부터 국민의 삶을 지켜내고 지속 가능한 발전을 유지하는 것도 안보다. 이 모든 안보가 무너지기 일보 직전이다. 대통령은 무한책임을 지는 자리다. 그래서 무능은 죄악이다.

부도 위기의 인천시를 관리해본 나의 경험으로 볼 때 현재 우리나라의 경제 상황도 심각한 지경이다. 가계 부채는 1,863조 원을 넘어가고 있다. 코로나19 펜데믹으로 인한 부재가 급증하여 내출 금리가 2배 이상 폭등했다. 수출은 15개월 동안 적자를 기록하다 2023년 7월 겨우 적자를 면했으나 불황형 흑자(수출보다 수입 감소가 더 커서 생긴 흑자)이다. 2021년 문재인 정부 때 293억 달러 흑자였던 무역수지가 2022년 472억 달러 적자를 기록했다. 대 중국 수출 비중은 2021년 25.3%에서 2023년 20%로 급감할 정도로 대 중국 수출 엔진이 식어가고 있다. 올해 국세 수입이 당초 예상보다 59조 원가량 부족할 것으로 보인다. 유례없는 역대 최대 규모의 '세수 펑크'다. 한국은행

단기 차입금으로 카드 돌려막기를 할 정도로 재정 적자가 심각하다. 2023년 7월 기준 정부의 한국은행 단기 차입 자금은 101조 원(이자 지출만 1,141억 원)으로 코로나 위기 때보다도 빚이 더 많은 황당한 상황이 전개되고 있다. 검찰 범죄 카르텔 전체주의 세력의 경제 무능이 도처에서 나타나고 있는 것이다.

만약 이 정부가 무능하기만 했다면 국민은 고통스럽겠지만 명분이 없으니 참아야 했을 것이다. 또 무도하기만 했다면 국민의 분노가 모이지 않았을 테니 그 또한 어찌할 수 없었을 것이다. 그런데 이 정부는 무능한데 무도하고 게다가 이제는 국가 주권까지 팔아넘기고 있다.

그러므로 나는 시일야방성대곡의 심정으로 제2의 독립투쟁의 깃발을 들어야 한다고 생각한다. 홍범도, 김좌진 장군의 기개와 윤봉길, 이봉창 열사의 숭고한 애국정신을 계승해야 한다. 조국을 배반하고 우리의 포기할 수 없는 영토인 독도를 끊임없이 침탈하는 일본의 행위를 방기하고, 동해를 일본해로 명명해도 이의제기조차 하지 못하는 반민족적인 세력과 맞서야 한다. 민생을 파탄으로 이끌고, 핵 오염수를 뿌리며 국민과 전쟁하겠다는 이 미친 정권과 맞서 조국의 주권을 지켜야 한다. 나 또한 기꺼이 가장 선두에 서려고 한다. 이 위협에 결코 굴하지 않을 것이다.

아무리 괴롭고 후회스럽더라도 과거는 바꿀 수 없다. 그리고 현재는 과거의 총합이다. 우리는 과거의 선택으로 인해 윤석열이라는 유례없는 대통령을 맞았고, 그로 인해 지금 수많은 문제가 일어나고 있다. 하지만 이제부터라도 우리가 어떻게 싸우고, 어떤 선택을 하느냐에 따라 미래는 얼마든지 바뀔 수 있다. 아직 너무 늦지 않았다. 나라를 지키기 위한 제2의 독립투쟁에 더 많은 국민들이 함께하고, 이대로는 안 된다는 열망이 모인다면 우리의 싸움은 반드시 승리할 것이다. 그렇게만 되면 이 나라는 다시 더 나은 미래를 향해 나갈 수 있다. 나는 여전히 우리 국민의 민주 역량을 믿는다.

내가 강조하는 슬로건 '반도세력, 세계경영'을 다시 한번 언급한다. 발칸반도의 보스니아 사라예보의 총성이 1차 대전의 발화점이 되었듯이 한반도에서 국지전이 벌어지고, 이것이 3차 세계대전으로 번질지도 모르는 중대한 순간이다. 우리는 반도세력론을 정립하여 남북 간 대화를 통해 대륙과 해양 세력의 대리전을 피하고 양자를 포섭해서 동북아 강국으로 우뚝 서야 한다. 나는 사막을 이겨내는 낙타의 심정으로 사람을 모을 것이다. 우리는 함께 이 정권을 이겨내고 미래로 나갈 것이다. 매일 108배를 하면서 소원한다. 결코 나 혼자만의 꿈은 아닐 것이다.

"함께 꿈을 꾸면 그 꿈은 반드시 이루어진다."

2023년 10월 1일

다시 송영길이 쓰다

부록

윤석열 고발장 전문

지난 7월 25일 송영길은 윤석열 대통령에 관한 고발장을 접수했다. 고발장은 변호사 선종문이 쓴 초안에 송영길이 수정하고 감수했다. 무려 3만 5천 자가 넘는데다 법률 용어가 많은 만큼 일반인이 쉽게 읽을 수 있는 글은 아니다. 그러나 이 고발장에는 윤석열 대통령이 헌법과 공직선거법과 형법을 어떻게 위반했는지 법률적 근거와 함께 선명하고 상세하게 기록되어 있다.

나치 시절 독일이 유대인 등을 학살하기 위하여 만들었던 강제 수용소인 아우슈비츠에는 이런 낙서가 있다고 한다. '아우슈비츠보다 더 끔찍한 일은 사람들이 아우슈비츠를 잊는 것이다.'

마찬가지로 우리는 윤석열 대통령이 어떤 사람인지, 어떤 행동을 저질렀는지 결코 잊어선 안 된다. 송영길의 캐비닛, 독자들의 캐비닛, 그리하여 역사의 캐비닛에 반드시 넣어놓아야 한다. 그런 이유로 고발장 전문을 여기에 싣는다. 이 책이 세상에 나와, 독자들에게 읽히는 이상 이 고발장의 내용 또한 남아 누군가에게 닿을 것이다.

———

고 발 취 지

고발인은 피고발인을 공직선거법위반, 정당법위반, 특정범죄가중법위반(국고등손실) 혐의로 고발합니다.

죄　　명　　　공직선거법위반, 정당법위반

적용법조　　　공직선거법 제250조 제1항, 제255조 제3항 제1호,

제57조의6 제2항, 정당법 제49조 제1항 제2호, 특

정범죄가중법 제5조, 형법 제355조, 형법 제37조,

제38조

범 죄 사 실

1. 당사자의 지위

고발인 송영길은 제16대, 제17대, 제18대 국회의원, 제13대 인천광역시장, 제20대, 제21대 국회의원, 前 더불어민주당 당대표이고, 피고발인 윤석열은 제59대 서울중앙지방검찰청 검사장, 제43대 검찰총장, 現 제20대 대한민국 대통령입니다.

그런데, 피고발인은 아래에서 보는 바와 같이

(1) 장모 최은순 및 배우자 김건희에 관한 2건의 공직선거법위반,

(2) 국민의힘 전당대회 당무개입 관련 공직선거법위반 및 정당법위반,

(3) 검찰총장 및 중앙지검장으로서 특활비의 불법사용 관련 특정범죄 가중처벌 등에 관한 법률위반(국고등손실)

등을 자행한 혐의가 있습니다.

한편 헌법 제84조의 대통령의 불소추특권 규정에 관하여 헌법재판소와 대법원은 공소시효의 정지규정으로 보고 있으므로, 귀청에서는 피고발인에 대하여 기소할 수는 없다고 하더라도 피고발인에 대한 수사는 적극적으로 진행해야 할 것입니다.

2. 관련 법령 및 판례

가. 대한민국헌법

대한민국헌법

[시행 1988. 2. 25.] [헌법 제10호, 1987. 10. 29., 전부개정]

제8조 ①정당의 설립은 자유이며, 복수정당제는 보장된다.

②정당은 그 목적·조직과 활동이 민주적이어야 하며, 국민의 정치적 의사형성에 참여하는데 필요한 조직을 가져야 한다.

③정당은 법률이 정하는 바에 의하여 국가의 보호를 받으며, 국가는 법률이 정하는 바에 의하여 정당운영에 필요한 자금을 보조할 수 있다.

④정당의 목적이나 활동이 민주적 기본질서에 위배될 때에는 정부는 헌법재판소에 그 해산을 제소할 수 있고, 정당은 헌법재판소의 심판에 의하여 해산된다.

제84조 대통령은 내란 또는 외환의 죄를 범한 경우를 제외하고는 재직 중 형사상의 소추를 받지 아니한다.

나. 공직선거법

공직선거법

[시행 2021. 3. 26.] [법률 제17981호, 2021. 3. 26., 일부개정]

제57조의6(공무원 등의 당내경선운동 금지) ①제60조제1항에 따라 선거운동을 할 수 없는 사람은 당내경선에서 경선운동을 할 수 없다. 다만, 소속 당원만을 대상으로 하는 당내경선에서 당원이 될 수 있는 사람이 경선운동을 하는 경우에는 그러하지 아니하다.

② 공무원은 그 지위를 이용하여 당내경선에서 경선운동을 할 수 없다.

[본조신설 2010. 1. 25.]

제85조(공무원 등의 선거관여 등 금지) ① 공무원 등 법령에 따라 정치적 중립을 지켜야 하는 자는 직무와 관련하여 또는 지위를 이용하여 선거에 부당한 영향력을 행사하는 등 선거에 영향을 미치는 행위를 할 수 없다. <신설 2014. 2. 13.>

② 공무원은 그 지위를 이용하여 선거운동을 할 수 없다.

③ (이하 생략)

제250조(허위사실공표죄) ①당선되거나 되게 할 목적으로 연설ㆍ방

송·신문·통신·잡지·벽보·선전문서 기타의 방법으로 후보자(候補者가 되고자 하는 者를 포함한다. 이하 이 條에서 같다)에게 유리하도록 후보자, 후보자의 배우자 또는 직계존비속이나 형제자매의 출생지·가족관계·신분·직업·경력등·재산·행위·소속단체, 특정인 또는 특정단체로부터의 지지여부 등에 관하여 허위의 사실[학력을 게재하는 경우 제64조제1항의 규정에 의한 방법으로 게재하지 아니한 경우를 포함한다]을 공표하거나 공표하게 한 자와 허위의 사실을 게재한 선전문서를 배포할 목적으로 소지한 자는 5년이하의 징역 또는 3천만원이하의 벌금에 처한다. <개정 1995. 12. 30., 1997. 1. 13., 1997. 11. 14., 1998. 4. 30., 2000. 2. 16., 2004. 3. 12., 2010. 1. 25., 2015. 12. 24.>

②당선되지 못하게 할 목적으로 연설·방송·신문·통신·잡지·벽보·선전문서 기타의 방법으로 후보자에게 불리하도록 후보자, 그의 배우자 또는 직계존·비속이나 형제자매에 관하여 허위의 사실을 공표하거나 공표하게 한 자와 허위의 사실을 게재한 선전문서를 배포할 목적으로 소지한 자는 7년 이하의 징역 또는 500만원 이상 3천만원 이하의 벌금에 처한다. <개정 1997. 1. 13.>

③당내경선과 관련하여 제1항(제64조제1항의 규정에 따른 방법으로 학력을 게재하지 아니한 경우를 제외한다)에 규정된 행위를 한 자는 3년 이하의 징역 또는 6백만원 이하의 벌금에, 제2항에 규정된 행위를 한 자는 5년 이하의 징역 또는 1천만원 이하의 벌금에 처한다. 이 경우 "후보자" 또는 "후보자(후보자가 되고자 하는 자를 포함한다)"는 "경선후보자"로 본다. <

신설 2005. 8. 4.>

[제목개정 2015. 12. 24.]

제255조(부정선거운동죄) ①다음 각 호의 어느 하나에 해당하는 자는 3년 이하의 징역 또는 600만원 이하의 벌금에 처한다.

1. 제57조의6제1항을 위반하여 당내경선에서 경선운동을 한 사람

2. (중략)

③ 다음 각 호의 어느 하나에 해당하는 사람은 5년 이하의 징역에 처한다. <개정 2010. 1. 25., 2014. 2. 13.>

1. 제57조의6제2항을 위반하여 경선운동을 한 사람

2. 제85조제2항을 위반하여 선거운동을 한 사람

⑤제85조제1항을 위반한 자는 5년 이하의 징역 또는 2천만원 이하의 벌금에 처한다. <신설 2014. 2. 13., 2017. 2. 8.>

다. 정당법

정당법
[시행 2022. 1. 21.] [법률 제18792호, 2022. 1. 21., 일부개정]

제49조(당대표경선등의 자유방해죄) ①정당의 대표자·투표로 선출하는 당직자(당직자의 선출을 위한 선거인단을 포함한다. 이하 같다)의 선

출을 위한 선거(이하 "당대표경선등"이라 한다)와 관련하여 다음 각 호의 어느 하나에 해당하는 자는 5년 이하의 징역 또는 1천만원 이하의 벌금에 처한다.

1. (생략)

2. 선거운동 또는 교통을 방해하거나 위계·사술 그 밖에 부정한 방법으로 당대표경선등의 자유를 방해한 자

3. (이하 생략)

라. 특정범죄가중법

특정범죄 가중처벌 등에 관한 법률 (약칭: 특정범죄가중법)
[시행 2016. 1. 6.] [법률 제13717호, 2016. 1. 6., 일부개정]

제5조(국고 등 손실) 「회계관계직원 등의 책임에 관한 법률」 제2조제1호·제2호 또는 제4호(제1호 또는 제2호에 규정된 사람의 보조자로서 그 회계사무의 일부를 처리하는 사람만 해당한다)에 규정된 사람이 국고國庫 또는 지방자치단체에 손실을 입힐 것을 알면서 그 직무에 관하여 「형법」 제355조의 죄를 범한 경우에는 다음 각 호의 구분에 따라 가중처벌한다.

1. 국고 또는 지방자치단체의 손실이 5억원 이상인 경우에는 무기 또

는 5년 이상의 징역에 처한다.

2. 국고 또는 지방자치단체의 손실이 1억원 이상 5억원 미만인 경우에
는 3년 이상의 유기징역에 처한다.

[전문개정 2010. 3. 31.]

마. 불소추특권 관련 법리

○ 헌법 제84조에 의하여 대통령 재직중에는 공소시효의 진행이 당연히 정지되는지 여부

공소시효제도나 공소시효정지제도의 본질에 비추어 보면, 비록 헌법 제84조에는 "대통령은 내란 또는 외환의 죄를 범한 경우를 제외하고는 재직중 형사상의 소추를 받지 아니한다"고만 규정되어 있을 뿐 헌법이나 형사소송법 등의 법률에 대통령의 재직중 공소시효의 진행이 정지된다고 명백히 규정되어 있지는 않다고 하더라도, 위 헌법규정의 근본취지를 대통령의 재직중 형사상의 소추를 할 수 없는 범죄에 대한 공소시효의 진행은 정지되는 것으로 해석하는 것이 원칙일 것이다. 즉 위 헌법규정은 바로 공소시효진행의 소극적 사유가 되는 국가의 소추권행사의 법률상 장애사유에 해당하므로, 대통령의 재직중에는 공소시효의 진행이 당연히 정지되는 것으로 보아야 한다.

따라서 헌법 제84조에 따라 소추가 불가능한 경우에는 공소시효의 진행이 정지되어야 한다는 것은 위와 같은 당연하고도 정당한 법리가 적용된 결과일 뿐이라고 할 것이므로 헌법상의 적법절차주의나 죄형법정주의에 반한다고 할 수 없다.

(헌법재판소 1995. 1. 20. 선고 94헌마246 全員裁判部 [不起訴處分取消] [헌집7-1, 15])

○재직 중인 대통령에 대한 공소권행사의 헌법상 장애사유를 규정한 헌법 제84조가 공소시효의 정지에 관한 규정인지 여부(적극)

헌법 제84조는 "대통령은 내란 또는 외환의 죄를 범한 경우를 제외하고는 재직 중 형사상의 소추를 받지 아니한다."라고 규정하여, 재직 중인 대통령에 대한 공소권행사의 헌법상 장애사유를 규정하고 있다. 위 규정은 비록 대통령으로 재직하는 기간 동안 내란 또는 외환의 죄를 제외한 범죄에 대하여 공소시효가 정지된다고 명시하여 규정하지는 않았으나 공소시효의 진행에 대한 소극적 요건을 규정한 것이므로, 공소시효의 정지에 관한 규정이라고 보아야 한다(헌법재판소 1995. 1. 20. 선고 94헌마246 전원재판부 결정, 헌법재판소 1998. 6. 25. 선고 95헌마100 전원재판부 결정 참조).

이 사건에서 각 범죄의 공소시효가 피고인이 대통령으로 취임한

2008. 2. 25.경 정지되었다가 피고인의 퇴임일인 2013. 2. 24.경부터 다시 진행된다고 본 원심의 판단은 위 법리를 따른 것으로 정당하다. 이러한 원심의 판단에 상고이유와 같이 공소시효 정지에 관한 법리를 오해한 위법이 없다.

(출처: 대법원 2020. 10. 29. 선고 2020도3972 판결 > 종합법률정보 판례)

바. 공직선거법상 허위사실공표죄 관련 법리

○ 공직선거 및 선거부정방지법 제250조 제2항의 허위사실공표죄에 있어서 허위사실의 의미

공직선거 및 선거부정방지법(2005. 8. 4. 법률 제7681호로 공직선거법으로 법률명이 변경. 이하 '공직선거법'이라고 한다) 제250조 제2항에서 규정하는 허위사실공표죄가 성립하려면, 우선 허위의 사실을 공표하여야 하고, 여기에서 허위의 사실이라 함은 진실에 부합하지 않은 사항으로서 선거인으로 하여금 후보자에 대한 정확한 판단을 그르치게 할 수 있을 정도로 구체성을 가진 것이면 충분하지만, 단순한 가치판단이나 평가를 내용으로 하는 의견표현에 불과한 경우에는 이에 해당되지 아니한다 할 것이다 (대법원 2000. 4. 25. 선고 99도4260 판결, 2002. 4. 10.자 2001모193 결정, 2003. 5. 30. 선고 2003도194 판결 등 참조).

위 법리에 비추어 살펴보면, 피고인이 이 사건 고발장에 기재하고 있는 앞서 본 공소외 1의 수천만 원의 금품교부 의혹, 공소외 6의 1억 5,000만 원 금품교부 의혹뿐 아니라, "2002. 6. 13. 지방선거로 김용서가 시장이 된 후 10월, 11월부터 수원터미널에서부터 비행장까지를 비롯한 수원시내 일대 멀쩡한 보도블록을 교체하였으며 전국 지방단체장들의 3분의 2가 (당명 생략)당인 상황에서 공소외 2가 그 국회의원이라는 직위를 이용해서 전국적으로 얼마나 많이 팔아 먹었겠는가?"라는 보도블럭 납품의혹과 "수원시와 농협의 공동투자로 불휘라는 고가의 민속주를 만들었는데 공소외 2가 공항납품과 군납을 도왔다고 하며 신의원(공소외 2)의 이권개입이 있었을 것이라고 하였다. … 그 과정에서 부정이 있었을 가능성이 있으므로 철저히 조사해야 할 것이다."라는 민속주 납품의혹 등에 관련된 내용은 구체적인 사실의 적시에 해당함이 분명하므로, 이에 반하여 이 부분이 단순한 의견표현에 불과하다는 피고인의 상고이유 주장은 받아들일 수 없다.

(2) 공직선거법 제250조 제2항 소정의 허위사실공표죄가 성립하기 위하여는 검사가 공표된 사실이 허위라는 점을 적극적으로 증명할 것이 필요하고, 공표한 사실이 진실이라는 증명이 없다는 것만으로는 허위사실공표죄가 성립할 수는 없지만 (대법원 2003. 11. 28. 선고 2003도5279 판결 참조), 한편 허위사실공표죄에 있어서 의혹을 받을 일을 한 사실이 없다고 주장하는 사람에 대하여 의혹을 받을 사실이 존재

한다고 적극적으로 주장하는 자는 그러한 사실의 존재를 수긍할 만한 소명자료를 제시할 부담을 진다고 할 것이며, 검사는 제시된 그 자료의 신빙성을 탄핵하는 방법으로 허위성의 입증을 할 수 있다고 할 것인데(대법원 2003. 2. 20. 선고 2001도6138 전원합의체 판결 참조), 이 때 제시하여야 할 소명자료는 위의 법리에 비추어 단순히 소문을 제시하는 것만으로는 부족하고 적어도 허위성에 관한 검사의 입증활동이 현실적으로 가능할 정도의 구체성은 갖추어야 할 것이며, 이러한 소명자료의 제시가 없거나 제시된 소명자료의 신빙성이 탄핵된 때에는 허위사실 공표로서의 책임을 져야 할 것이다(대법원 2005. 7. 22. 선고 2005도2627 판결 참조).

위와 같은 법리를 기초로 기록과 원심판결 이유에 나타난 제반 사정, 즉 피고인은 이 사건 고발장의 위와 같은 기재사실을 일부 지역신문의 추측성 기사 또는 공소외 7의 제보 내용에 의존하여 작성하였을 뿐 별다른 확인 과정을 거치지 아니한 점, 이 사건 고발에 대한 수사기관의 조사 결과 피고인이 제시하고 있는 추측성 기사 또는 공소외 7의 제보 외에는 고발내용의 진실을 뒷받침하는 추가적 자료는 나오지 않고 있는 반면에 고발내용이 허위사실이라는 점을 뒷받침하는 자료는 확보되고 있는 점 등에 비추어 보면, 이 사건 고발장에 기재하여 공표한 위 의혹들은 허위의 사실에 해당하고, 피고인은 적어도 이러한 사실이 허위라는 점에 대한 미필적 인식이 있었다고 보이므로, 원심이 같은 취지로 판단한 것은 정당하고, 거기에 상고이유에서 드는 채증법칙 위반, 심리미진, 공직선거법 제250조 제2항 소정의 허위사실공표죄에 관한 법리오해 등의 위법이 없다.

(3) 공직선거법 제250조 제2항에서 규정하는 허위사실공표죄에서의 '당선되지 못하게 할 목적'은 허위사실의 공표로서 후보자가 당선되지 못하게 한다는 인식만 있으면 충분한 것이며, 그 결과 발생을 적극적으로 의욕하거나 희망하는 것을 요하는 것은 아니라고 할 것이다.

관련 증거와 기록에 의하면, 피고인이 2004. 4. 15.의 제17대 국회의원선거가 임박한 2004. 3. 9. 이 사건 고발장을 작성하여 수사기관에 제출하였을 뿐 아니라 수원지방법원 기자실에서 고발장을 법원출입기자들에게 배부하고, 나아가 수원일보 인터넷 홈페이지를 통하여 고발장 전문을 게재하였음이 인정되므로, 그렇다면 피고인에게는 공소외 2로 하여금 제17대 국회의원선거에서 당선되지 못하게 한다는 인식이 있었다고 할 것이므로, 같은 취지로 판단한 원심의 조치는 정당하고, 거기에 상고이유로서 드는 법리오해 등의 위법이 없다.

사실이나

(출처: 대법원 2006. 5. 25. 선고 2005도4642 판결 [공직선거및선거부정방지법위반·무고] > 종합법률정보 판례)

○ 허위사실공표죄에 있어서 허위성의 인식 유무에 대한 판단 기준

공직선거법 제250조 제2항 소정의 허위사실공표죄에서는 공표된 사실이 허위라는 것이 구성요건의 내용을 이루는 것이기 때문에 행위자의 고의의 내용으로서 그 사항이 허위라는 것의 인식이 필요하다 할 것이고, 이러한 주관적 인식의 유무는 그 성질상 외부에서 이를 알거나 입증하기 어려운 이상 공표 사실의 내용과 구체성, 소명자료의 존재 및 내용, 피고인이 밝히는 사실의 출처 및 인지경위 등을 토대로 피고인의 학력, 경력, 사회적 지위, 공표 경위, 시점 및 그로 말미암아 객관적으로 예상되는 파급효과 등 제반 사정을 모두 종합하여 규범적으로 이를 판단할 수밖에 없다 할 것인바, 이러한 법리에 따라 앞서 본 이 사건 발언의 내용, 경위, 시점, 피고인의 지위, 예상되는 파급효과 등 관련 제반 사정을 종합하여 볼 때, 피고인이 그 소명으로 제출한 위에서 본 구체성 없는 자료들만으로는 피고인에게 그 허위성의 인식이 없다고 보기는 어렵다 할 것이다.

(출처: 대법원 2005. 7. 22. 선고 2005도2627 판결 [공직선거및선거부정방지법위반 · 명예훼손] > 종합법률정보 판례)

○ 공직선거 후보자 등이 후보자 토론회의 토론과정 중에 한 발언을 이유로 공직선거법 제250조 제1항에서 정한 허위사실공표죄로 처벌할 수 있는지 판단하는 기준 및 이때 고려할 사항

후보자 등이 후보자 토론회에 참여하여 질문 · 답변을 하거나 주장 ·

반론을 하는 것은, 그것이 토론회의 주제나 맥락과 관련 없이 일방적으로 허위의 사실을 드러내어 알리려는 의도에서 적극적으로 허위사실을 표명한 것이라는 등의 특별한 사정이 없는 한 이 사건 조항에 의하여 허위사실공표죄로 처벌할 수 없다고 보아야 한다. 그리고 이를 판단할 때에는 사후적으로 개별 발언들의 관계를 치밀하게 분석·추론하는 데에 치중하기보다는 질문과 답변이 이루어진 당시의 상황과 토론의 전체적 맥락에 기초하여 유권자의 관점에서 어떠한 사실이 분명하게 발표되었는지를 살펴보아야 한다.

나아가 형사처벌 여부가 문제 되는 표현이 사실을 드러낸 것인지 아니면 의견이나 추상적 판단을 표명한 것인지를 구별할 때에는 언어의 통상적 의미와 용법, 증명가능성, 문제 된 말이 사용된 문맥과 표현의 전체적인 취지, 표현의 경위와 사회적 맥락 등을 고려하여 판단하되, 헌법상 표현의 자유의 우월적 지위, 형벌법규 해석의 인칙에 비추어 어느 범주에 속한다고 단정하기 어려운 표현인 경우에는 원칙적으로 의견이나 추상적 판단을 표명한 것으로 파악하여야 한다. 또한 어떠한 표현이 공표된 사실의 내용 전체의 취지를 살펴볼 때 중요한 부분에서 객관적 사실과 합치되는 경우에는 세부적으로 진실과 약간 차이가 나거나 다소 과장된 표현이 있더라도 이를 허위사실의 공표라고 볼 수 없다(대법원 2009. 3. 12. 선고 2009도26 판결 등 참조). 특히 앞서 본 후보자 토론회의 기능과 특성을 고려할 때, 토론회에서 후보자 등이 선거인의 정확한 판단을 그르치게 할 수 있을 정도로 다른 후보자의 견해나 발언을 의도적으로 왜곡한 것이 아니라, 합리적으로 보아 가능한 범위 내에서 다른 후보자의 견해나 발언의 의미를 해석하고 이에 대하여 비판하거나 질문하는 행위는 진실에 반하는 사실을 공표한다는 인식을 가지고 행하는 허위사실 공표행위로 평가할 수 없다고 보아야 하고(대법원 2007. 7. 13. 선고 2007도2879 판결 참조), 이러한 법리는 다른 후보자의 질문이나 비판에 대해 답변하거나 반론하는 경우에도 마찬가지로 적용되어야 한다.

공직선거법은 '허위의 사실'과 '사실의 왜곡'을 구분하여 규정하고 있으므로(제8조의4 제1항, 제8조의6 제4항, 제96조 제1항, 제2항 제1호, 제108조 제5항 제2호 등 참조), 적극적으로 표현된 내용에 허위가 없다면 법적으로 공개의무를 부담하지 않는 사항에 관하여 일부 사실을 묵비하였다는 이유만으로 전체 진술을 곧바로 허위로 평가하는 데에는 신중하여야 하고, 토론 중 질문·답변이나 주장·반론하는 과정에서 한 표현이 선거인의 정확한 판단을 그르칠 정도로 의도적으로 사실을 왜곡한 것이 아닌 한, 일부 부정확 또는 다소 과장되었거나 다의적으로 해석될 여지가 있는 경우에도 허위사실 공표행위로 평가하여서는 안 된다.
(출처: 대법원 2020. 7. 16. 선고 2019도13328 전원합의체 판결 [직권남용권리행사방해·공직선거법위반] > 종합법률정보 판례)

사. 공무원의 정치적 중립 관련 법리

○ 구 공직선거법 제85조 제1항 전문에서 정한 '공무원의 지위를 이용하여'의 의미와 범위

구 공직선거법(2014. 2. 13. 법률 제12393호로 개정되기 전의 것, 이하 '구 공직선거법'이라 한다) 제85조 제1항 전문은 '공무원은 그 지위를 이용하여 선거운동을 할 수 없다.'고 정하고 있다. 여기에서 '공무원의 지위를 이용하여'라는 개념은 공무원이 개인의 자격으로서가 아니라 공무원의 지위와 결부되어 선거운동을 하는 행위를 뜻하는 것이다. 공무원의 지위에 있기 때문에 특히 선거운동을 효과적으로 할 수 있는 영향력 또는 편익을 이용하는 것을 의미하고, 구체적으로는 그 지위에 수반되는 신분상의 지휘감독권, 직무권한, 담당사무 등과 관련하여 공무원이 직무를 수행하는 사무소 내부 또는 외부의 사람에게 작용하는 것도 포함된다(대법원 2013. 11. 28. 선고 2010도12244 판결 등 참조).

구 공직선거법 제85조 제1항에서 공무원들이 그 지위를 이용해서 선거운동을 하는 것을 엄격히 금지하는 이유는 이른바 관권선거 또는 공적 지위에 있는 자의 선거개입 여지를 철저히 차단함으로써 선거의 공정성을 확보하기 위한 것이다(대법원 2011. 4. 28. 선고 2010도17828 판결 등 참조).

'선거운동'은 특정 선거에서 특정 후보자의 당선 또는 낙선을 도모한다는 목적의사가 객관적으로 인정될 수 있는 행위를 말하는데, 이에 해당하는지는 행위를 하는 주체 내부의 의사가 아니라 외부에 표시된 행위를 대상으로 객관적으로 판단하여야 한다. 따라서 행위 당시의 상황에서 그와 같은 목적의사를 실현하려는 행위로 인정되지 않는데도 행위자가 주관적으로 선거를 염두에 두고 있었다거나 행위의 결과가 단순히 선거에 영향을 미친다거나 또는 당선이나 낙선을 도모하는 데 필요하거나 유리하다고 해서 선거운동에 해당한다고 할 수 없다. 또 선거 관련 국가기관이나 법률전문가의 관점에서 사후적·회고적인 방법이 아니라 일반인, 특히 선거인의 관점에서 행위 당시의 구체적인 상황에 기초하여 판단하여야 하므로, 선거인이 행위 당시의 상황에서 그러한 목적의사가 있음을 알 수 있는지를 살펴보아야 한다(대법원 2016. 8. 26. 선고 2015도11812 전원합의체 판결 참조).

위와 같은 목적의사는 특정한 선거에 출마할 의사를 밝히면서 그에 대한 지지를 부탁하는 등의 명시적인 방법뿐만 아니라 당시의 사정에 비추어 선거인의 관점에서 특정 선거에서 당선이나 낙선을 도모하려는 목적의사를 쉽게 추단할 수 있을 정도에 이른 경우에도 인정할 수 있다. 이러한 목적의사가 있었다고 추단하려면, 단순히 선거와의 관련성을 추측할 수 있다거나 선거에 관한 사항이 행위의 동기가 되었다는 사정만으로는 부족하고 특정 선거에서 당락을 도모하는 행위임을 선거인이 명백히 인식할 만한 객관적인 사정에 근거하여야 한다. 특히 행위를 한 시기가 선거일에 가까우면 가까울수록 명시적인 표현 없이도 다른 사정을 통하여 선거에서 당선 또는 낙선을 도모하는 의사가 있다고 인정할 수 있으나, 선거로부터 시간적으로 멀리 떨어진 행위라면 단순히 선거와의 관련성을 추측할 수 있다는 것만으로 선거에서 당락을 도모하는 의사가 표시된 것으로 인정될 수는 없다(위 대법원 2015도11812 전원합의체 판결, 대법원 2017. 11. 14. 선고 2017도3449 판결 등 참조).

위와 같은 선거운동의 판단 기준은 개인뿐 아니라 단체의 행위에 대해서도 그대로 적용되므로, 단체가 그 지향하는 목적에 따른 활동이 그 단체가 기존에 행하던 활동의 연장선상에서 이루어진 것이더라도 그 활동에서 선거운동의 성격이 인정된다면 마땅히 공직선거법에 의한 규제를 받아야 한디(대법원 2011. 6. 24. 선고 2011도3447 판결 참조).

(출처: 대법원 2018. 4. 19. 선고 2017도14322 전원합의체 판결 [공직선거법위반·국가정보원법위반] > 종합법률정보 판례)

아. 특정범죄법위반(국고등손실)과 회계관계직원

○ 국가정보원장이 특별사업비 집행에 관하여 회계관계직원 등의 책임에 관한 법률 제2조 제1호 (카)목에서 정한 '그 밖에 국가의 회계사무를 처리하는 사람'에 해당하여 회계관계직원에 해당하는지 여부(적극)

뇌물죄는 공무원의 직무집행의 공정과 이에 대한 사회의 신뢰 및 직무행위의 불가매수성을 그 보호법익으로 하고 있고 직무에 관한 청탁이나 부정한 행위를 필요로 하는 것은 아니기 때문에 수수된 금품의 뇌물성을 인정하는 데 특별한 청탁이 있어야만 하는 것은 아니다. 또한 금품이 직무에 관하여 수수된 것으로 족하고 개개의 직무행위와 대가적 관계가 있을 필요는 없다(대법원 2001. 10. 12. 선고 2001도3579 판결 등 참조). 공무원이 얻는 어떤 이익이 직무와 대가관계가 있는 부당한 이익으로서 뇌물에 해당하는지 여부는 당해 공무원의 직무내용, 직무와 이익제공자의 관계, 쌍방 간에 특수한 사적인 친분관계가 존재하는지 여부, 이익의 다과, 이익을 수수한 경위와 시기 등의 제반 사정을 참작하여 결정하여야 하고, 뇌물죄가 직무집행의 공정과 이에 대한 사회의 신뢰 및 직무행위의 불가매수성을 보호법익으로 하고 있는 점에 비추어 볼 때, 공무원이 이익을 수수하는 것으로 인하여 사회 일반으로부터 직무집행의 공정성을 의심받게 되는지 여부도 뇌물죄의 성립 여부를 판단할 때에 기준이 된다(대법원 2011. 3. 24. 선고 2010 도17797 판결 등 참조). 공무원이 그 직무의 대상이 되는 사람으로부터 금품 기타 이익을 받은 때에는 그것이 그 사람이 종전에 공무원으로부터 접대 또는 수수한 것을 갚는 것으로서 사회상규에 비추어 볼 때에 의례상의 대가에 불과한 것이라고 여겨지거나, 개인적인 친분관계가 있어서 교분상의 필요에 의한 것이라고 명백하게 인정할 수 있는 경우 등 특별한 사정이 없는 한 직무와의 관련성이 있다고 볼 수 있고, 공무원의 직무와 관련하여 금품을 수수하였다면 비록 사교적 의례의 형식을 빌어 금품을 주고받았다 하더라도 그 수수한 금품은 뇌물이 된다(대법원 2000. 1. 21. 선고 99도4940 판결, 대법원 2018. 5. 15. 선고 2017도19499 판결 등 참조).

그리고 횡령 범행으로 취득한 돈을 공범자끼리 수수한 행위가 공동정범들 사이의 범행에 의하여 취득한 돈을 공모에 따라 내부적으로 분배한 것에 지나지 않는다면 별도로 그 돈의 수수행위에 관하여 뇌물죄가 성립하는 것은 아니다. 그와 같이 수수한 돈의 성격을 뇌물로 볼 것인지 횡령금의 분배로 볼 것인지 여부는 돈을 공여하고 수수한 당사자들의 의사, 수수된 돈의 액수, 횡령 범행과 수수행위의 시간적 간격, 수수한 돈이 횡령한 그 돈인지 여부, 수수한 장소와 방법 등을 종합적으로 고려하여 객관적으로 평가하여 판단하여야 한다(대법원 1997. 2. 25. 선고 94도3346 판결, 대법원 2007. 10. 12. 선고 2005도7112 판결 등 참조).

회계직원책임법은 회계관계직원 등의 책임을 명확히 하고 법령이나 그 밖의 관계 규정 및 예산에 정하여진 바를 위반하는 회계관계행위를 방지함으로써 국가, 지방자치단체 등이 회계사무를 적정하게 집행하는 것을 목적으로 한다(제1조). 회계직원책임법 제2조는 회계관계직원이란 다음 각호의 어느 하나에 해당하는 사람을 말한다고 정의하고 있다. 제1호에서는 국가재정법, 국가회계법, 국고금 관리법 등 국가의 예산 및 회계에 관계되는 사항을 정한 법령에 따라 국가의 회계사무를 집행하는 사람으로서 다음 각 목의 어느 하나에 해당하는 사람을 회계관계직원이라고 정하고 (가)목부터 (차)목까지 구체적인 직명을 열거한 후 (카)목에서 '그 밖에 국가의 회계사무를 처리하는 사람'을 규정하고 있다. 그리고 제4호에서는 제1호부터 제3호까지에 규정된 사람의 보조자로서 그 회계사무의 일부를 처리하는 사람도 회계관계직원에 해당한다고 규정하고 있다. 이러한 규정들의 내용과 회계직원책임법의 입법 취지 등을 종합하여 보면, 회계직원책임법 제2조에서 정한 회계관계직원은 제1호 (가)목부터 (차)목까지 열거된 직명을 갖는 사람은 물론 그러한 직명을 갖지 않는 사람이라도 실질적으로 그와 유사한 회계관계업무를 처리하면 이에 해당하고, 반드시 그 업무를 전담하고 있을 필요도 없으며, 직위의 높고 낮음도 불문한다고 할 것이다. 국고금 관리법 제6조, 제9조 제1항, 제19조, 제21조 제1항, 국가회계법 제6조 제1항 등의 규정에 따르면, 중앙관서의 장은 그 소관 수입의 징수와 수납에 관한 사무, 소관 지출원인행위와 지출에 관한 사무 등 그 소관의 회계에 관한 사무를 관리하고, 소속 공무원에게 특정 사무를 위임하여 하게 할 수 있다. 이러한 규정에 따르면, 중앙관서의 회계관계업무는 원칙적으로 중앙관서의 장의 권한이고, 그중 특정한 권한을 소속 공무원에게 위임할 수 있는 것이므로 중앙관서의 장이 이러한 위임을 하지 않았거나 또는 법령상 중앙관서의 장이 스스로 회계관계업무를 처리하도록 되어 있는 경우에는 중앙관서의 장도 회계직원책임법 제2조에서 정한 회계관계직원의 범위에 포함된다고 보아야 한다(대법원 2001. 2. 23. 선고 99두5498 판결, 대법원 2004. 10. 27. 선고 2003도6534 판결 등 참조).

나) 관련 법령과 적법하게 채택된 증거에 따르면 다음과 같은 사정을 알 수 있다.

(1) 국정원장은 중앙관서의 장으로서 그 소관 수입의 징수와 수납에 관한 사무, 소관 지출원인행위와 지출에 관한 사무 등 그 소관의 회계에 관한 사무를 관리하므로(국고금 관리법 제2조 제4호, 제6조, 제19조, 국가회계법 제6조 제1항, 정부조직법 제2조, 제17조, 국정원법 제7조) 국정원 소관 회계에 관한 사무는 원칙적으로 국정원장의 권한에 속한다.

(2) 회계에 관한 사무 중 하나인 지출원인행위는 지출의 원인이 되는 계약이나 그 밖의 행위로서(국고금 관리법 제19조), 일정한 금액의 지출의무를 확정적으로 발생시키는 행위를 의미한다.

국정원의 통상적인 예산 집행과 관련하여 국정원장은 지출원인행위를 기조실장에게 위임하였고, 실제로 이와 같이 위임된 업무는 국정원장의 승인 절차 없이 기조실장이 처리한다. 그러나 특별사업비는 국정원장이 스스로 그 사용처, 지급시기와 지급할 금액 등 지출의무의 내용을 확정하고, 다른 직원이 개입할 여지가 없다. 이 사건에서도 마찬가지로, 기조실장 공소외 5조차 국정원장 공소외 1이 피고인에게 특별사업비를 교부한다는 사실을 상당 기간 알지 못하였다.

특별사업비 집행 과정 중에 사업명과 소요예산이 간략히 기재된 서류가 국정원 내에서 기조실장의 전결로 작성되기는 한다. 그러나 이는 국정원장이 확정한 금액을 예금계좌에서 인출하기 위한 절차에 불과한 것으로 보일 뿐이고, 위 서류를 작성하는 행위 그 자체를 지출원인행위로 볼 수는 없다.

(3) 국정원장은 사용처를 지정하여 특별사업비의 지출을 지시한다. 이 사건에서도 국정원장들의 지시를 받은 비서실장 등이 특별사업비를 피고인 측에 교부하였다.

다) 위와 같은 사정을 앞에서 본 법리에 비추어 살펴보면, 국정원장들은 특별사업비 집행 과정에서 직접 그 사용처, 지급시기와 지급할 금액을 확정함으로써 지출원인행위를 수행할 뿐만 아니라 특별사업비를 실제로 지출하도록 함으로써 자금지출행위에도 관여하는 등 회계관계업무에 해당하는 지출원인행위와 자금지출행위를 실질적으로 처리하였다. 따라서 국정원장들은 그 업무의 실질에 있어 회계직원책임법 제2조 제1호 (카)목에서 정한 '그 밖에 국가의 회계사무를 처리하는

사람'에 해당하여 회계관계직원에 해당한다고 보아야 한다.

그런데도 원심이 이와 달리 국정원장들이 회계관계직원에 해당하지 아니한다고 판단한 것은 회계직원책임법 제2조 제1호 (카)목에서 정한 '그 밖에 국가의 회계사무를 처리하는 사람'의 개념에 관한 법리를 오해하고 논리와 경험의 법칙에 반하여 자유심증주의의 한계를 벗어나 판결에 영향을 미친 잘못이 있다.

(출처: 대법원 2019. 11. 28. 선고 2019도11766 판결 > 종합법률정보 판례)

3. 피고발인의 공직선거법위반, 정당법위반, 특정범죄가중법위반

가. 헌법 제84조의 불체포특권: 공소시효 정지

헌법 제84조는 "대통령은 내란 또는 외환의 죄를 범한 경우를 제외하고는 재직 중 형사상의 소추를 받지 아니한다."라고 규정하여, 재직 중인 대통령에 대한 공소권행사의 헌법상 장애사유를 규정하고 있으나, 헌법재판소 및 대법원의 해석에 따르면 위 규정은 공소시효의 진행에 대한 소극적 요건을 규정한 것이므로, 공소시효의 정지에 관한 규정입니다(헌법재판소 1995. 1. 20. 선고 94헌마246, 대법원 2020. 10. 29. 선고 2020도3972 판결 등 참조).

따라서 피고발인의 공직선거법위반 범죄의 공소시효는 선거 종료일인 2022. 3. 9.부터 진행되며, 피고발인이 대통령으로 취임한 2022. 5. 10.경 정지되었다가 피고발인의 퇴임일인 2027. 5. 9.경부터 다시 진행되어 2027. 9. 8. 공소시효가 완성될 것이므로, 귀청은 피고발인에 대하여 기소할 수는 없다고 하더라도 피고발인에 대한 수사는 적극적으로 진행해야 할 것입니다.

나. 공직선거법위반: 최은순 관련 허위사실

1) 2021. 12. 14. 윤석열, 최은순은 50억 원 사기피해자 발언

피고발인은 2021. 12. 14. 서울 중구 프레스센터 국제회의장에서 열린 관훈클럽 초청 토론회에서 이날 관훈클럽 초청 토론회에서 "장모 최은순에 관한 사건 재수사가 과잉 수사의 일환이라고 보느냐?"라는 질문에 "저는 그렇게 보고 있다."라고 답변하면서, 최은순이 2013. 4. ~ 10. 도촌동 땅 매입 과정에서 안 모 씨와 공모해 은행에 347억 원을 예치한 것처럼 통장 잔고 증명서를 위조한 혐의로 기소된 데 대해서도 피고발인은 "기본적으로 (장모 최은순이) 상대방에게 50억원 정도 사기를 당했다."고 반박하면서 "이런 문제를 사전에 검사 사위하고 의논했으면 사기당할 일이 없었다. 어떻게 보면 (최은순이) 자기 마음대로 일을 벌이고, 사기도 당하고, 돈을 회수하는 과정에서 무리도 해서 된 일."이라고 주장했습니다.

[증 제1호증 연합뉴스 2021. 12. 14.자 보도]

2) 2023. 7. 21. 의정부지법, 최은순 법정구속

그러나, 의정부지방법원 제3형사부(부장판사 이성균)는 2023. 7. 21. 최은순 측이 1심 판결에 이의를 제기했던 위조사문서 행사에 관하여는 "피고인이 위조된 잔고 증명서를 민사소송에 제출하는 것을 알고 공범과 함께 잔고 증명서를 위조해 행사한 사실을 인정할 수 있다."고 설명했다. 부동산 실명법 위반 혐의에 대해서도 "관련 도촌동 땅이 매수되고 이후 상황까지 종합해 봤을 때 전매 차익을 위해 명의신탁을 한 혐의가 인정된다."고 판단했으며, 양형부당을 주장한 피고인 측의 주장에 대해서는 "피고인이 주도해 막대한 이익을 실현하는 동안 관련 개인과 회사가 피고인의 뜻에 따라 이용당했다."며 "자신이 이익을 추구하는 것에 경도된 나머지 법과 제도 사람이 수단화된 것은 아닌지 우려스럽다"고 밝혔다. 재판부는 또 "원심의 형은 적정하고 합리적인 범위를 벗어났다고 인정할 수 없다."며 "피고인이 범죄 행위로 얻은 이익과 불법의 정도가 매우 크다."고 덧붙이고 법정구속하였습니다.

[증 제2호증 중앙일보 2023. 7. 21.자 보도]

3) 소결: 최은순에 관한 공직선거법위반죄(허위사실공표)의 성립

이에 따라 피고발인의 '최은순이 상대방에게 50억원 정도 사기를 당하였다.'라는 취지의 발언은, 단순히 가치판단이나 평가를 내용으로 하는 의견평가를 넘어서, '사기 쳤다'와 '사문서 위조했다, 즉 사기당했다'라는 전혀 정반대의 양립할 수 없는 진실에 부합하지 않는 사항으로서 선거인으로 하여금 당시 후보자이던 윤석열에 대한 정확한 판단을 그르치게 할 수 있을 정도로 구체성을 가진 것입니다.

무엇보다

(a) [학력, 경력, 사회적, 지위] 피고발인은 당시 대한민국 자타가 공인하는 수사전문가로서 대한민국 검찰총장까지 역임한 인물로서 그 지위에 따라 장모인 최은순에 대한 의혹이 계속된 시점 모든 수사정보를 제공받을 수 있었던 점,

(b) [공표 경위, 시점, 파급효과] 2021. 12. 14.자 관훈클럽 초청 토론회는 피고발인이 국민의힘 대통령선거후보자로서 배우자 김건희 및 장모 최은순 등 처가에 대한 범죄 혐의가 불거져 본인의 대통령선거 지지율에 상당한 영향을 미칠 수 있는 사안이었는데, 위와 같이 일언지하에 최은순을 사문서위조범에서 사기피해자로 둔갑시켜 국민적 의혹을 덮은 점,

(c) [소명자료의 존재, 내용, 사실의 출처, 인지경위] 그럼에도 불구하고 피고발인이 검찰총장 재직 중에 대검찰청에서는 2020. 3.경 '총장 장모 대응 문건'까지 만들어 최은순이 직접 연루된 4개 사

건과 그 밖의 관련 사건 등을 시간순서와 인물별로 일목요연하게 정리하여 선고된 형량, 범죄사실 등을 별도의 표 형태로 상세히 정리하였으며, '장모 변호 문건'까지 작성하였고, 이에 피고발인은 개인적 사건에 대검 조직이 부적절하게 동원돼 '관선변호'까지 담당하며 검찰을 사유화했다는 비판까지 받았으며, 위 사건을 고발받은 공수처는 검찰로 이첩하였으나, 서울중앙지검은 2022. 2. 4.부터 사건 배당하여 수사를 지지부진하게 끌고만 있는 점

[증 제3호증의 1, 2 세계일보 2021. 9. 14.자, 2021. 9. 28.자 각 보도]

등을 감안하면, 피고발인은 장모 최은순의 사문서위조 혐의에 관하여 구체적 사실관계를 이미 파악했을 것이니 허위사실공표혐이며, 만약 만연히 제대로 된 확인도 없이 위와 같이 '장모 최은순이 사기피해자이다.'라고만 허위의 발언을 한 것이라면, 최소한 허위사실 공표에 관한 미필적 고의는 당연히 인정된다고 할 것입니다.

다. 공직선거법위반: 도이치모터스 김건희 주식 관련 허위사실

1) 2021. 10. 15. 윤석열, 김건희 선의의 4,000만 원 피해자 주장

피고발인은 국민의힘 대선경선후보로서 2021. 10. 15. 같은 당 대선경선후보 홍준표 의원과의 맞수토론에서 김건희씨 도이치모

터스주가조작 의혹과 관련하여 "처가 2010년 저와 결혼하기 전에 (사건 관계자) 이 모 씨(이정필)라는 사람이 골드만삭스 출신이라고 해서 (자산)위탁관리를 4개월 맡겼는데 손실이 나서 돈을 빼고 절연했다. 검찰이 2013년에 계좌까지 다 봤다."라고 해명했습니다.

[증 제4호증 프레시안 2021. 10. 15.자 보도]

또한 당피 피고발인 측은 2021. 10. 20. 배우자 김건희의 신한증권 주식계좌거래내역을 공개하며 "권력 수사에 대한 탄압으로 조사를 받았지만, 사실무근으로 밝혀졌던 사건"이라며 "2013년 당시 윤석열 검사가 '국정원 댓글 사건'을 수사하자, 경찰청 중대범죄수사과는 도이치모터스 주가조작에 배우자가 연루된 의혹을 내사했고 결국 사실무근임이 밝혀져 종결했다. 주가조작에 관여된 것이 조금이라도 있었다면 꼬투리를 잡아 처벌했을 것인데 아무것도 없었다"라고 발언하였고, 또한 "2020년 2월 17일 윤석열 검사가 '조국 전 법무부 장관'을 수사하자 경찰관이 위 내사보고서를 언론에 유출해 보도를 한 후 최강욱 (열린민주당) 의원이 2020년 4월 7일 고발했고, 1년 6개월이 지난 지금까지 서울중앙지검 반부패수사부가 수사 중"이라며 "국민들께서 '주가조작'인지 '권력의 보복'인지 판단하실 수 있도록 윤석열 후보 배우자의 '도이치모터스 거래내역'을 공개한다. 다만, 도이치모터스 거래와 무관한 개인 금융정보 관련 부분은 삭제하고 공개했다"라고 하였고, "오늘 공개하는 계좌가 경찰청 내사보고

서에 언급된 바로 그 계좌"라며 "윤 후보와 결혼하기도 전에 '주식전문가'로 소개받은 사람에게 거래를 맡겼다가 손해를 보고 회수한 것이 사실관계의 전부다. 배우자(김건희씨)가 계좌를 회수한 2010년 5월 20일 종가 기준으로 따져보니 합계 약 4000만원 가량 평가 손실을 봤다. 불과 4개월 간 주식거래를 일임하였다가 손실을 본 것이 전부인데, 구체적 근거도 없이 주가조작 '공범' 운운하는 것은 말이 되지 않는다"라고 밝혔습니다.

[증 제5호증 조선일보 2021. 10. 20.자 보도]

즉 위와 같은 피고발인의 발언 취지는 '김건희는 이정필 씨에게 계좌의 위탁관리를 맡겼을 뿐이고, 개별거래에는 관여하지 않았다. 이정필이 김건희의 허락 없이 임의로 도이치모터스 주식을 거래해서 4,000만 원을 손해봤다.'는 것입니다. 도이치모터스라는 특정 종목의 주식 매수를 선택한 것은 이정필이지 김건희가 아니며 따라서 김건희는 도이치모터스 주가조작 사건과 무관하다는 주장이었습니다.

2) 2022. 5. 27. 공범 재판, 김건희의 주식거래 관여 녹취록 공개1*

서울중앙지법(부장판사 조병구)에서 2022. 5. 27. 속행된 권오

---

* 나머지 2010. 1. 25. ~ 1. 29.까지의 5일 간의 역시 주가조작 선수 이정필이 단독으로 실행했다기보다는 김건희가 최종 승인 등의 형태로 개입했을 가능성이 높고, 이미 검찰이 확보했을 것으로 보이지만 공개하지 않은 나머지 닷새 동안의 통화 내역이 공개된다면 진실을 확인할 수 있을 것입니다.

수 전 도이치모터스 회장의 주가조작 사건에서 공개된 녹취록을 보면, 김건희는 신한투자증권 계좌로 도이치모터스 주식을 사들인 총 7일간의 거래 가운데 2010. 1. 12.과 13.의 2일의 거래는 김건가 직접 실행했거나 최종 승인을 했다는 것이 밝혀졌습니다.

[증 제6호증 뉴스타파 2022. 9. 2.자 보도]

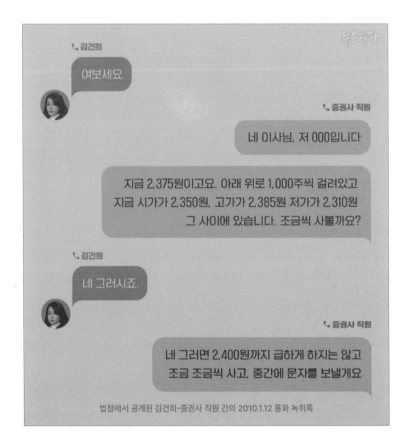

법정에서 공개된 김건희-증권사 직원 간의 2010.1.12 통화 녹취록

송영길의 선전포고

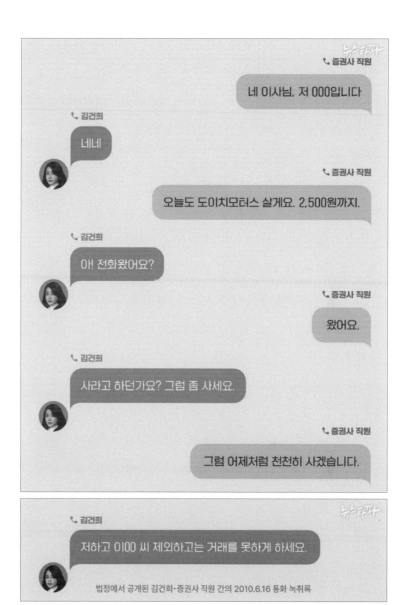

증권사 직원
네 이사님, 저 000입니다

김건희
네네

증권사 직원
오늘도 도이치모터스 살게요. 2,500원까지.

김건희
아! 전화왔어요?

증권사 직원
왔어요.

김건희
사라고 하던가요? 그럼 좀 사세요.

증권사 직원
그럼 어제처럼 천천히 사겠습니다.

김건희
저하고 이00 씨 제외하고는 거래를 못하게 하세요.

법정에서 공개된 김건희-증권사 직원 간의 2010.6.16 통화 녹취록위 2022. 5. 27. 공판에서 도이치모터스 권오수 회장의 변호인이 공개한 김건희와 신한투자증권 담당 직원 사이의 2010. 1. 12.자 전화통화 녹취록을 보면, 김건희는 직접 증권사 직원과 통화해 도이치모터스 주식을 매수주문한 것이 드러납니다.

결국 검찰이 김건희 명의의 주식계좌로 이루어진 2010. 1. 13.자 거래 가운데 31건을 물량소진, 고가매수 등의 시세조종성 주문으로 보고 기소하였고, 이에 대하여 서울중앙지법은 2023. 2. 10. 권오수 전 도이치모터스 회장에 대하여 자본시장법위반 혐의로 징역 2년에 집행유예 3년, 주가조작 선수 이정필은 본건으로는 면소되었으나 별건으로 징역 2년, 벌금 5,000만 원을 선고받아 법정구속되었습니다.
[증 제7호증 한겨레 2023. 2. 10.자 보도]

문제는 위와 같이 시세조종성 주문을 증권사 직원에게 직접 낸 사람은 주가조작 선수 이정필이지만, 이에 관하여 해당 증권사 담당 직원의 보고를 받고 최종 승인을 해준 사람은 다름 아닌 김건희라는 것입니다.

3) 소결: 김건희에 관한 공직선거법위반죄(허위사실공표)의 성립

지금까지 피고발인은 경선토론이나 대선토론 과정에서 '배우

자 김건희는 개별 거래에 관여하지 않았고, 4,000만 원 피해자이다.'
라는 취지로 발언했으나, 도이치모터스 주가조작사건에 있어서 김
건희는 신한투자증권 직원과의 거래에 직접적으로 매수주문을 하였
으며, '이정필'은 제외하고는 거래를 못하게 한 점까지 밝혀짐으로써
'김건희가 개별 거래에 관여하지 않았다'는 취지의 발언은 단순히 가
치판단이나 평가를 내용으로 하는 의견평가를 넘어서, '주식거래에
관여했다'와 '관여하지 않은 피해자이다'라는 전혀 정반대의 양립할
수 없는 진실에 부합하지 않는 사항으로서 선거인으로 하여금 당시
후보자이던 윤석열에 대한 정확한 판단을 그르치게 할 수 있을 정도
로 구체성을 가진 것입니다.

　　무엇보다, 위에서 밝힌 것처럼

　　(a) [학력, 경력, 사회적, 지위] 피고발인은 당시 대한민국 자타
가 공인하는 수사전문가로서 대한민국 검찰총장까지 역임한 인물로
서 그 지위에 따라 배우자 의혹이 계속된 시점 모든 수사정보를 제공
받을 수 있었던 점,

　　(b) [공표 경위, 시점, 파급효과] 2021. 12. 14.자 관훈클럽 초
청 토론회는 피고발인이 국민의힘 대통령선거후보자로서 배우자 김
건희 및 장모 최은순 등 처가에 대한 범죄 혐의가 불거져 본인의 대
통령선거 지지율에 상당한 영향을 미칠 수 있는 사안이었는데, 위와
같이 일언지하에 김건희를 사기적 주식거래의 공범에서 순진한 피해

자로 둔갑시켜 국민적 의혹을 덮은 점,

(c) [소명자료의 존재, 내용, 사실의 출처, 인지경위] 그럼에도 불구하고 피고발인은 윤석열은 주식거래내역까지 공개하면서 적극적으로 자신의 배우자가 결백하다고 주장하고 있고, 검찰은 여전히 김건희에 대한 기소 여부를 판단하지 않고 있는 점

등을 감안하면, 피고발인은 배우자 김건희의 시세조정의 혐의에 관하여 구체적 사실관계를 이미 파악했을 것이니 허위사실공표 혐이며, 만약 만연히 제대로 된 확인도 없이 위와 같이 '배우자 김건희가 주식거래에 관여하지 않은 피해자이다.'라고만 허위의 발언을 한 것이라면, 최소한 허위사실 공표에 관한 미필적 고의는 당연히 인정된다고 할 것입니다.

라. 공직선거법위반 및 정당법위반 혐의: 국민의힘 전당대회 당무개입

1) 국민의힘 2023. 3. 8. 전당대회 당대표 후보들의 몰락

피고발인은 차기 국민의힘 당대표를 뽑는 전당대회에서 당원투표와 여론조사 비중을 현행 7대3에서 10대0으로 개정하라는 취지의 발언을 한 것으로 파악됐고, 2022. 12. 15. 여권 관계자에 따르면 피고발인은 최근 사석에서 '전대 룰을 변경할 거면 당원투표 비율을 100%

로 하는게 낫지 않겠냐?'는 취지의 발언을 한 것으로 전해졌습니다.
[증 제8호증 세계일보 2022. 12. 16.자 보도]

　　피고발인의 뜻을 받아들인 국민의힘 정진석 비상대책위원장은 2022. 12. 19. 국회에서 비대위 회의를 열어 "현행 당헌에는 당 대표 및 최고위원을 선출할 때 당원 70%, 여론조사 30%를 반영했지만, 개정안은 100% 당원 선거인단 투표로 하기로 했다."고 말했고, 이어 "당의 지도부는 이념과 정치적 지향을 함께하는 당원들이 직접 선출하는 것이 정당 민주주의에 부합한다고 비대위는 이견없이 의견을 모았다. 또 당내 여론조사를 할 때 역선택 방지조항 당규 개정을 마련하겠다."라고 발언했습니다. 이에 따라 국민여론조사를 반영했던 방식은 전신인 한나라당이 2004년 도입한 이후 18년 만에 없어지게 되었으며, 개정 당헌·당규는 이날 비대위 의결 뒤 오는 20일 상임전국위원회, 오는 23일 전국위원회에서 최종 의결되있습니다.
[증 제9호증 한겨레 2022. 12. 19. 보도]

　　당시 여론조사에서 1위를 달리며 유력한 당권 후보이던 나경원 전 의원의 경우, 2023. 1. 5. '자녀 수에 따라 대출금을 탕감·면제'하는 헝가리식 정책구상을 밝힌 지 8일 만에, 피고발인은 2013. 1. 13. 나경원 전 의원을 저출산고령사회위원회 부위원장직과 기후환경대사직에서 전격 해임하였습니다. 당시 대통령실은 "국가 정책의 혼선을 초래했다."라고 반발했고, 나경원 전 의원은 2023. 1. 10. 김대기 비서실장 등 대통령실 참모에게 사의를 표명하고 했고 2023. 1. 13. 오전에 서면으로 사직서를 제출했으나, 대통령실은 공무원에 대한 중징계에 해당하는 '해임'을 결정한 것입니다.

[증 제10호증 한겨레의 2023. 1. 13.자 보도]

피고발인의 적극적인 당무개입 결과 나경원 전 의원은 여론조사 1위에서 2위로 수직 하락하게 되었고, 2023. 1. 25. 서울 여의도 국민의힘 당사에서 기자회견을 열고 "우리 당의 분열과 혼란에 대한 국민적 우려를 막고, 화합과 단결로 돌아올 수 있다면, 저는 용감하게 내려놓겠다."라고 말하면서 불출마 선언하기에 이르렀습니다.

[증 제11호증 조선일보 2023. 1. 25.자 보도]

또한 위와 같이 당대표 경선 룰이 100% 당원투표로 변경되자, 유력한 당권 후보였던 유승민 전 의원은 2023. 1. 31. 자신의 페이스북에 글을 올려 "당대표 선거에 출마하지 않겠다. 충분히 생각했고, 아무 의미가 없다는 결론. 인내하면서 때를 기다리겠다. 오직 민심만 보고 새로운 길을 개척해 가겠다. 폭정을 막고 민주공화정을 지키는 소명을 다하겠다."라고 밝히면서 당대표 선거 불출마를 선언하기에 이르렀습니다. 당초 유승민 전 의원은 당대표 출마를 검토하였으나, 당 지도부가 차기 당대표를 당원투표 100%로 뽑도록 전당대

회 규칙을 개정하고, '윤핵관'(윤석열 대통령 측 핵심 관계자) 및 친윤석
열계 의원들이 견제성 발언을 이어가자 불출마를 결심한 것으로 보
입니다.

[증 제12호증 경향신문 2023. 1. 31.자 보도]

　　　　한편 가장 유력한 당권주자이던 안철수 의원은 전당대회 후
보 등록을 한 2023. 2. 2. "저는 '윤힘'이 되는 후보"라며 "지금까지
'윤안연대'로 여기까지 왔다. 윤 대통령과 대선 때 함께 후보 단일화
를 하면서 정권교체를 이뤘다"고 발언하면서 "윤석열 대통령과는 최
상의 조합"이라며 "함께 시작했던 정권교체의 완성이 바로 내년 총
선 승리이다. 그것을 위해서 '윤안'은 최상의 조합이라 생각한다"고
강조했습니다. 그러나 대통령실 고위관계자는 4일 "안철수 의원이
'윤안연대'라며 윤석열 대통령과의 연대를 앞세우는 방식으로 전당
대회 경선에 내통령을 끌어들이는 언행은 상당히 부적절하다"며 "국
민을 대표하는 국군통수권자인 대통령과 당 대표 후보는 동급이 될
수 없다"고 했다. 대통령실 고위관계자는 이날 본지 통화에서 "'윤심'
을 넘어 '연대'라는 표현을 써가며 선거운동을 하는데 바람직하지 않
다"며 "대통령과 국회의원이 동급이 될 수가 없을뿐더러 엄연히 급
과 격이 다른데 대통령과의 연대를 말하는 것 자체가 무례하고 어폐
가 있다"고 발언했습니다. 또한 대통령실은 안 의원이 지속적으로
'윤안연대'라는 표현을 사용하면 공개적으로 엄중 경고하겠다는 방

침을 밝혔습니다.

[증 제13호증 조선일보 2023. 2. 4.자 보도]

또한 김종혁 국민의힘 비대위원은 2023. 2. 5. KBS '일요진단 라이브'에서 "대통령께서 아마 김기현 후보에 대해서 좀 더 마음이 가 있는 건 분명한 거 같아요. 그러다 보니까 여러 가지 메시지가..." 라고 발언하였습니다.

[증 제14호증 KBS의 2023. 2. 5.자 보도]

또한 정진석 국민의힘 비상대책위원장도 2023. 2. 6. 전당대회 관련 "특히 어떤 경우든 대통령이나 대통령실을 당내 선거에 끌어들이는 그런 의도적인 시도는 지양돼야 마땅하다. 도가 지나칠 경우 적절한 조치를 취할 것."이라고 말하면서 대통령실과 갈등을 겪고 있는 안철수 당 대표 후보를 겨냥한 경고성 발언을 이어갔습니다.

[증 제15호증 뉴시스 2023. 2. 6.자 보도]

하태경 국민의힘 의원은 2023. 2. 7. 피고발인이 '국민의힘 1호 당원'으로 의견을 개진할 수 있는 것 아니냐는 논리로 안철수 의원의 발언을 비판하고 있는 것에 대해 "당원들은 경선 개입으로 볼 것 같다."라고까지 말할 정도였습니다.

[증 제16호증 MBC 2023. 2. 7.자 보도]

윤석열 대통령의 멘토로 알려졌고, 김기현 국민의힘 당대표 예비후보 캠프의 후원회장을 맡았던 신평 변호사는 2023. 2. 7. 후원 회장직을 내려 놓으면서, 대통령실 관계자와의 교감을 근거 삼았다 며, '안철수 예비후보가 당대표가 되면 윤 대통령이 탈당으로 내몰릴 수밖에 없다.'라는 주장을 언론에 거듭해 논란이 확산되자 나온 대응 이었으나, 신평 변호사는 이날 페이스북으로 "저의 잦은 언론노출이 나 의견 발표가 제가 후원회장을 맡고 있는 김기현 후보에게 큰 폐를 끼치고 있음을 절감한다. 이제 안철수 후보가 내 건 '윤힘'이나 '윤안 연대론'의 허구성이 밝혀지고, 윤 대통령이 김 후보가 당대표로 당선 되길 바라는 사실이 명백히 밝혀진 이상 후원회장으로 제 역할도 끝 난 것 같다."라고 밝히기도 했습니다.

[증 제17호증 디지털타임스 2023. 2. 7.자 보도]

피고발인의 대통령으로의 직무를 보좌하는 대통령실 이진복 정무수석비서관은 2023. 2. 8. 국민의힘 당권주자 안철수 후보를 향 해 "아무 말도 안 하면, 아무 일도 안 일어날 것. 더 이상 할 말도 없 고, 해서는 안 된다고 생각한다. 더 이상 후보들이 대통령이나 대통 령실을 끌어들이지 않기를 바라는 마음에서 한 거니까 잘 이해했을 것. 대통령팔이 해서 표에 도움 된다고 생각해 하겠지만, 자제하는 게 좋을 것"이라고 경고하면서, 피고발인의 당무개입을 정당화하였 습니다.

[증 제18호증 MBC 2023. 2. 8.자 보도]

또한 대통령실 시민사회수석실 관계자들이 속한 복수의 수십 명 규모 카카오톡 단체채팅방에 2023. 3. 3.까지도 김기현 국민의힘 당대표 후보를 지지하고 안철수 후보를 비방하는 홍보물이 지속적으로 올라온 것으로 확인되기도 했습니다. 이 채팅방에는 국민의힘 당원도 대거 들어가 있는 것으로 전해졌는데, 당시 김기현 후보 지지글 등을 올린 사람들은 시민사회수석실 관계자가 직접 채팅방으로 초대한 것으로 알려졌습니다.

[증 제19호증 경향신문 2023. 3. 3.자 보도]

이와 같이 피고발인은 자신이 직접 또는 이진복 정무수석, 정진적 비대위원장 등을 통하여 간접적으로 적극적으로 당대표경선이라는 국민의힘 당무에 개입하면서 여론조사에서 당대표 1위 후보이던 나경원, 유승민의 불출마, 이후에는 안철수 때리기에 올인하였으며, 그 결과 2023. 3. 8. 당대표 경선에서 김기현 후보는 52.93%의 과반수 득표로 안철수 후보의 23.37%를 압도하며 결선투표 없이 당대표에 당선되었습니다.

이후에도 홍준표 대구시장이 피고발인을 '아마추어 대통령'이라고 발언한 것을 두고, 국민의힘은 2023. 4. 13. 홍준표 시장을 상임고문을 해촉하기도 하였습니다.

[증 제20호증 뉴스1의 2023. 4. 13.자 보도]

또한 국민의힘 태영호 최고위원은 2023. 3. 9. 의원실에서 보좌진에게 "오늘 나 들어가자마자 정무수석이 나한테 '오늘 발언을 왜 그렇게 하냐. 민주당이 한일 관계 가지고 대통령 공격하는 거 최고위원회 쪽에서 한 마디 말하는 사람이 없냐. 그런 식으로 최고위원 하면 안돼!' 바로 이진복 수석이 이야기하는 거예요.", "그래서 앞으로 이거 최고위원 발언할 때 대통령실에서 다 들여다보고 있다…", "당신이 공천 문제 때문에 신경 쓴다고 하는데 당신이 최고위원 있는 기간 마이크 쥐었을 때 마이크를 잘 활용해서 매번 대통령한테 보고할 때 오늘 이렇게 했습니다 라고 정상적으로 들어가면 공천 문제 그거 신경 쓸 필요도 없어", "그래서 내가 이제부터 정신이 번쩍 들더라고 이진복 수석이 나한테 좀 그렇게 악산…나 걱정하는 게 그거잖아. 강남 갑 가서 재선이냐 오늘도 내가 그거 이진복 수석한테 강남 갑 재선되느냐 안 되느냐." 등으로 밝히는 등 이진복 정무수석비서관이 노골적으로 태영호 최고위원에게 공천 거론하면서 한일관계에 옹호하는 발언하도록 당무에 개입하였는데, 이와 같은 태영호의 녹취록이 2023. 5. 1. 공개되기도 했습니다.

[증 제21호증 mbc의 2023. 5. 1.자 보도]

당시 태영호 의원은 2023. 3. 8. 국민의힘 지도부 경선에서 태영호가 최고위원으로 당선되었는데, 당시는 정부가 발표한 일제 강제징용 노동자에 대한 제3자 변제 방식에 관하여 야당인 민주당이 강력하게 비판하며 한일관계 문제로 피고발인 대통령의 지지율이 정체된 시점이었습니다. 이에 따라 위와 같이 태영호는 2021. 3. 9. 정무수석비서관 이진복과의 대화를 보좌진에게 공개하였는데, 이를 보좌진 중 1명이 녹취하여 mbc에 제보한 것으로 보입니다.

2) 정당과 대의민주주의

우리나라 헌법 제8조 제2항은 '정당은 그 목적·조직과 활동이 민주적이어야 하며, 국민의 정치적 의사형성에 참여하는데 필요한 조직을 가져야 한다.'라고 규정하고 있습니다.

이에 따라 헌법재판소는 "정당은 국민과 국가의 중개자로서 정치적 도관導管의 기능을 수행하여 주체적·능동적으로 국민의 다원적 정치의사를 유도·통합함으로써 국가정책의 결정에 직접 영향을 미칠 수 있는 규모의 정치적 의사를 형성하고 있다. 구체적으로는 각종 선거에서의 입후보자 추천과 선거활동, 의회에서의 입법활동, 정부의 정치적 중요결정에의 영향력 행사, 대중운동의 지도 등의 과정에 실질적 주도권을 행사한다. 이와 같은 정당의 기능을 수행하기 위해서는 무엇보다도 먼저 정당의 자유로운 지위가 전제되지 않으면 안 된다. 즉, 정당의 자유는 민주정치의 전제인 자유롭고 공개적인 정치적 의사형성을 가능하게 하는 것이므로 그 자유는 최대한 보장되지 않으면 안 되는 것이다. 한편, 정당은 그 자유로운 지위와 함께 "공공公共의 지위"를 함께 가지므로 이 점에서 정당은 일정한 법적 의무를 지게 된다. 현대정치의 실질적 담당자로서 정당은 그 목적이나 활동이 헌법적 기본질서를 존중하지 않으면 안 되며, 따라서 정당의 활동은 헌법의 테두리 안에서 보장되는 것이다. 또한 정당은 정치적 조직체인 탓에 그 내부조직에서 형성되는 과두적寡頭的·권위주의적權威主義的 지배경향을 배제하여 민주적 내부질서를 확보하기 위한 법적 규제가 불가피하게 요구된다."라고 판시하고 있습니다(헌재 2003. 10. 30. 2002헌라1, 판례집 15-2하, 17 [기각] 등 참조).

또한 대법원은, "우리 헌법은 국민주권주의와 대의제 민주주의를 기본원리로 재백하고, 국회의원의 국민내표성과 자유위임 원칙에 대한 근거 규정을 두고 있다(헌법 제46조 제2항). 이는 국회의원이 국민 전체의 대표자의 지위로서 국가의 영향과 사회의 구속뿐만 아니라 자신을 추천한 정당으로부터도 구속되지 않는다는 것을 의미한다. 다른 한편, 헌법은 정당 조항을 두어 직접 정당제도를 명문화하고(헌법 제8조), 정당법과 정치자금법 등에 의하여 정당재정의 국고보조 등 일련의 국가적 보호를 규정하고 있으며, 공직선거법상 비례대표의원의 경우 소속정당을 이탈·변경하는 때에는 의원직을 상실하도록 규정하거나(공직선거법 제192조 제4항) 국회운영에 교섭단체의 역할을 제도적으로 보장하는 등(국회법 제33조 제1항, 제48조 제1항) 정당민주주의를 지향하고 있다. 특히 정당은 각종 선거에서의 입후보자 추천과 선거활동, 주요 핵심 공직의 임명 절차에의 관여, 의회의 입법활동, 정부의 정치적 중요결정에의 영향력 행사, 대중운동의 지도 등의 과정에서 실질적으로 주도권을 행사함으로써 국가의 의사형성에 결정적인 영향을 미치고, 그와 같은 다양한 정당의 활동 중에서도 특히 정당 소속 국회의원의 국회활동은 이와 같은 정당의 공적 기능에서 핵심적인 부분을 차지한다. 이에 따라 국회의원은 어느 누구의 지시나 간섭을 받지 않고 국가이익을 우선하여 자신의 양심에 따라 직무를 행하는 국민 전체의 대표자로서 활동을 하는 한편, 정당민주주의의 발전과 더불어 현실적으로 소속 정당의 공천을 받아 소속 정당의 지원이나 배경 아래 당선되고 당원의 한 사람으로서 사실상 정치의사 형성에 대한 정당의 규율이나 당론 등에 영향을 받아 정당의 이념을 대변하는 지위도 함께 가진다(헌법재판소 2020. 5. 27. 선고 2019헌라1 전원재판부 결정 참조). 따라서 국회의원은 국민 전체의 대표자이자 정당에 영향을 받아 정당의 이념을 대변하는 지위에서 민주적 기본질서와 직결된 국민의 정치적 의사형성에 영향을 미치는 데 가장 핵심적인 역할을 담당하고 있다고 볼 수 있다."라고 판시하고 있습니다(대법원 2021. 4. 29. 선고 2016두39856 판결 등 참조).

3) 공무원의 정치적 중립의무 및 정당법상 자유방해죄

대통령은 정무직공무원이고, 대통령실 정무수석비서관은 특수

경력직공무원으로서(국가공무원법 제2조 제3항 제1호 가목, 나목) 정당의

발기인 및 당원의 자격은 있으므로 선거운동을 할 수는 있습니다(정당

법 제22조 제1항 제1호 단서, 공직선거법 제60조 제1항 제4호 참조).

그러나 대법원은 "구 공직선거법 제85조 제1항 전문은 '공무

원은 그 지위를 이용하여 선거운동을 할 수 없다.'고 정하고 있다. 여

기에서 '공무원의 지위를 이용하여'라는 개념은 공무원이 개인의 자

격으로서가 아니라 공무원의 지위와 결부되어 선거운동을 하는 행

위를 뜻하는 것이다. 공무원의 지위에 있기 때문에 특히 선거운동을

효과적으로 할 수 있는 영향력 또는 편익을 이용하는 것을 의미하고,

구체적으로는 그 지위에 수반되는 신분상의 지휘감독권, 직무권한,

담당사무 등과 관련하여 공무원이 직무를 수행하는 사무소 내부 또

는 외부의 사람에게 작용하는 것도 포함된다. 구 공직선거법 제85조

제1항에서 공무원들이 그 지위를 이용해서 선거운동을 하는 것을 엄

격히 금지하는 이유는 이른바 관권선거 또는 공적 지위에 있는 자의

선거개입 여지를 철저히 차단함으로써 선거의 공정성을 확보하기 위

한 것이다. '선거운동'은 특정 선거에서 특정 후보자의 당선 또는 낙

선을 도모한다는 목적의사가 객관적으로 인정될 수 있는 행위를 말

하는데, 이에 해당하는지는 행위를 하는 주체 내부의 의사가 아니라

외부에 표시된 행위를 대상으로 객관적으로 판단하여야 한다."라고 판시하고 있습니다(대법원 2018. 4. 19. 선고 2017도14322 전원합의체 판결 등 참조).

또한 정당법 제49조에는 정당의 대표자·투표로 선출하는 당직자(당직자의 선출을 위한 선거인단을 포함한다. 이하 같다)의 선출을 위한 선거(이하 "당대표경선등"이라 한다)와 관련하여 위계·사술 그 밖에 부정한 방법으로 당대표경선등의 자유를 방해한 자에 대하여도 5년 이하의 징역 또는 천만 원 이하의 벌금에 처하도록 규정하고 있습니다.

이에 따라 헌법재판소는 "이와 같이 선거에서의 중립을 요구하는 내용의 이 사건 법률조항의 행위주체에 대통령이 포함된다고 볼 때, 대통령의 정치활동을 허용하고 있는 국가공무원법 조항(국가공무원법 제3조 제3항, 제65조, '국가공무원법 제3조 제3항의 공무원범위에 관한 규정' 제2조)과 상호 저촉되는 듯한 문제가 발생한다. 그러나 국가공무원법은 공무원의 인사행정에 관한 근본기준을 설정한 법으로서(제1조) 원칙적으로 공무원의 정치활동을 금지하되(제65조), 다만 대통령 등 정무직 공무원의 특성을 고려하여 예외적으로 정치활동을 허용하고 있는 데 반하여, 공직선거법은 선거의 공정을 위하여 제정된 법으로서 이 사건 법률조항에서 '정치적 중립을 지켜야 하는 공무원'들로 하여금 '선거에 대한 부당한 영향력의 행사 기타 선거결과에 영향을 미치는 행위'를 금지하는 이외에도 정무직 공무원의 선거와 관련된 정치활동을 상당 부분 제한하고 있다(공직선거법 제137조 내지 제145조). 결국 위 국가공무원법 조항은 정무직 공무원들의 일반적 정치활동을 허용하는 데 반하여, 이 사건 법률조항은 그들로 하여금 정치활동 중 '선거에 영향을 미치는 행위'만을 금지하고 있으므로, 위 법률조항은 선거영역에서의 특별법으로서 일반법인 국가공무원법 조항에 우선하여 적용된다고 할 것이다."라고 판시함으로써 공무원의 정치적 중립의무의 수범자에 대통령이 포함된다고 판시하고 있습니다(헌법재판소 2008. 1. 17. 선고 2007헌마700 전원재판부)

4) 소결: 공직선거법위반죄 및 정당법위반죄의 성립

지금까지 살펴본 바와 같이, 우리 헌법은 국민주권주의와 대의제 민주주의를 기본원리로 채택하고 있으므로, 정당의 자유는 민주성지의 선세인 사유롭고 공개적인 정지직 의사형성을 가능하게 하는 것이므로 그 자유는 최대한 보장되어야 할 것입니다. 또한 피고발인은 대통령으로서 정치적 중립의무의 수범자입니다.

그런데 피고발인은 자신의 직접 또는 대통령실 직원을 통하여 국민의힘 당대표 여론조사에서 1, 2위를 다투던 후보들에 대한 노골적 견제의 방법으로, 당대표 경선룰을 당원 100%로 변경하거나(유승민), 정부에서 담당한 직위에서 중징계에 해당하는 해임을 결정함

으로써(나경원) 불출마를 종용하고, 국민을 대표하는 대통령과 당대
표 후보는 동급이 아니라는 표현으로 경고하거나 혹은 대통령실에서
직접 수십명 규모의 단체 카톡방을 운영하며 나머지 1명에 대한 낙
선운동을 하는 등(안철수) 부정한 방법으로 2023. 3. 8. 국민의힘 당
대표 경선이라는 당무에 공무원의 정치적 중립의무를 위반하여 개입
하여 당대표경선등의 자유를 방해하는 등 노골적으로 대의제 민주주
의, 정당 민주주의를 압살하고, 피고발인이 제왕적 대통령으로서 권
위주의 시절 정당의 '총재'의 역할를 겸하면서 정당 대표를 지명한 것
과 동일시할 수 있을 것이므로 정당법위반죄가 성립할 것입니다.

이에 따라 피고발인은 공무원 등 법령에 따라 정치적 중립을
지켜야 하는 자임에도 불구하고 자신의 지위를 이용하여 위와 같이
부정한 방법으로 국민의힘의 당대표 선출을 위한 당내경선에서 경선
운동을 하는 등 공직선거법위반죄가 성립할 것입니다.

한편 피고발인은 2023. 6.경 여권 관계자들이 모인 사석에서
내년 총선 목표 의석수를 '170석'으로 제시하였고, 2023. 7. 6. 을 서
초구 플로팅아일랜드 컨벤션홀에서 열린 청년정책 점검회의에 참
석해 "내년부터는 근본적인 개혁이 가능하다."라고 밝히며 총선에
서 지지를 호소하였습니다.** 한편 고 노무현 대통령은 2004. 2. 24.

** http://www.sisajournal.com/news/articleView.html?idxno=267433

대통령 기자회견에서 "국민들이 총선에서 열린우리당을 압도적으로 지지해줄 것을 기대한다. 대통령이 뭘 잘해서 열린우리당이 표를 얻을 수만 있다면 합법적인 모든 것을 다하고 싶다."라고 말한 것으로 인하여 국회에서 대통령의 정치적 중립의무 위반 혐의로 탄핵까지 발의되어 탄핵소추안이 가결되기도 했습니다. 물론 헌법재판소는 2004. 35. 14. 탄핵소추안을 기각하였으나, "노무현 대통령이 헌법과 법률(공직선거법)에 위반되는 행위를 한 것은 맞지만 파면을 해야 할 정도로 중대하지는 않다."라고 밝히는 등 우리나라에서 대통령의 정치적 중립의무가 주는 상징적 의미와 무게를 실감하는 사례임이 분명합니다(2004헌나1).

결국 피고발인의 국민의힘 당무개입은 정치적 중립의무 위반으로 단순히 공직선거법위반 및 정당법위반 혐의를 넘어서 탄핵사유에 이를 수 있으며, 그때의 심판 결과는 노무현 대통령과 결론이 다를 수 있다는 것을 명심해야 할 것입니다.

마. 특정범죄가중법위반: 검찰총장, 서울중앙지검장으로 특활비 불법사용

1) 중앙지검장 및 검찰총장으로서 특수활동비 불법사용
특수활동비란 기밀유지가 요구되는 정보 및 사건수사, 기타

이에 준하는 외교·안보, 경호 등 국정수행활동에 직접 소요되는 경비로 알려져 있습니다(기획재정부, 2022년도 예산 및 기금운영계획 집행지침 제180쪽).

이에 따라 우리나라 검찰에는 은밀한 수사나 첩보 수집을 위해 배정된 검찰의 특수활동비가 있는데, 한 단체의 정보공개청구 결과 검찰총장은 2017. 5. ~ 2019. 9.까지 28개월 간 약 292억 원의 특수활동비가 사용처도 알 수 없게 전액 현금으로 쓰였고, 절반 정도는 검찰총장 사인 하나만으로 수천만 원씩 지급된 것으로 나타났습니다. 그 중 절반이 조금 넘는 156억 원은 전국 65개 검찰청·지청, 15명 내외의 고위직 검사들이나 부서에 매달 지급되었는데 이것은 은밀한 수사를 할 때 받아간 게 아니라 매달 운영비처럼 분배한 것이고,*** 나머지 136억 원은 대검찰청 비서실이 관리하며 검찰총장이 전권을 갖고 임의로 사용가능한 수시지급분입니다.

[증 제22호증 MBC의 2023. 7. 6. 자 보도]

한편 피고발인은 2017. 5. ~ 2019. 7.까지 서울중앙지검장, 2019. 7. ~ 2021. 3. 4.까지 제43대 검찰총장으로 재직하였는데, 위 정보공개청구와 겹치는 기간인 2019. 7. ~ 2019. 9. 두 달간 검찰총장 재직 시절 월 4억 원 상당의 특수활동비를 받았고, 서울중앙지검

*** 특히, 2017년 1월부터 4월까지 74억 원어치 기록은 아예 없었는데, 이영렬 서울중앙지검장과 안태근 검찰국장이 특활비로 격려금을 뿌렸다 논란이 된 '돈 봉투' 사건 무렵 기록들이 사라진 것입니다.

장으로 재직했던 2년 간은 약 38억 원의 특활비를 받은 것으로 드러났습니다.[****]

[증 제23호증 노컷뉴스의 2013. 7 .6.자 보도]

그런데 피고발인이 서울중앙지검장으로 재임 중이던 2017~2019년 각각 두 번의 설·추석 명절을 며칠 앞두고 수십 명의 사람들에게 특활비 2억 5천만 원을 지급한 반면에, 피고발인의 후임인 배성범 전 서울중앙지검장의 경우 2019. 9. 추석을 앞둔 시점에 위와 같은 형태의 특활비 집행 내역이 따로 발견되지 않았으며, 이는 결국 피고발인이 중앙지검장 시절 기밀 수사에 써야 할 특활비를 '명절 상여금'처럼 유용한 것으로 보이는 정황이다.

[증 제24호증 뉴스타파의 2023. 7. 13. 자 보도]

이에 대하여 피고발인이 검찰총장 시절 내검찰청 감찰부장을 역임한 한동수 변호사는 2023. 7. 23. 검찰총장 특수활동비 집행 실태를 공개하며, '수령인 정보를 확인해야 한다'고 주장했는데, "검찰총장이 자유 판단으로 집행하는 (수시집행)특활비는 전액 아무런 기록과 증빙자료 없이 쓸 수 있는 5만원권 현금"이라며 "월급 외에 주는 1백만, 1천만 단위 이상의 뭉칫돈이다. 검사 직무의 청렴성과 수

[****] 이에 관하여 대검찰청은 "검찰의 전체 특활비는 2017년 178억 원, 2018년 143억 원, 2019년 116억 원이고, 서울중앙지검에서 연간 사용한 특활비는 검찰 전체 특활비의 10~15% 상당이고 2020년 이후에도 유사한 비율로 서울중앙지검에 배정되고 있다."라고 변명하고 있습니다.

사의 공정성을 해칠 위험이 없는지 주의 깊게 살펴야 한다. 검찰 회계 감사를 담당하는 부서장이었지만, 검찰총장 특활비 집행내역이 담긴 캐비넷을 열어보지 못했다. 업무와 관련해 (특활비가) 지급된다면, 돈을 받은 검사는 굳이 말하지 않더라도 담당하고 있는 사건 수사의 속도와 범위, 방향과 결론에 관한 분명한 메시지를 전달받는 것과 같다. 업무와 관련 없이 지급되면, 돈 받은 사람을 내(검찰총장) 사람으로 만들어 나를 위해 일할 수 있도록 한다. 이 경우엔 범죄와 비위 가능성까지 있을 수 있다."고 주장했습니다.

[증 제25호증 한겨레신문 2023. 7. 24. 자 보도]

무엇보다 2017. 1. ~ 2017. 4.까지 대검찰청 특수활동비 74억 원에 대한 증빙자료가 단 1쪽도 없고, 서울중앙지검도 2017. 1. ~ 2017. 5.까지 증빙자료가 아예 없으므로, '특수활동비 금전출납부'를 무단으로 조직적으로 폐기하는 등 공공기록물관리법위반, 공용서류무효(형법 제141조) 혐의가 있으며, 대검찰청과 서울중앙지검이 공개한 업무추진비 카드전표를 보면, 흐리게 복사되어서 판독이 아예 불가능한 비율이 40%가 넘고(대검과 서울중앙지검은 시간이 오래되어서 카드 전표 자체가 희미해졌다고 주장하지만, 이렇게 많은 숫자의 카드 전표가 모두 흐리게 되었다는 것을 그대로 믿기는 어렵다.), 대검찰청과 서울중앙지검은 업무추진비 카드 전표를 공개하면서 상호와 사용 시간을 가리고 공개했으며, 이것은 대법원에서 비공개할 수 있는 부분으로 정한 "간담회 등 행사참석자의 소속과 명단, 카드번호, 승인번호, 계좌번호 등의 개인식별정보 부분"을 넘어서 비공개한 것으로서, 이 것은 합헌적 법률해석을 포함하는 법령의 해석·적용 권한은 대법원을 최고법원으로 하는 법원에 전속하는 헌법적 가치임에도, 이와 같은 대법원의 존엄한 판결을 정면으로 위반하는 위헌, 위법적 사태를 유발하였습니다.

[증 제26호증 뉴스타파의 2023. 7. 23.자 보도]

2) 특수활동비의 목적 또는 용도 외 사용

그런데 위와 같이 목적 또는 용도가 엄격하게 정해진 특수활동비를 명절 상여금처럼 임의로 지급하였다면, 특정범죄가중법위반(국고등손실) 또는 업무상횡령이 성립할 것입니다.

대법원은 "중앙관서의 장이 이러한 위임을 하지 않았거나 또는 법령상 중앙관서의 장이 스스로 회계관계업무를 처리하도록 되어 있는 경우에는 중앙관서의 장도 회계직원책임법 제2조에서 정한 회계관계직원의 범위에 포함되고, 국가정보원장은 그 업무의 실질에 있어 회계관계직원에 해당한다."라고 판시하였습니다(대법원 2019. 11. 28. 선고 2019도11766 판결).

또한 대법원은 "목적과 용도를 정하여 위탁한 금전은 정해진 목적, 용도에 사용할 때까지는 이에 대한 소유권이 위탁자에게 유보되어 있는 것으로서, 수탁자가 임의로 소비하면 횡령죄를 구성한다."라고 일관되게 판시하고 있습니다(대법원 2006. 3. 9. 선고 2003도6733 판결 등 참조). 이에 따라 대법원은 공직윤리지원관실의 특수활동비 중 합계 1,680만 원을 정하여진 목적 또는 용도와 달리 대통령실 고용노사비서관실의 피고인 3 등에게 지급하는 데 사용하는 경우에는 업무상횡령을 인정하였습니다(대법원 2013. 9. 12. 선고 2013도6570 판결).

3) 소결: 특정범죄가중법위반(국고등손실)죄의 성립

그런데 검찰총장도 중앙관서의 장으로서 그 업무의 실질에 있어 회계관계직원에 해당하므로, 결국 피고발인이 검찰총장으로서 국고國庫에 손실을 입힐 것을 알면서 그 직무에 관하여 특수활동비를 그 용도 및 목적인 기밀유지가 요구되는 정보 및 사건수사, 기타 이에 준하는 외교 · 안보, 경호 등 국정수행활동에 직접 소요되는 경비로 사용한 것이 아니라 '명절 상여금' 내지는 '떡값'으로 사용하였다면, 형법 제355조의 횡령죄를 범한 경우에는 특정범죄가중법에 따라 가중처벌될 것이고, 만일 피고발인이 서울중앙지검장으로서 회계직원이 아닌데 특수활동비를 '명절 상여금' 또는 '떡값'으로 불법적으로 사용하였다면 업무상횡령 혐의로 처벌되어야 할 것입니다.

4. 결 어

가. 범죄의 중대성과 명백성

지금까지 살핀 것처럼,

대통령선거에서 후보자의 배우자, 장모 등 가족의 범죄 연루 여부는 선거에 중대한 영향을 미치는 사안입니다. 특히 이 사건처럼 자유시장경제를 근본적으로 위협하는 주가조작 범죄로서 최고 무기 징역까지 선고가 가능한 중범죄이거나(김건희), 혹은 사기죄의 전형적인 수단으로 사용되는 사문서위조 및 동행사죄라면 당연히 후보자의 당락을 좌우할 정도로 중대한 사안임이 명백할 것입니다. 특히 제 20대 대통령선거처럼 득표율차 약 0.7%, 득표차 약 24만 표로 당락이 결정된 선거에서는 더욱 중대, 명백할 것입니다.

또한 피고발인은 검찰총장직에 재임하던 중에 '장모 대응 문건' 내지 '장모 변호 문건'까지 작성한 의혹이 있으며, 이에 더하여 제 20대 대통령에 당선된 이후에도 대의민주주의에서는 있을 수 없는 대통령으로서 정치적 중립의무를 위반하여 부정한 방법으로 당무에 개입까지 하였습니다.

이에 따라 피고발인은 위와 같이 대통령선거 당선 전뿐만 아니라 당선 이후에도 여전히 자신의 대통령의 직위에서 불법을 저지르는 자에 대한 수사의 필요성은 긴요할 것이며, 다만 공소시효가 정지될 뿐이므로 귀청에서는 종래 박근혜 대통령에 대하여 피고발인이 검찰총장으로서 수사한 것처럼 즉각적으로 수사에 임해야 할 것입니다.

이에 더하여 피고발인은 서울중앙지검장 및 검찰총장으로 재직하면서 특수활동비의 목적 또는 용도와 달리 '명절 상여금' 내지는 '떡값'으로 전용한 혐의가 있으며, 이에 관하여 대법원의 공개결정과 달리 여전히 상세내역을 밝히지 않고 있습니다. 이와 같은 피고발인의 특수활동비의 불법적 사용과 관련하여 특정범죄가중법(국고등손실) 또는 업무상횡령이 성립될 것임은 자명하므로, 이에 관하여도 엄정하고 철저한 수사가 진행되어야 할 것입니다.

나. 엄정하고 신속한 수사의 필요성

이에 귀청에서는 엄정한 사법질서의 유지를 위하여, 피고발인 및 관련자들의 휴대전화, 은행거래내역, 컴퓨터 등에 관한 철저한 압수·수색을 통하여 이 사건의 실체적 진실을 범행을 밝힘으로써 피고발인을 처벌하여 국민의 안전과 정당의 민주화, 선거에서의 자유 보호에 만전을 기하여 주시기 바랍니다.

송영길의 선전포고

다. 검사에 대한 형사소송법상 각종 통지 신청

한편 관할 검찰청 검사님께서는 형사소송법 제258조에 따라 이 사건에 관하여 공소를 제기하거나 제기하지 아니하는 처분, 공소의 취소 또는 제256조의 송치를 한 때에는 그 처분한 날로부터 7일 이내에 서면으로 고발인 및 본 고발대리인에게 그 취지를 통지하여 주시기 바랍니다.

또한 고발인은 이 사건 범죄 피해자이므로 관할 검찰청 검사님께 형사소송법 제259조의2에 따라 이 사건의 공소제기여부, 공판의 일시·장소, 재판결과, 피의자·피고인의 구속·석방 등 구금에 관한 사실 등의 통지를 신청하오니, 서면으로 고발인 및 고발인대리인에게 신속하게 통지하여 주시기 바랍니다.

송영길의 선전포고

초판 발행	2023년 10월 30일
1판 2쇄	2023년 11월 1일

글	송영길, 박정우
펴낸이	박정우
편집	박세리
디자인	디자인 이상

펴낸곳	출판사 시월
출판등록	2019년 10월 1일 제 406-2019-000107 호
주소	경기도 고양시 일산동구 문봉길62번길 89-23
전화	070-8628-8765
E-mail	poemoonbook@gmail.com

ⓒ 송영길

ISBN   979-11-91975-16-1 (03340)